我的失眠让你落泪，这些泪水竟然落到了我们的故事里……

春与秋的故事

郁达夫爱情志

许凤才 著

生活·讀書·新知 三联书店 生活書店出版有限公司

图书在版编目（CIP）数据

春与秋的故事：郁达夫爱情志 / 许凤才著. -- 北京：
生活书店出版有限公司，2014.11
ISBN 978-7-80768-060-4

Ⅰ.①春… Ⅱ.①许… Ⅲ.①郁达夫（1896～1945）
—生平事迹 Ⅳ.① K825.6

中国版本图书馆 CIP 数据核字 (2014) 第 237651 号

责任编辑　罗少强　邝　芮
装帧设计　罗　洪
责任印制　常宁强
出版发行　生活書店出版有限公司
（北京市东城区美术馆东街22号）
邮　　编　100010
经　　销　新华书店
印　　刷　北京隆昌伟业印刷有限公司
版　　次　2014年11月北京第1版
2014年11月北京第1次印刷
开　　本　635毫米×965毫米 1/16　印张21.25
字　　数　231千字　图片 7幅
印　　数　0,001-5,000册
定　　价　35.00元
（印装查询：010-64002717；　邮购查询：010-84010542）

目　录

初恋与春愁

二十世纪初叶的富阳县城里，和郁达夫同年辈的女性中，容貌艳丽、气质出众而为大家所津津乐道的共有三个。其中「莲仙」和郁达夫的家住得最近……

郁达夫的恋爱生活，最早可追溯到他 12 岁在故乡富阳县立高等小学堂读书时。

12 岁

西方著名的精神分析学家弗洛伊德认为，人们早在儿童时期就已开始对异性产生好奇和向往心理，伴随着年龄的逐渐增长，这种对异性所产生的“好奇和向往心理”，也就越发显得强烈，紧接着便经常会出现一些朦胧的、自觉或不自觉的性意识的冲动。

少年时代，关于引诱郁达夫情窦初开的社会生活和周围环境，及其性心理发展变化的轨迹，他在自传《水样的春愁》中有过详尽的描述。他说，刚入富阳县立高等小学堂读书时，一班之中，数他的年龄最小，也就是十一二岁吧，“所以自修室里，当监课的先生走后，同学们在密语着哄笑着关于男女的问题”时，简直一点儿也感觉不到有什么兴趣可言。然而，随着时间的推移和对周围是是非非的耳濡目染，其情感和心理也渐渐地开始发生质的变化。首先挑逗起他“性趣”的是他的一位同桌。

论年龄，这位同桌虽然只比他大了一岁，但社会阅历及和女性交往的经验却比他丰富得多，又因“他家里有几位相貌长得和他一样美的姊妹，并且住得也和学堂很近很近”的缘故，他在学堂里，就是被同学们纠缠得最厉害的一个，礼拜天或节假日时，他的家里也就成了同学们聚集和玩耍的好去处。那位热情好客的同桌原也很恳切地几次邀请郁达夫上他家里去玩；但因郁达夫自惭形秽，终于把自己的向往之心压住，曾经有好几次想下决心跟了他上他家去，可是到了门口，却又同罪犯似的逃逸了。

郁达夫的这位同桌，以他的美貌，以他家的财富和他漂亮的姊妹，以他的豪爽和仗义，不但在学堂里博得了绝大的声势，拥有众多的朋友，就是在富阳城里，也赢得了一般的好誉。而尤其使郁达夫羡慕的，是他那一种与异性们周旋的才略，当时“县城里的几位相貌比较艳丽一点的女性，个个是和他要好的，但他也实在真胆大，真会取巧”。

20世纪初叶的富阳县城里，和郁达夫同年辈的女性中，容貌艳丽、气质出众而为大家所津津乐道的共有三个。一个是在上海开店，“富甲一邑的商人赵某的侄女”，芳名为莲仙，她和郁达夫的家住得“最近”。另外两个也是大户人家的千金小姐，一个叫红儿，一个叫倩儿。在交通不便的当时，她们却早已跟了家人或亲戚“到杭州上海等地方去跑跑了”。因此，无论是言谈举止，或是装束打扮，抑或是接人待物诸方面，她们都表现出了一种舒缓从容、文弱娴静的风度和气派，同时也初步具备了现代女性所独有的开放意识和浪漫情调，与那些终日不出闺阁绣房半步的小姐们是迥然不同的。对青少年，特别是对那些在物质世界里自惭形秽，在精神王国里妄自尊大而又唯女性是崇的书生们来说，是别有一番吸引力的。每当傍晚人静的时候，或月朗星稀的中夜，赵莲仙及另外两位少女家的门前，老有一个个的黑影在徘徊、游荡，这其中的绝大部分都是县立高等小学堂里的学生。数十年后，郁达夫在《水样的春愁》中叙述起当年的情形还能绘声绘色。如“每到礼拜一的早晨，没有上课之先，我老听见有同学们在操场上笑说在一道，并且时时还高声地用着英文作了隐语，如‘我看见她了！’‘我听见她在读书’之类”。

在这样一种环境的熏陶和影响下，郁达夫虽然自我感觉“胆量很小，性知识完全没有，并且也有点儿过分的矜持，以为成日地和女孩子们混在一道，是读书人的大耻，是没出息的行为；但到底还是一个亚当的后裔，喉头的苹果，怎么也吐它不出、咽它不下，同北方厚雪地下的细草萌芽一样，到得冬来，自然也难免得有些望春之意”。用他自己的话说，在当时，“偶尔在路上遇见她们中间的无论哪一个，或凑巧在她们门前走过一次的时候，心里也着实有点儿难受”。（郁达夫《水样的春愁》）

随着所谓“望春”之意的进一步发展，一种潜意识的、漫无边际的对女性的遐想心理也就隐隐约约地产生出来了。而且愈演愈烈，一直延续到他与赵莲仙相识之后才算有了真正的归宿。

若论长相的娇美、门第的高贵、家庭的富有等方面，赵莲仙在富阳城里为人们所称道的三位风流女性里面算不上是第一，但就其风度和气质而言，她却是可以夺魁的，也最能引起一班青少年的仰慕和爱怜。她留给郁达夫的印象是：

> 皮色实在细白不过，脸形是瓜子脸；更因为她家里有了几个钱，而又时常上上海她叔父那里去走动的缘故，衣服式样的新异，自然可以不必说，就是做衣服的材料之类，也都是当时未开通的我们所不曾见过的。她们家里，只有一位寡母和一个年轻的女仆，而住的房子却很大很大。门前是一排柳树，柳树下还杂种着些鲜花；对面的一带红墙，是学宫的泮水围墙，泮池上的大树，枝叶垂到了墙外，红绿便映成着一色。当浓春将过，首夏初来的春三四月，脚踏着日光下石砌路上的树影，手捉着扑面飞舞的杨花，到这一条路上去走走，就是没有什么另外的奢望，也很有点像梦里的游行，更何况楼头窗里，时常会有那一张少女的粉脸出来向你抛一眼两眼的低眉斜视呢！
>
> ——郁达夫《水样的春愁》

1928 年 9 月，郁达夫在小说《盂兰盆会》中首次透露了他与赵莲仙最初相见的时间、地点和背景。确切地说，他与赵莲仙的第一次相见，应该是他从春江书院考入富阳县立高等小学堂第三个学期中间的某一天，时值 1908 年的阳春三月。

1908 年 3 月中旬的一个午后，灿烂的阳光带着温柔和煦的东南风，轻轻地拂过碧波荡漾的富春江面，由微风激起的一朵朵欢快的小涟漪，不时地追逐着顺流而下的孤帆远影，江上两岸的杂树枝头和树下的泥沙地面上都罩上了一层嫩绿的绒衣，并且还有一种清新的香味蒸吐出来，澄明的空气里波动着的嗡嗡的蜂声，绝似诱人入睡的慈母的歌唱……放学归来的郁达夫及其小伙伴们，完全被这如烟似梦的阳春景色给陶醉了，有的向江中抛掷小石子，有的横卧在青草茵茵的堤坡上闭目遐想，也有的在相互撩水嬉闹……不知何时，江面上驶来的一艘打扮得五颜六色、鸣着长长汽笛的小客轮冲淡了这宁静安谧的气氛，唤醒了他们的好梦。

小客轮还没有完全靠岸，这群小少年便一窝蜂似的拥了上去。有的是忙着接亲友，有的是忙着看热闹。躺在堤坡上佯睡养神的郁达夫，也禁不住这热闹场面的诱惑，步履蹒跚地走近了小客轮的停泊处。他刚站定，一位年纪与他相仿，头上梳着两只小髻，皮肤细白得同水磨粉一样的少女飘然朝他走来，路过他身边时还娇嗔地施了个微笑。这少女飘然如仙的姿态和娇嗔的微笑，顿时使郁达夫像着了魔一般，心摇神移，情不自禁，“同学们在边上催他走，他也没有听到”。直到下船的旅客全走尽了，那位少女也不知飘向何处去时，他才茫然不知所措地离开了江边。

从江边回来后，郁达夫悄悄地向关系密切的同桌询问那位飘然若仙，并使他一见便神魂颠倒的年轻女郎是何方人士，哪家仙姑。不问不知道，一问吓一跳，原来正是他的同学们所常常议论的赵莲仙。

少年的情怀就像那晶莹剔透的冰块，数九寒天时它坚硬如铁，任凭风吹雨打，丝毫不为所动，而一旦闻到春的信息，很快便从点点滴滴的融解，瞬间化成奔腾的河流。郁达夫对赵莲仙的情感就是如此。自从在江边与她相识后，想和她相会诉说衷肠的欲望一天强似一天，但他的行动与心里所想正好相反。莲仙家的大院和近旁，他是绝对不敢去走动的，甚至连在同学们面前提一提“莲仙”二字的勇气都没有。然而，彼此同住一个小小的县城，又是街坊邻居，碰面的机会虽说不是很多，总还是有的，每次“见面的时候，她或许是无心，只同对于其他的同年辈的男孩子打招呼一样……”对郁达夫或微笑一下，或点一点头，在郁达夫的心里头却感到同犯了大罪被人发觉了的样子，顷刻间就会变得头昏耳热，“胸腔里的一颗心突突地总有半个钟头好跳”，尽管如此，“上学去或下课回来，以及平时在家或外出去的时候，总无时无刻不在留心，想避去和她的相见”。（郁达夫《水样的春愁》）

郁达夫表面上极力回避与赵莲仙的相见，可在心里和实际行动中不期然的又是一回事。如在马路上“遇到了她，等她走过去后，或用功用得很疲乏把眼睛从书本子举起的一瞬间，心里又老在盼望，盼望着她再来一次，再上我的眼面前来立着对我微笑一脸”。当听到她和母亲又要上上海去了，不知要到什么时候才能回来的消息时，心里立时就会矛盾起来，一方面有如释重负之感，另一方面则又产生了“像失去什么似的忧虑，生怕她从此一去，将永久地不回来了”。

有时候，他想见莲仙的愿望实在达到了难以控制的境地时，方敢在昏黑无光、万籁俱静的夜间，“偷偷摸摸的从家里出来，心里头一个人想了许多口实，路线绕之又绕，捏了几把冷汗，鼓着勇气，费许多顾虑，才敢过她的门口走过一次。这时候他的偷视的眼里所看到的，只是一道灰白的围墙，和几口关闭上的门窗而已”。（郁达夫《盂兰盆会》）虽然什么也没有看到，什么也没有得到，但他的心里却感到很满足、很宽慰。

难以抑制的情欲，与“怕羞的心，畏缩的性”，时时刻刻都在缠绕和折磨着已进入青春期的郁达夫。他虽然没有胆量去主动地找莲仙约会，或写封情书什么的，但在暗地里却悄悄地留意着她的一举一动，并且还将内心奔突沸腾的一腔热血赋成了哀艳绝伦、情意绵绵的诗章。如《自述诗》中的第八首云：

左家娇女字莲仙，费我闲情赋百篇。
三月富春城下路，杨花如雪雪如烟。

毫无疑问，这诗中所言就是郁达夫当时对莲仙一片如痴如狂情感的真实写照。

不知于何时，更不知于何地，郁达夫内心深处偷偷爱恋莲仙的这一秘密，竟被坐在他座位左边的那位同学给窥探到了。中秋佳节的前一天，那位同学悄悄地对他耳语道："今天下午，赵家的那个小丫头，要上倩儿家去，你愿不愿意和我同去一道玩儿？"没等他耳语结束，郁达夫立时就涨红了脸，喘急了气，嗫嚅着半天也没说出一句话来，拼命地摇头表示不愿意去，同时两眼里却水汪汪地流露出难以名状的隐衷和苦情。他的那位同学好像完全把握住了郁达夫心中跳动的脉搏，不管他是否表示同意，就强拉硬扯地将他拖出了校门。无奈之下，他也只好"俯着首，红着脸，同被绑赴刑场的死刑囚"似的跟着进了倩儿家的大门。

少男少女们的情怀和心灵都是相通的，平常认识也好，不相识也罢，只要大家一谋面，很快就能融合在一块儿，郁达夫刚到倩儿家时还拘泥、畏缩得像个小孩子似的，总想寻机会"一溜跑走"，但不大一会儿竟与她们玩得如同旧相识一样——"有说有笑"了。晚饭之后，他还愉快地接受了倩儿母亲委派他护送莲仙回家的差使。

从倩儿家出来，郁达夫提着灯笼与莲仙肩并肩地走在一道，表面上却冷淡得好像是两个同路的陌生人。窄狭而又悠长的小巷，一程一程地在他们的脚下消失了，可谁也没有先向谁言一声，然而其心房的颤动却一个比一个厉害，尤其是莲仙，面对此情此景，她想得更多也更远。

莲仙对郁达夫，也正如郁达夫对她一个模样，是早已当成心目中的理想人物来仰慕，来爱恋了。

郁达夫虽然不是出身于豪门望族之家，也非有万贯家财，但因其父辈早年曾为私塾教师兼行中医，再加上两个哥哥，一个在日本留洋，一个在省城陆军小学堂读书，所以在人口不足三四千户的小县城里也是人人皆知的。常常穿大街走小巷的自由女性赵莲仙，平素不会不对他这个“九岁题诗四座惊”的“文童”有所风闻，更何况在县立高等小学堂举行首届新生开学典礼的那天，她又曾亲眼目睹过郁达夫的风采英姿。

在洋学堂举行首届新生开学典礼的那一天，从四面八方来看热闹的人更是络绎不绝，数不胜数。在这一群群的“看客”中，自然也少不了莲仙姑娘和她母亲及家中的女仆。

出于少女本能的庄重和羞涩的心理，莲仙并没有像一般同龄的男孩子那样,挤破头皮朝前去,而是站在母亲和女仆的衣襟后面偷视斜望。当一队学堂生从她们面前走过来时，家中的女仆指着其中的一位约有十一二岁的矮小少年说:“看郁家的三公子多神气！”

莲仙的母亲听了女仆的话也接着说道:“是呵，别看人家年龄小，功课可学得挺好哩！听他母亲说，这孩子九岁就会吟诗作文了。”

言者无意，听者有心。母亲和家中女仆的这一番对话全被站在一旁的莲仙给记住了，同时，郁达夫那矮小瘦削的身影也牢牢地镂刻在了她的脑海里。这之后，每当对面学堂里放学的钟声敲响时，她总要放下手中的针线活儿，立在楼头的窗口向外眺望，看是否有郁达夫的身影……这年三月，她和母亲从上海叔父家回来，乘坐的小客轮刚在县城近旁的码头边靠岸，一眼便瞥见了从堤坡上走过来看热闹的郁达夫……这次在倩儿家相会，也是她事先巧设计谋，有意安排的。

洒满银灰色月光的里弄小巷，在他们二人无尽的回想和蹒跚的脚步声中结束了，举步投足之间便是莲仙家的大门。郁达夫站定凝视了一会儿含情脉脉、欲言又止的莲仙，决然似的扭头走开了。

离开赵家的门口，郁达夫踏着茫茫的月色，很快地消失在了小巷的尽头。当他猛然回首时，那似乎已经平静了的心田又涌起了阵阵翻腾的波涛。发现莲仙仍高高地举着灯笼站在门口为他照明送行。这时他深悔自己的胆量太小，没有在这良辰佳宵，将自己对她的一片痴心痴情全部地倾吐出来。后来，他在《自述诗》第九首回忆起这一场景时，还充满无限的惆怅和十足的悔意。正可谓：

一失足成千古恨，昔日诗句意何深！
广平自赋梅花后，碧海青天夜夜心。

钱塘江畔的佳人

自从在倩儿家与莲仙相会之后，郁达夫对女性的好奇和戒备心理算是彻底地消除了，继之是毫无顾忌地热烈追求。有时候他和莲仙悄悄地幽会在城外的鹳山脚下，有时则相见在城隍庙内的戏台下，更多的时候则是二人手挽手、肩并肩地沿着城河上的石砌长堤，慢慢地在柳荫下闲步低语……对这种天真烂漫的美好友情，多少年后，郁达夫回想起来还觉意味深长，流连忘返。譬如 1922 年 4 月，他写于“东京之酒楼”的小说《怀乡病者》，其中就有一章是专门描述他和莲仙相会时的情景的。

在一天清和首夏的晚上，那钱塘江上的小县城，同欧洲中世纪各封建诸侯的城堡一样，带着了银灰的白色，躺在流霜似的月华影里。涌了半弓明月，浮着万迭银波，不声不响，在浓淡相间的两岸山中，往东流去的，是东汉逸民垂钓的地方。披了一层薄雾，半含半吐，好像华清池里试浴的宫人，在烟月中间浮动的，是宋季遗民痛哭的台榭。被这些前朝的遗迹包围住的这小县城的西北区里，有一对十四五岁的青年男女，沿了城河上石砌的长堤，慢慢的在柳阴底下闲步。大约已经是二更天气了，城里的人家都已沉在酣睡的中间，只有一条幽暗的古城，默默的好像在那里听他们俩的月下的痴谈。

那少年颊上浮起了两道红晕，呼吸里带着些薄酒的微醺，好像是在什么地方买了醉来的样子。女孩的腮边，虽则有一点桃红的血气，然而因为她那妩媚的长眉，和那高尖的鼻梁的缘故，终觉得有一层凄冷的阴影，投在她那同大理石似的脸上。他们两人默默无言地静了一会，就好像是水里的双鱼，慢慢的在清莹透彻的月光里游泳。

郁达夫与莲仙的这种浓淡相间，饱含着纯洁的情和真挚的爱的友谊，一直持续到他高小毕业时，长达三年有余。

1911年的岁首，郁达夫以优异的成绩提前一年完成了高等小学堂规定的课程，春节过后，堂长和知县亲自给毕业生们颁发了毕业证书和增生执照。当天晚上，学校还专门为他们这班首届毕业生摆设了五桌酒宴以示庆贺和饯行。据郁达夫回忆，这一晚的月色特别的好，天气也温暖得如同二三月的样子。满城的爆竹，是在庆祝新年的上灯佳节。他连饮了几杯酒后，浑身热腾腾的，心里头也着实感到有一种不能抑制的欢欣和冲动，没有等宴会结束，他的两只脚就已在大街上作漫无边际的夜游了，而于不知不觉间，这两只脚竟走进了莲仙家的大门。

莲仙的母亲和家中的女仆一同到大街上去购买元宵节的物品去了，偌大的一个院子里只有莲仙一人在大厅的桌子上边练习毛笔字。也许从郁达夫节奏鲜明的脚步声里，莲仙已经辨出了来者是谁，所以，她一动不动地，只慢声细语地问了一声“谁呀”，继续写她的字。而郁达夫为给她开个小玩笑，也故意地屏着气，提着脚轻轻地走到她的背后，猛地一口吹灭了放在她面前的那盏洋油灯，她于一声高叫之后，待四目相对后的一刹那间过去，立时镇定了下来。郁达夫在满月的光辉里看到她那张白玉似的嫩脸和一双黑水晶似的大眼睛，瞬间便觉得怎么也熬忍不住了，顺势就伸出了两只手，紧紧地捏住了她的手臂。“两人的中间，她也不发一语，我也并无一言。她是扭转了身坐着，我是向她立着的。她只微笑着看看我看看月亮，我也只微笑着看看她看看中庭的空处，虽然此外的动作，轻薄的邪念，明显的表示，一点儿也没有，但不晓怎样一般满足，深沉，陶醉的感觉，竟同四周的月光一样，包满了我的全身”。《水样的春愁》中的这段描述，真实、细腻地模拟出了郁达夫与莲仙相互热恋时在情感上所得到的快活和满足。

就这样，郁达夫和莲仙两人臂膊挽着臂膊，沉默着相对不知过了多久，郁达夫才将明天一大早就要去杭州考中学的事告诉了她。不料，莲仙听了这话，脸色霎时就由绯红变成苍白，两泓晶莹的泪水也顺着面颊滚落了下来。一看这突如其来的场面，郁达夫顿时也茫然了，鼻子一酸，泪珠也像断了线似的……两人又拥抱着相视了许久许久。直到莲仙的母亲和女仆从外边回来，他们才将紧挽的手臂松开。也许是一种快感，也许是一种满足，也许是一种在快感和满足中还带有诸多的遗憾。总之，他是带着一种很复杂的心态，极不情愿地离开了莲仙和她的母亲，当他在柳树影里披了月光走出莲仙家的大院，在回家的路上“一边回味着刚才在月光里和她两人相对时的沉醉似的恍惚，一边在心的底里，忽而又感到了一种极淡极淡，同水一样的春愁”。（郁达夫《水样的春愁》）

离乡

郁达夫辞别赵莲仙的第二天早晨，就在一位老秀才亲戚的带领下，离开了故乡，开始了他那以后不可限量的远大前程。当他们乘坐的小船鼓满了风帆，在清澈明丽的富春江上飞一般地行驶，故乡的山川、房屋都摇摆着退向后面去时，他那颗满怀希望的心却陡然间悲凉起来。

他想起了美满和谐、无忧无虑的校园生活，想起了温柔慈祥的父老乡亲，但此时他想得更多的还是莲仙姑娘，以及昨晚和她“在月光里相对的那一刻的春宵”。

“少年的悲哀，毕竟是易消的春雪”。郁达夫离别故乡时一刹那间所产生的悲凉、思念、哀愁，随着滚滚流去的江水，很快便淡化了，同样，他与莲仙的爱情也随之烟消云散。

是的，这之后，无论是言语上，或是肢体间，郁达夫再也没有和莲仙发生过任何联系。

若依照“有情人终成眷属”的传统观念来推测，郁达夫和莲仙的关系既然已经热恋到了心灵相通的境界，那么，若不遭遇棒打鸳鸯或天涯相隔、生离死别的意外变故，他们似乎应该有一个圆满的结局。

的确，按一般中国人的道德观念与行动规范去看待和要求郁达夫，他极有可能会和赵莲仙结为夫妻，白头到老。但是，郁达夫并没有沿着那条古老的爱情之路走下去，而是独辟蹊径，大胆地走出了一条完全属于自己的婚姻爱情之路。不间断地追求、勇敢地前进，力争爱情生活和永无止境的探索精神同步，把爱情生活作为成就伟大事业的动力。照这种观点去看待郁达夫，那么，他离开富阳后很快中断了与赵莲仙的恋爱关系便是不难理解的了。他永远是以宽阔的胸襟去拥抱新的时代、新的事物、新的人生，努力地去汲取各种有利于人类进步和社会向前发展的科学文化知识，时时在更新、改造头脑中固有的传统观念以及伦理学说和知识结构，以求和新的环境、气象万千的大时代取同一步伐，这其中也包括对爱情的不断更新和追求。

中断与赵莲仙的恋爱关系，表明了郁达夫在对爱情的追求方面又达到了一个新的层次。要论及赵莲仙被郁达夫在爱情方面淘汰的原因，最好还是先回顾一下他们当初恋爱的基础。

人世间的恋爱方式千差万别，但就其恋爱的基础而言，却是大同小异的，不外乎家庭经济基础、个人气质、文化修养和时代风尚及社会环境等几个方面的因素。郁达夫与赵莲仙的恋爱关系也是由这几个基本因素决定的。

郁达夫出生在“洪杨之后，不曾发迹过的一家破落的乡绅家里”，再加上父亲中年早逝，由小康而坠入困顿的家境也就决定了他在少年时代不可能像莲仙、倩儿等大户人家的子女那样，把去上海、逛杭州视如平常事。未到杭州读中学之前，他从没有离开过家乡半步，对富阳城之外的世界是个什么样子，他连一星半点的感性认识都没有，误认为离富阳只有90华里路程的省会杭州，“是和新疆伊犁一样的远，非犯下流罪，是可以不去的极边”。在这样交通不发达、信息闭塞、人口又不满三四千户的小县城里，郁达夫所能接触到的女性，都是些扎长辫裹小脚、打扮臃肿、思想封建、行动保守、态度忸怩的旧式家庭中的小姐太太，一见到装饰入时、举止大方的赵莲仙等自由女性，很自然地会使他耳目一新，同时也在他胸中产生了一股激荡的热流。在当时那个特定的历史环境下，赵莲仙的“形象”对郁达夫来说是有着无限魅力的。这一点很重要，它是构成郁达夫追求和热恋赵莲仙的首要因素；其次是那时他们的文化素养相差无几，均属同一个水平线上的人。两人幽会时海阔天空很谈得来，似乎有永远说不完的话。这一点也很重要。没有共同语言，就不可能交流，不进行交流，怎会碰撞出爱情的火花。有以上两点作为基础，进而便引导出了他们之间的那段柔情似水的恋爱故事。

至于郁达夫考入杭州府中后，为何没有再与赵莲仙发生联系这个实际问题，则只有从郁达夫向前突飞猛进，而赵莲仙则仍旧停留在原来的水平线上这一点来解释。

杭州是我国的六大古都之一，素以文物昌盛、山奇水秀名扬天下。清末民初之际，更是商贾云集，达官接踵，海内外游子、文人骚客也频繁地来这里游览；又兼这里是浙江省政治、经济、文化、教育的中心，各种新鲜的思潮，各种有悖于传统的新生事物都令从小县城里来的郁达夫目不暇接，用他自己的话说就是，“我从乡下初到杭州，而又同大观园里的香菱似地刚在私私地学做诗词，一见了这一区假山盆景似的

湖山，自然快活极了；日日和那位老秀才及第二位哥哥喝喝茶，爬爬山……”（郁达夫《远一程，再远一程！》）

风光旖旎的杭州山水，开阔了郁达夫的眼界，增长了他的见识，与“衣饰美好，肉色细白，举止娴雅，谈吐温存”的同学及友人的进一步接触，则使他感觉到富阳城中的几位大家公认的“装饰入时，态度豁达”的女性，在杭州原也不过是平平常常的小家碧玉而已。比赵莲仙更艳丽，也更风流的窈窕淑女举目可见。这样，也就于无形中使赵莲仙的外在美对他失去了魅力，无论怎么回味却再也引不起情欲的冲动。这是郁达夫与莲仙中断爱情纽带的第一个至关重要的因素；其二则是郁达夫兴趣的转移和文化素养的提高，拉开了他们思想情感方面的距离。换句话说，杭州时期的郁达夫，已将精力从过去对异性爱的追求转入到了对文化知识的渴望上，而这时的赵莲仙却还沉浸在抹骨牌和看戏的活动中，显然是落后于形势，更有愧于时代新女性的光荣称号。

对天资聪慧的郁达夫来说，富阳县立高等小学堂的功课，是不需要花费多大精力和时间便能应付得绰绰有余，课外又没有什么“闲书”之类可供阅读，因此，他有相当多的精力和时间可以用来与异性们谈情说爱，但到杭州后却再也没有这样宽裕的时间和过剩的精力了。首先是功课的繁重，其次是业余生活的丰富多彩，最主要的还是课外书籍的增多。1935 年 2 月，他在《孤独者》中回忆当年课外买书时的乐趣道：

> 那时候的杭州的旧书铺，都聚集在丰乐桥，梅花碑的两条直角形的街上。每当星期假日的早晨，我仰卧在床上，计算计算在这一礼拜里可以省下来的金钱，和能够买到的最经济最有用的册籍，就先可以得着一种快乐的预感。有时候在书店门前徘徊往复，稽延得久了，赶不上回宿舍来吃午饭，手里夹了书籍上大街羊汤饭店间壁的小面馆去吃一碗清面，心里可以同时感到十分的懊恨

与无限的快慰。恨的是一碗清面的几个铜子的浪费，快慰的是一边吃面一边翻阅书本时的那一刹那的恍惚；这恍惚之情，大约是和哥伦布当发现新大陆的时候所感到的一样。

经过一代又一代筛选出来的古今中外的优秀文化典籍，陶冶了郁达夫的情操，使他读了这些书之后所产生的“那一种朦胧的回味，仿佛是当三春天气，喝醉了几十年陈的醇酒”。如读了黎城靳氏的《吴诗集览》，无名氏编的《庚子拳匪始末记》和鲁阳生孔氏编定的《普天忠愤集》，他感慨万端，“觉得中国还有不少的人才在那里，亡国大约是不会亡的”。并深恨自己“出世得太迟了，前既不能见吴梅村那样的诗人，和他去做个朋友，后又不曾躬逢着甲午庚子的两次大难，去冲锋陷阵地尝一尝打仗的滋味”。(郁达夫《远一程，再远一程！》)

另外，这些凝聚着人类心血和智慧结晶的文学艺术珍品，也唤起了郁达夫创作的热情。“有时候兴奋得厉害，晚上还妨碍了睡觉”。长此以往，那些“歌不像歌诗不像诗的东西积得多了，第二步自然是向各报馆的匿名的投稿……”

毋庸置疑，创作和投稿占据了郁达夫的主要时间和精力，他已无暇旁顾了。对这一点，他在《孤独者》里说得很明白。

在报纸上公开发表了几次诗作以后，郁达夫渐渐地感到有点儿异样，并且以为在学问上是早已经超出“同时代的同年辈者，觉得按部就班地和他们在一道读死书，是不上算也是不必要的事情”。经过反复、认真的思量和再三权衡，他最后毅然决定离开正规的学校教育，回故乡索居独学。

对同年辈的中学生们，郁达夫尚且看不起他们的道德学问，更何况仅粗通文墨的赵莲仙呢？由此可知，文化修养方面距离的拉大，是造成郁达夫和赵莲仙“恋爱”不再继续的第二个至关重要的因素。

郁达夫是一个诗人气质十分浓重的人，从就读富阳县立高等小学堂起，他就开始孜孜不倦地追求崇高和圣洁的美。但清王朝统治下的中国，到处是黑暗，到处是腐败，污泥浊水横流，人妖颠倒是非混淆，九百六十万平方公里的神州大地很难找到一片净土。无疑，郁达夫所苦苦追求的崇高和圣洁的美，在当时的社会是无法实现的。失望之余，知音难觅、圣洁难求的孤独感也就随之产生。在这样一种精神状态下，天真烂漫、充满青春活力的莲仙姑娘不期然地闯入了他的情感世界里，他感到生活中有了充实的美，继之，崇高和圣洁美的幻影也不时地在他眼前浮现。反复数次，他发现，莲仙姑娘在他的心目中已成了崇高和圣洁美的象征。理想实现了，生活中出现了从未有过的欣慰和满足，为充分享受理想实现的幸福感，他便由过去对艺术美的追求转向对莲仙血肉之躯的热恋。

显而易见，在富阳高等小学堂读书时，郁达夫是把莲仙作为一种艺术美的象征来追求的，到了杭州求学时代，无论是在思想境界方面，或是在文化修养层次，他都进入了一个新的更高级的阶段。站在这个阶段上来回首少年时代的往事，自然会觉得有许多东西是幼稚可笑的，当时所极力追求的艺术美原也不过是如此而已。这样，作为崇高和圣洁美象征的莲仙姑娘便自然而然地在他心目中失去了追求的价值，因此，与之中断爱情纽带便是不可避免的。

最美的回忆

1922 年 7 月中旬，郁达夫结束了十余年的留学生涯，重新回到了他所热爱的祖国。在家乡富阳小住期间，他曾隐晦委婉地向友邻亲朋们探听有关赵莲仙的近况。事隔十余年，知情者已经不是很多了。有人说，辛亥革命之后的第三年，她就随母亲迁居到乡下外祖母家了；又有人说，她七八年前嫁给了一位经商的富家子弟，前不久还在杭州城里看到她；也有人说，她因患产褥风香消玉殒，早已不在人世间……这些渺无边际、道听途说得来的音讯，没有一件使郁达夫感到快意，反而使其空虚的心灵更加空虚，失意落魄不得志的情思愈发浓烈。有一天，当他漫步在昔日就读的小学堂的门前，遥想当年在这里读书时的生活情景，倏忽间，一位多情貌美的年轻女郎春风满面地向他走来，路过他身边时还向他丢了个含蓄的眼神。见此情景，郁达夫惊奇地大声呼喊道:“莲仙！莲仙！”随后便大步流星地追了上去。

根据这一刹那间出现的幻觉，郁达夫又融进去了和莲仙少年时代的“初恋”经历,很巧妙地构成一篇充满着浪漫“情”和“爱”的小说。这即是同年11月25日发表在《创造季刊》上的《春潮》。

《春潮》中的女主人公秋英，基本上是以莲仙为生活原型的。现实生活中的莲仙家是寡妇孤女，外加一个忠心耿耿的女仆,《春潮》中秋英家中的人员构成也同样是如此；再者，现实生活中莲仙的母亲喜爱栽种花草，院内院外都是些鲜艳夺目的奇花异卉，一年四季都能闻到清新醉人的芳香,《春潮》中秋英的母亲也有这种爱花如命的嗜好——如“她的母亲最爱种花，所以她们的屋前屋后都编着竹篱，种满了些青红的花”。另外，从小说和现实生活中的一些相类似的事件也可得到有力的佐证。如现实生活中的莲仙曾经为去杭州考中学的郁达夫洒过依依惜别的泪水,《春潮》中的秋英也同样为去杭州“学生意”的诗礼洒过几行热泪。

> 秋英呆呆的看他跑回去的影子渐渐儿的小了下去，她的眼睛忽而朦胧起来，诗礼刚讲的“我要上杭州去”的那句话同电光似的闪到她那小小的脑里的时候，她只觉得一种凄凉寂寞的感觉，同潮也似的压上她的心来。
>
> 呆呆的立了一会儿，她竟放大了声音，啼哭起来了。

这一句“啼哭”，千种风情、万般柔意也就全包含在里边了。

如果说《春潮》是在现实的基础上略带有虚构和浪漫主义成分的话，那么，1928年9月，郁达夫发表在《大众文艺》上的小说《盂兰盆会》，则可谓是地地道道的“写实”主义的杰作了。

盂兰盆会是民间的一个传统祭日，源于宋朝的京城开封，时间是每年的农历七月十五日，主要意图是祭祀先祖、祈福平安。但随着时代的变迁，其宗教迷信的色彩愈来愈淡，到后来更像是一个纪念季节转换的日子。

郁达夫以“盂兰盆会”作小说之名，其创作起因显然与此有关联。

故事是这样的。

1928 年 7 月，富阳城中一年一度的“盂兰盆会”正热闹的时候，郁达夫因事回到了家中。翌日一大早，他就随同母亲去坐落在鹳山半山腰里的圆通庵赶会。正行走间，他瞥见一个怀孕妇人的侧身，看其形态，很像莲仙，询问母亲才知，此妇人就是曾一度令他魂牵梦绕的“初恋”情人赵莲仙。

原来，莲仙在郁达夫离开富阳之后，也曾思念过他一阵子，甚至还多次做过与他结成美满良缘的梦。到后来，她眼见郁达夫由富阳至杭州，再至日本，一别数年杳无音讯，自觉希望渺茫，暗暗痛哭几场之后，咬牙斩断对他的缕缕情丝，二十几岁时，嫁给了一位商人子弟。

听了母亲关于莲仙身世的叙述，郁达夫想起十年前与她在富春江边初次相见的情景，以及每次与她幽会时所产生的幸福和愉快的感觉。小说《盂兰盆会》就是这些往事回顾的客观记录。

在《盂兰盆会》里，郁达夫又一次将少年时对莲仙如怨如慕、如泣如诉的复杂情感，作了淋漓尽致地描写。如听到莲仙与女仆说话的声音时，“他全身的血液马上就凝住了，脸上也马上变成了青色。他屏住气息，更把身子放低了一段，可以不使窗外的人看见、听见，但耳朵里他却只听见自己的心脏鼓动得特别的响。咬紧牙齿把这同死也似的苦闷忍抑了一下……”

听到莲仙的声音，郁达夫是这样的“窘迫”和“压抑”，心脏几乎要破膛而出，那么，见到莲仙的身影时他又是作如何状态呢？且看小说末尾处的一段描写。

……离窗外不远，在一棵松树的根头，莲英的那个同希腊石刻似的侧面，还静静地呆住在那里。她身体的全部，他看不到，从他那窗眼里望去，他只看见了一头黑云似的短发和一只又大又黑的眼睛。眼睛边上，又是一条雪白雪白高而且狭的鼻梁。她似乎是在看西面市内的人家，眼光是迷离浮散在远处的，嘴唇的一角，也包得非常之紧，这明明是带忧愁的天使的面容。

他凝视着她的这一个侧面，不晓有多少时候，身体也忘了再低伏下去了，气息也吐不出来了，苦闷，惊异，怕惧，懊恼，凡一切的感情，都似乎离开了他的躯体，一切的知觉，也似乎失掉了。他只同在梦里似的听到了一声阿香在远处叫她的声音，他又只觉得在他那窗眼的世界里，那个侧面忽儿消失了。不知她去远了多少时候，他的睁开的两只大眼，还是呆呆的睁着在那里，在看山顶上的空处。直到一阵山下庵里的单敲皮鼓的声音，隐隐传到了他的耳朵里的时候，他的神思才恢复了转来。他撇下了他的祖母，撇下了他祖母的香篮，撇下了中午圆通庵里飨客的丰盛的素斋果实，一出那古庙的门，就同患热病的人似的一直一直的往后山一条小道上飞跑走了，头也不敢回一回，脚也不敢息一息地飞跑走了。

这些描述，虽含有小说夸张和虚构的成分，但它毕竟是郁达夫对莲仙一片痴情的自然流露，亦可看作是弥足珍贵的第一手资料。

郁达夫与莲仙从相识到分手虽然仅有三年多的时间，然而，它对郁达夫以后的人生道路和文学创作上的影响却是不可低估的。

自他们二人分别后，郁达夫直接或间接地描写到莲仙的作品，除《自述诗十八首》《水样的春愁》《春潮》《盂兰盆会》外，还有《沉沦》《空虚》《秋柳》《采石矶》《怀乡病者》《十三夜》等。

1923 年 2 月发表在《创造季刊》第一卷第四期上的小说《采石矶》，其中关于清中叶诗人黄仲则“初恋”的描写，就分明是郁达夫和赵莲仙“初恋”的缩影。

又如1930年10月发表在《北新半月刊》上的小说《十三夜》，其中关于青年画家陈君追逐白衣少女的故事情节，实际上是赵莲仙在郁达夫的脑海里一次次出现所导致的“梦幻”。

可以说，郁达夫早期作品中关于少男少女相悦相恋的情节描写，大多是以他当年与莲仙相爱时的生活为蓝本的。

初恋那件小事

有关赵家少女莲仙和倩儿、红儿等人的行踪去向，郁达夫的长子郁天民曾做了有关考证。

1991年，郁天民在《郁达夫风雨说》一书中，谈起赵莲仙时曾这样写道：“‘赵家少女’确有其人，确是姓赵，今尚健在，已是八十八岁的老太太了。但名字不叫莲仙，也不曾有过与莲、仙两字相关的小名儿。其真实芳名，看来作者当初就有意隐轶，不仅《自传》内始终以‘少女’、‘女孩’来避讳，就是《自述诗》内也都以‘某某’、‘某氏’作代名。这首诗里的‘莲仙’也属于相类似的隐语。”

经过认真地研究和考证，郁天民说，赵家少女的相貌的确很美，长长的细眉，高尖的鼻梁，粉嫩、光润的瓜子型脸蛋，再加上打扮得雍容华贵，更将大家闺秀的大方和派头表露无遗，尤其是她那舒缓从容、文弱娴静的风度，最易招引少年书生们的仰慕和爱怜；她的文化程度也不高，据说幼年时只在自己家族的私塾里读过两三年书，仅粗通文墨而已。这在“女子无才便是德”的时代已是很了不起了，也只有大家族中的富裕户才做得到。稍长后失学在家“待字”闺中，因为当时的社会，无论书塾、经馆或洋学堂都是不收女学生的。

赵家算得上是当时最开通的富商家庭，先是让女儿读书认字，年龄稍长时，又将其打扮得花枝招展，流光溢彩，并放其到社会上抛头露面，结交朋友，这其实也是一种“待字”的新式方法。出生在清贫家庭、封建意识浓厚，又极端缺乏男女社交见识的旧家子弟，就不能不被这些惹人的浓艳所吸引，进一步由崇拜而痴迷了。

因没有女子外出工作的习俗，所以，像莲仙之类的少女，除偶尔到街面上走动走动外，大部分时间是待在家里的，为打发时光，消遣解闷，抹骨牌便成了主要的功课。骨牌，也叫牙牌，或者排九牌，共32张，可以作为赌博输赢的工具，也可以作为个人游戏如卜算命运休咎之类。《水样的春愁》中说的在倩儿家赌输赢玩的就是这种牌。

为了消遣，同时也是为了社交，“看戏”也是莲仙之类的少女必不可少的“外事”活动。当时的富阳还没有正式的戏院，一年四季，除了秋收农忙的几个月外却都有营业性演出，俗称“卖戏”。“卖戏”大多都在城隍庙改装的剧场，这里虽不具规模也不很像样，但却是全城唯一的男女社交的公共场所。凡新换的剧团和新换的剧目，这几位开通人家的姑娘几乎无场不到。当然，这未必是她们爱好戏剧，而是另一种形式的招摇过市。青少年时代的郁达夫却是真正的爱好看戏，他不仅在高等小学堂上学时经常上城隍庙看夜戏，就是去日本以后，偶然回家省亲也还保持着这种爱好。1917年夏天他第一次回国省亲时，除因事出访亲友外，有许多天都曾去城隍庙看戏。《自述诗十八首》注语中的“遇某氏于剧场”，“即他初次遇见赵家少女就是在这种上城隍庙看戏的场合。这次初见，别无记述，也许只是一次他自己感到了挑动心弦的新发现。别无‘微笑一下，点一点头’等等的交流，但却是‘恼乱童心’的开始”。（郁天民《说郁达夫的〈自传〉》）

据说，赵家少女在民国初年，由其叔父做主，嫁给了一个富商子弟。

关于“倩儿”等两位姑娘，郁天民经多方寻访、考证，始终不得线索。所以，他在《说郁达夫的〈自传〉》中不无遗憾地写道：

> 关于倩儿她们两位姑娘以及坐在左边，年纪比作者大一岁的那位同学始终找不到确知人。当地经过抗日战争八年的沦陷，凡高等小学堂旧址以西的人家、街道，尽化灰烬，烧杀之惨，令人

发指。按《春愁篇》所提供的线索，倩儿和那位同学等的家正在邻近学堂以西的一带，则恐怕永远无法了解到了。

既然连生于斯，长于斯，又长期在此工作的郁天民都无法考出倩儿、红儿两位姑娘的踪迹，那么，她们和郁达夫分别后的生活去向及行踪，恐怕将是一个永远解不开的“谜团”了。

对于赵家大院的考证，郁天民在《郁达夫风雨说》中如是说：“‘赵家少女’与寡母当时所住的豪宅，并非是她们所拥有的家产，而是向金姓大户租来的，至今犹存，位置正处在郁达夫祖居老屋以东的一箭之地。”

这所百余年老屋，虽已百般衰败、陈旧不堪，但从它那四壁风火高墙和巍然屹立的石库门楼的外貌来看，仍可以遥想它当年的威风。进门是一周圈整齐的楼房，中间是一方石砌的天井，朝南的正厅又深又宽……出门是孔圣庙围墙外的沿墙通道，南达东门街，北通城隍庙。古老的、中间铺着狭长的石板、两旁用鹅卵石砌成的路面，至今还留剩着零星的段落。通道沿围墙的一边，都是高大的柳树，细软的嫩绿柳条垂拂着大红围墙，与墙内泮池上的参天杞柳伸向墙外的强枝密叶交相辉映。读过郁达夫《水样的春愁》之后，再来到这里，回想起当年作者初恋少女赵莲仙的情景，就会深深地理解，为什么他在这一篇“自传”中不惜浓墨重彩，用优美的语言来描写这一带环境，并称之为“梦里的游行”的了。如果再把《自述诗》第八首的后二句“三月富春城下路，杨花如雪雪如烟”来对照吟味，就更能体会到无法言传而确有所得的意境享受。

少年东游

就在1913年9月下旬的一个晴朗早晨，郁达夫带了几册线装的旧书籍，穿了一身半新不旧的夹服，便跟着长兄郁曼陀先生踏上了赴日求学的征程。

郁达夫在故乡富阳县立高等小学堂读书时，虽不曾有“红袖添香夜读书”的绯闻流传，但有赵莲仙、倩儿、红儿等风流少女时常相伴左右，也可以说是艳福不浅；而在杭州求学期间，他却像换了个人似的，三年内不近女色。

穷其原因，是生活的充实，功课的紧张，创作的繁忙，再加上经济并不宽裕和心理负担过重诸方面的因素，使得他既无闲暇，也没有心思和精力去结交什么异性朋友，自然也不会留下可供人们饭后茶余闲谈的风流韵事。

换句话说，杭州求学时代，是郁达夫在爱情追求方面的沉默期和对异性心灵认识的调整期，而再一次唤起他对爱情的强烈渴望和大胆追求，是他留学日本时。

留学时代

为了清晰、准确地还原出郁达夫与日本少女恋爱、交往的历史概貌，就势必得先从他留学日本的起因和动机说起。

1911 年 10 月 10 日，孙中山等革命党人领导的“武昌起义”，很快席卷了大江南北、黄河上下，于是乎，清朝皇族逊位，五族共和，中华民国开创了历史的新纪元。

郁达夫是个心系天下安危，胸装神州八极的高远志士。这期间他虽在故乡小县城里“索居独学”，但对外界的风吹草动，尤其是各地反清排满的革命浪潮却是时时刻刻都在用心关注着。每当从乡下“视察”回来，第一要事就是阅读从上海等地寄来的日报。从报上所载的新闻里获悉：英国兵侵入云南占领片马了，东三省疫病流行了，广州的将军被刺了。“凡见到的消息，又都是无能的政府，因专制昏庸，而酿成的惨剧”。

在这一夕多变的日子里，郁达夫最关注和最想知道的还是各地风起云涌的“反清排满”的激流热浪。

广州黄花岗起义失败，七十二烈士英勇牺牲的壮举，四川铁路风潮的勃发，一个接一个震动人心的消息，使郁达夫有点坐立不安了。特别是“武昌起义”爆发后，他更是“日日的紧张着，日日的渴等着报来；有几次在秋寒的夜半，一听见喇叭的声音，便发着抖穿起衣裳，上后门口去探听消息，看是不是革命党到了”。（郁达夫《大风圈外》）

多少代人的不懈追求，无数先烈朝思暮想的奇迹，终于在郁达夫等仁人志士焦急的企盼和等待中，突然从天而降。

辛亥革命的爆发和成功，是郁达夫心灵历程和生活道路的一个转折点，然而，换汤不换药的政治社会现实，也引起了他的困惑和迷茫。无情的现实就是这样。

> 大风暴雨过后，小波涛的一起一伏，自然要继续些时。民国元年二月十二，满清的末代皇帝宣统下了退位之诏，中国的种族革命，总算告了一个段落。百姓剪去了辫发，皇帝改作了总统。天下骚然，政府惶惑，官制组织，尽行换上了招牌，新兴权贵，也都改穿了洋服……
>
> ——郁达夫《海上》

面对着这光怪陆离的政治舞台和千变万化的社会现实,郁达夫“一半也抱了希望，一半却拥着怀疑”。在家里的小楼上孤独寂寞地闷过了两个夏天,到了1913年的秋天,实在是“再也忍耐不住了”,决计要“自己上道”到外边去寻求新的希望之路。

偏也凑巧，正当郁达夫计谋外出寻求新路之际，他的那位在北京当七品小京官的哥哥被派往日本考察司法，无形中，他“将来的修学行程，也自然而然的附带着决定了”——负笈扶桑，求学东洋。几阵秋雨，几度秋风过后，残暑也随之消尽。就在1913年9月下旬的一个晴空浩荡、万里无云的早晨，郁达夫带了几册线装的旧书籍，穿了一身半新不旧的夹服，便跟着长兄郁曼陀先生踏上了赴日求学的征程。

故乡富阳也好，省府杭州也罢，在这些氛围里生活了18年的郁达夫,耳濡目染的,朝夕相处的都是中国传统文化和旧式礼教,言谈举止,甚至思维，都不敢越雷池半步。赴日途中的第一站——上海，则使他感到仿佛到了另一个世界,压抑多日的“性”,不但受到了强烈的刺激,而且也昂奋到了不能自我控制的境地。

在《海上》一文里，郁达夫曾将初到上海时的感受做了淋漓尽致的描述和渲染：

> 上海街路树的洋梧桐叶，已略现了黄苍，在日暮的街头，那些租界上的熙攘的居民，似乎也森岑地感到了秋意。我一个人呆立在一品香朝西的露台栏里，才第一次受到了大都会之夜的威胁。
>
> 远近的灯火楼台，街下的马龙车水，上海原说是不夜之城，销金之窟，然而国家呢？像这样的昏天黑地般过生活，难道是人生的目的么？金钱的争夺，犯罪的公行，精神的浪费，肉欲的横流，天虽则不会掉下来，地虽则也不会陷落去，可是像这样的过去，是可以的么？在仅仅阅世十七年多一点的当时我那幼稚的脑里，对于帝国主义的险毒，物质文明的糜烂，世界现状的危机，与夫

国计民生的大略等明确的观念，原是什么也没有，不过无论如何，我想社会的归宿，做人的正道，总还不在这里。

是啊，一度在故乡探究学问的少年郁达夫，怎么也不可能想到心目中的东方明珠——大上海竟是这般的千奇百怪，令人眼花缭乱。

十里洋场，灯红酒绿，纸醉金迷。感情和意志本来就不太坚定的郁达夫，一旦置身其间便“感到不安与疑惑”。而在“天蟾舞台”所看的一场京剧名角贾璧云主演的全本《棒打薄情郎》，则将他埋藏在心灵深处“性欲”的火焰再度燃烧起来。中年之后，在《海上》一文中回想起当时性迷惑、性冲动的情景，还历历在目。

> 我们于九点多钟，到戏院的时候，楼上楼下观众已经是满坑满谷，实实在在的到了更无立锥之地的样子了。四围的珠玑粉黛，鬓影衣香，几乎把我这一个初到上海的乡下青年，窒塞到回不过气来；我感到了眩惑，感到了昏迷。
>
> 最后的一出贾璧云的名剧上台的时候，舞台灯光加了一层光亮，台下的观众也起了动摇。而从脚灯里照出来的这一位旦角的身材、容貌，举止与服装，也的确是美，的确足以挑动台下男女的柔情。在几个钟头之前，那样的对上海的颓废的空气，感到不满的我这不自觉的精神主义者，到此也有点固持不住了。这一夜回到旅馆之后，精神兴奋，直到了早晨的三点，方才睡去，并且在熟睡的中间，也曾做了色情的迷梦。性的启发，灵肉的交哄，在这次上海的几日短短逗留之中，早已在我心里，起了发酵的作用。

如果说，郁达夫在富阳与赵莲仙、倩儿等青春少女“热恋”时，主要显示的是“灵”的需求的话，那么，这次在上海“大蟾”大戏院里所呈现出的窘态，则可谓是更多地表现出了“肉”的欲望，这也即是郁达夫本人所言的“灵肉的交哄”。

从“性的启发”到“灵肉的交哄”，这中间经历了长达五六年的岁月。促使这种变化的原因是多方面的，既有外部环境的作用，也有自身生理逐渐成熟的因素。

18 年的峥嵘岁月，已使郁达夫从一个牙牙学语的玩童，变成了一个体格健壮、精神饱满的小伙子。他浑身上下都奔突着一股沸腾的热血，时时处处都洋溢着青春的活力，再加上早些年和赵莲仙相恋时积累下来的丰富感情，一旦遇到像“销金不夜城”大上海这样的环境和气候，怎能不引发出从“灵”到“肉”全方位要求的欲望？有了上海的这段“灵”和“肉”相交哄的小插曲，那么，再看他到日本后宿妓嫖娼的“放浪形骸”，也就不足为奇了。

日本少女的丽质

与故国相比，东邻日本是另有一番景象的。

地处海岛，四面环水，终年湿润多雨的日本，自然风景秀丽多姿，又因受南来暖流“黑潮”的影响，大部分国土冬暖夏凉。在这火山争奇斗艳的海岛上，初夏晚秋的夕阳把整个天空映得猩红，中秋月夜的山水则如晴空一样碧蓝，而那落在茶花和红梅上面的春雪也像印花丝绸似的绚丽……当然最具特色，最富诗意的，还是那开得漫山遍野绯红的樱花。日本是个崇尚大自然的民族，对自己的美丽国土很感骄傲和荣幸，同时也比较注意美化生活环境以陶冶人的性情。

郁达夫是 1913 年的深秋时节随长兄曼陀先生东渡日本留学的。而这 20 世纪的初叶，正好是日本“明治维新”取得巨大成功的光辉岁月——政局稳定，经济繁荣，文化绚烂，国家前程似锦，整个大和民族上下团结一致，处处都呈现了一种生机盎然、朝气蓬勃、奋发向上的进取精神。

郁达夫在后来写就的《雪夜》《日本的文化生活》等文章，就曾表达过这样的意思，我们之中的不论哪个人，如果能在日本住上一段时间，特别是将言语、风俗及生活习惯等方面的困难克服以后，“感觉就马上会大变起来；在中国社会里无论到什么地方去也得不到的那一种安稳之感，会使你把现实的物质上的痛苦忘掉，精神抖擞，心气和平，拼命的只想去搜求些足使智识开展的食粮”。若再能在这里多滞留上三年五载，那么，“这岛国的粗茶淡饭，变得件件都足怀恋；生活的刻苦，山水的秀丽，精神的饱满，秩序的整然，回想起来，真觉得在那儿过的，是一段蓬莱岛上的仙境里的生涯，中国的社会，简直是一种杂乱无章，盲目的土拨鼠式的社会”。（郁达夫《日本的文化生活》）

1936 年 8 月，郁达夫在《日本的文化生活》一文里，高度赞美日本的传统文化和美丽景色。

> 日本人一般的好作野外嬉游，也是为我们中国人所不及的地方。春过彼岸，樱花开作红云；京都的岚山丸山，东京的飞鸟上野，以及吉野等处，全国的津津曲曲，道路上差不多全是游春的男女。“家家扶得醉人归”的《春社》之诗，仿佛是为日本人而咏的样子。而祇园的夜樱与都踊，更可以使人魂销魄荡，把一春的尘土，刷落得点滴无余。秋天的枫叶红时，景状也是一样。此外则岁时伏腊，即景言游，凡潮汐干时，蕨薇生日，草菌簇起，以及萤火虫出现的晚上，大家出狩，可以谑浪笑傲，脱去形骸；至于元日的门松，端阳的张鲤祭雏，七夕的拜星，中元的盆踊，以及重九的栗糕等等，所奉行的虽系中国的年中行事，但一到日本，却也变成了很有意义的国民节会，盛大无伦。

满怀救国救民的豪情壮志，一心追求真理的郁达夫，一踏上日本的国土就立刻感到有一种绝大的威胁正笼罩在已暴露“己国文化落伍的中国留学生”的头上。

通过观察和实践，郁达夫渐渐地发现，日本的不同阶层和不同文化素养的人，他们对中国留日学生的态度，虽然不尽相同，但骨子里却都是一样的——歧视，更准确地说是歧视加利用。

> 有智识的中上流日本国民，对中国留学生，原也在十分的笼络；但笑里藏刀，深感着“不及错觉”的我们这些神经过敏的青年，胸怀哪里能够坦白到像现在当局的那些政治家一样；至于无智识的中下流——这一流当然是国民中的最大多数——大和民种，则老实不客气，在态度上言语上举动上处处都直叫出来在说：“你们这些劣等民族，亡国贱种，到我们这管理你们的大日本帝国来做什么！”简直是最有成绩的对于中国人使了解国家观念的高等教师了。
>
> 是在日本，我开始看清了我们中国在世界竞争场里所处的地位；是在日本，我开始明白了近代科学——不问是形而上或形而下——的伟大与湛深；是在日本，我早就觉悟到了今后中国的运命，与夫四万万五千万同胞不得不受的炼狱的历程。
>
> ——郁达夫《雪夜》

1914年7月，经过将近一年的拼死苦读，郁达夫终于考入东京第一高等学校预科，获得官费留学资格。

几乎与郁达夫获得官费留学资格的同时，长兄曼陀先生应召回国就职于北京大理院推事。

郁达夫送走了亲爱的长兄和嫂嫂，从此独自一人漂泊天涯。这时候，他的思想情感和性灵都在急剧地发生变化。正如他在一篇名叫《雪夜》的文字中所说，谙熟了日本的言语风俗和生活习惯，谋得了自己独立的经济来源，特别是揖别了血肉相连的亲戚兄弟之后，每每于旅舍寒灯的底下，或街头漫步闲行的时候，中华民族国际地位低下的屈辱感更是时时袭上心来，除此之外，最能恼乱他性灵的便是“男女两性间的种种牵引”和诱惑。

日本在“明治维新”之初曾提出过一个很响亮的口号——与中国的传统文化彻底决裂。政治、经济、文化、法律、教育、科技等完全效仿欧美等先进的资本主义国家。这样，经过“明治维新”大变革后的人们，特别是青年一代，在他们头脑中已很少残存中国传统的道德观念了。尤其是在男女两性关系方面表现得更为明显。用郁达夫在《雪夜》中的一段话来描绘当时的情景就是：

> 两性解放的新时代，早就在东京上流社会——尤其是智识阶级，学生群众——里到来了。当时的名女优像衣川孔雀，森川律子辈的妖艳的照相，化装之前的半裸体的照相，妇女画报上的淑女名姝的记载，东京闻人的姬妾的艳闻等等，凡足以挑动青年心理的一切对象与事件，在这一个世纪末的过渡时代里，来得特别的多，特别的杂。伊孛生的问题剧，爱伦凯的恋爱与结婚，自然主义派文人的丑恶暴露论，富于刺激性的社会主义两性观，凡这些问题，一时竟如潮水似地杀到了东京，而我这一个灵魂洁白，生性孤傲，感情脆弱，主意不坚的异乡游子，便成了这洪潮上的泡沫，两重三重地受到了推挤，涡旋，淹没，与消沉。

东京社会出现的“两性解放”的潮流，是唤起郁达夫对异性的爱情渴望和追求的一个外在因素，然而起决定作用的还是他内心深处产生了对日本女性倾慕的情感。

长兄携嫂嫂回国后，在日本——郁达夫已是无家可归了，再加上经济和时间都获得了相对独立，久而久之，他与日本女性的接触和交往开始多了起来。

通过与日本女性长时间的交往，郁达夫发现，日本“明治维新”之后的少女们，较之故国的姊妹们更有着许多新鲜可爱之处。首先，她们对于守身如玉和男女授受不亲的观念，没有我们女同胞那样的迂腐和固执，“又加以缠足深居等习惯毫无，操劳工作，出入里巷，行动都和男子无差；所以身体大抵总长得肥硕完美”，绝对没有我们的林黛玉小姐那样的“临风弱柳，瘦似黄花”等病貌病态；其次是日本女性的肤色大多是雪样的细腻洁白，风样的柔嫩妩媚，令人赏心悦目，百看不厌。“关东西靠山一带的女人，皮色滑腻通明，细白得像似磁体；至如东北内地雪国里的娇娘，就是在日本也有雪美人的名称，她们的肥白柔美，更可以不必说了”。（郁达夫《雪夜》）再者是日本女性一般都具有豁朗通达，喜爱自由，崇尚民主的性格，是比较容易接近和交往的。

当时东京可供人们游玩的地方是比较多的，如浅草附近的娱乐场，市内小石川区的植物园，市外武藏野井之头公园等，都是比较高尚清幽的园游胜地。

> 在那里有的是四时不断的花草，青葱欲滴的列树，涓涓不息的清流，和讨人欢喜的驯兽与珍禽。你若于风和日暖的春初，或天高气爽的秋晚，去闲行独步，总能遇到些年龄相并的良家少女，在那里采花，唱曲，涉水，登高。你若和她们去攀谈，她们总一例地来酬应；大家谈着，笑着，草地上躺着，吃吃带来的糖果之类，像在梦里，也像在醉后，不知不觉，一日的光阴，会箭也似的飞度过去。
>
> ——郁达夫《雪夜》

多情善感，风流倜傥，而又正处在18岁烂熟青春期的郁达夫，生活在这样一个美女如云和奇花异草丛生的环境里，不可能不陷入爱的旋涡中。1936年1月，他在自传《雪夜》中的一段话就说得很确切明了，其间“感觉得最深切而亦最难忍受的地方，是在男女两性，正中了爱神毒箭的一刹那”。

日本少女的天生丽质也好，风情万种也罢，这种种的美德和善解人意之处，都是对大和民族的青年而言的，只有他们才能够独享这一切，而对弱国子民的中国留学生，她们则和她们的父兄一样，充满着轻蔑和歧视。

在日本留学长达十年之久的郁达夫，对这一点有着切肤的体会和深刻的感触。他说：

> 这些无邪的少女，这些绝对服从男子的丽质，她们原都是受过父兄的熏陶的，一听到了弱国的支那两字，哪里还能够维持她们的常态，保留她们的人对人的好感呢？支那或支那人的这一个名词，在东邻的日本民族，尤其是妙年少女的口里被说出的时候，听取者的脑里心里，会起怎么样的一种被侮辱，绝望，悲愤，隐痛，混合作用，是没有到过日本的中国同胞，绝对地想象不出来的。
>
> ——郁达夫《雪夜》

钟情于日本少女的天生丽质，倾心于日本少女的豁达开朗、风情万种，在心灵深处，想去大胆地追求，热烈地去爱，也希望得到她们的爱，这是郁达夫留学日本初期情感深处的主流，而表现在行动上则与此正好相反——犹豫彷徨，似进似退，亦真亦幻。

《沉沦》中的主人公“他”，在郊外遇到日本女学生时所呈现的复杂心态，就是郁达夫当时对日本女性情感的艺术写真。

在公共场合，特别是在郊外女性罕见的地方，互不相识的青年男女彼此点头致意，或相互道声“好”，这在日本原是很正常的事，在青年学生之间，更是司空见惯的。但郁达夫每次遇到这样的事情时，则是别有一番滋味在心头，悲喜交加，欲罢还休。小说写“他”和日本女学生分别后，回到旅馆时的矛盾心理道：

> 进了他自家的房，把书包用力的向席上一丢，他就在席上躺下了。他的胸前还在那里乱跳，用了一只手枕着头，一只手按着胸口，他便自嘲自骂的说：

You coward fellow, you are too coward!

“你既然怕羞，何以又要后悔？

“既要后悔，何以当时你又没有那样的胆量？不同她们去讲一句话？

“Oh, Coward, Coward!”

说到这里，他忽然想起刚才那两个女学生的眼波来了。

那两双活泼泼的眼睛！

那两双眼睛里，确有惊喜的意思含在里头……

心里向往异性的爱，而且十分渴望得到异性的爱，但在行动上却又不敢有所表示，这种复杂矛盾的心理，像恶魔毒蛇一样始终缠绕着年轻的学子郁达夫——一方面折磨着他那孱弱的躯体，另一方面则渐渐地蚕食着他那游移不定的灵魂。

困惑复困惑，折磨复折磨，时间一长，他的忧郁症便随之产生了——生的苦闷、性的苦闷，成了他生活和情感中的两大主题。

他的忧郁症愈闹愈甚了。

他觉得学校里的教科书，味同嚼蜡，毫无半点生趣。天气清朗的时候，他每捧了一本爱读的文学书，跑到人迹罕至的山腰水畔，去贪那孤寂的深味去。在万籁俱寂的瞬间，在天水相映的地方，他看看草木虫鱼，看看白云碧落，便觉得自家是一个孤高傲世的贤人，一个超然独立的隐者……

主动地亲近大自然，以美丽的山川和灵性的万物来充实空旷的心胸，荡涤灵魂深处的污浊，这是郁达夫为摆脱精神上的困惑，慰藉空虚孤独的心灵，所采取的自我超脱、自我解救的办法之一；其次则是拼命地去读书，以求用先哲们的智慧，来化解郁闷在胸中的块垒。

接连地失败，深深地刺伤了郁达夫那纤弱的情感，他对自己能否获得日本少女的爱——哪怕是不纯洁的爱，开始发生怀疑。

由怀疑而困惑，再而失望，同时伴随而来的性苦闷也一天一天地加重起来。每天的下午，特别是一到太阳西下的时候，非要到酒馆里去喝个酩酊大醉方能压抑住性苦闷的折磨。在理智清醒的时候，他也不愿意就这样的颓废沉沦下去。为摆脱这性苦闷的缠绕，重新焕发出青春的活力，振作起前进的勇气，他也曾做出种种的努力。如他经常到图书馆里去取自己平时所喜爱看的书，借此机会来消磨时光，获取精神上的宽慰。然而一到上灯的傍晚时分，一切却都不由己了。

一半是为报复日本无知少女的轻视，一半是为发泄“不可抑制”的性苦闷，他有时候也会跑到妓院里去寻求刺激，并自我解嘲道：“沉索性沉到底罢！不入地狱，哪见佛性，人生原是一个复杂的迷宫”。(郁达夫《雪夜》)

1931年12月，郁达夫在为《忏余集》写的序言《忏余独白》里，回忆起这段荒唐往事时还颇有感触。

> 人生从十八九到二十余，总是要经过一个浪漫的抒情时代的，当这时候，就是不会说话的哑鸟，尚且要放开喉咙来歌唱，何况乎感情丰富的人类呢？我的这抒情时代，是在那荒淫惨酷，军阀专权的岛国里过的。眼看到的故国的陆沉，身受到的异乡的屈辱，与夫所感所思，所经所历的一切，剔括起来没有一点不是失望，没有一处不是忧伤，同初丧了夫主的少妇一般，毫无气力，毫无勇毅，哀哀切切……

这样的时代，这样的环境，这样的情感和文化氛围，也就很自然地造就了这样的郁达夫。

这个时期郁达夫的生活经历、思想情感，甚至包括他那独特的思维方式，都带有明显的时代烙印。

追求自由，追求爱情，张扬个性，渴望灵肉的满足，是20世纪初叶留学东洋的中国年轻学子最明显的时代特征。作为其中一分子的郁达夫，自然也不会例外。他在《沉沦》中借用主人公的口，赤裸裸地喊出了他当时的需求和渴望。

> 知识我也不要，名誉我也不要，我只要一个安慰我体谅我的“心”。一副白热的心肠！从这一副心肠里生出来的同情！从同情而来的爱情！
>
> 我所要求的就是爱情！
>
> 若有一个美人，能理解我的苦楚，她要我死，我也肯的。
>
> 若有一个妇人，无论她是美是丑，能真心真意的爱我，我也愿意为她死的。
>
> 我所要求的就是异性的爱情！
>
> 苍天呀苍天，我并不要知识，我并不要名誉，我也不要那些无用的金钱，你若能赐我一个伊甸园内的“伊扶”，使她的肉体与心灵，全归我有，我就心满意足了。

这一声声发自肺腑的呐喊，虽不能说是惊天地、泣鬼神，但至少可以说是字字血，声声泪，一方面令人心碎，另一方面则可催人奋发，昂扬进取。

留学日本期间，郁达夫与异性的交往，有放浪形骸、荒淫无度的一面，但同时也不乏纯真无瑕的爱情和友谊。

爱情，国殇与《沉沦》

郁达夫在日本热恋和追逐的少女，第一个有文字记载和有同时代人回忆记录的，当推他在名古屋读书时房东的女儿。

据郁达夫青年时代的好友，也是日本著名汉学家的冨长觉梦先生在《服部担风先生杂记》一书中回忆说：

> 在名古屋八高读书的时候，他的下宿处有一个少女，名叫隆子。他为她写了诗，可见他心下是钟情于这个少女的。当然，懦怯的，特别是在什么事上都有强烈的自卑感的他，是不会有什么表示的。表面上态度冷淡，心底里却燃烧着火。最后就这样搬出下宿，离开名古屋去了东京。

冨长觉梦先生的回忆，虽然笼统，但大体上是可信的。这从郁达夫那具有浓厚自叙传色彩的小说《沉沦》中可以得到佐证。

《沉沦》中的主人公“他”，分明是郁达夫的自我写照。

在论及《沉沦》主人公“他”的身世时，作者是这样描述的。“他的故乡，是富春江上的一个小市，去杭州水程不过八九十里……”这一点，与郁达夫完全吻合。

依此类推，《沉沦》中“他”所爱慕的少女，在很大程度上是以“隆子”为模特的。

“他”寄寓处主人的女儿方好17岁，“长方的脸儿，眼睛大得很，笑起来的时候，面上有两颗笑靥，嘴里有一颗金牙看得出来，因为她自家觉得她自家的笑容是非常可爱，所以她平时常在那里弄笑”。

风姿绰约的青春少女，使“他”为之魂牵梦绕，而才华绝世的“他”，也同样使房东家的少女为之春心萌动。“她平时常在那里弄笑”，恐怕在很大程度上是“笑”给年轻的“客人”看的，这“笑”中既蕴藏着无限的深情和爱怜，同时也饱含着殷殷的期待和希冀。

房东少女期待着“他”能从她的微笑里面，明白她的爱，知晓她的情，希望他主动地、大胆地敞开心扉，去迎接她那颗像火一样炽热的心。因此，她明知少年房客在偷看她洗澡，而仍娇声嗔气地问他是谁，可见其情之真，其意之切。

也许“他”真的从房东少女“微笑”里读懂了她的深情，也真的“非常爱她”。

然而，弱国子民的自卑感，终于抑制住了他对爱情的追求，每当她“送饭来或来替他铺被的时候”，心里虽然想和她亲近，但在表面上却相当冷漠，故意装出了一副神圣不可侵犯的样子。

一个是热血沸腾的男性青年，一个是春情勃发的妙龄女郎，二人朝夕相处，耳鬓厮磨，好感自然是随着岁月的递增越来越深，其情也愈来愈浓，以致双方都觉得好似干柴遇见了火星，随时随地都有迸发灿烂火花的机缘。

小说写“他”这时矛盾的心态和举止时，正可谓入木三分，一针见血。

> 她进他房里来的时候，他的呼吸竟急促到吐气不出的地步。他在她的面前实在是受苦不起了，所以近来她进他的房里来的时候，他每不得不跑出房外去。然而他思慕她的心情，却一天一天的浓厚起来。

用“逃脱”和“躲避”的办法，来压抑体中奔腾的热血和胸中发烫的情感，尽管是愚蠢和消极的，然而这对当时的“他”来说却是没有办法的办法。

“他”不是不想爱，而是冷酷的社会现实迫使他不得不放弃这爱的权利。他清楚地认识到，一个自诩为高贵民族的白雪公主，一个被歧视为猪狗不如的弱国子民，两者相恋，根本是不会有什么好的结局的，如果说有的话，那将是对弱者的进一步伤害。与其如此，倒不如早点儿斩断情丝，以免将来遭受更大的伤害和痛苦。

“他”和房东少女分手时，正是两人相悦相恋，感情几近高潮日。

有一天，他在宿舍里正百无聊赖地读书，静寂的空气里，忽然传来了几声刹刹的泼水声。

他静静儿的听了一听，呼吸又一霎时的急了起来，面色也涨红了。迟疑了一会，他就轻轻的开了房门，拖鞋也不拖，幽脚幽手的走下扶梯去。轻轻的开了便所的门，他尽兀自的站在便所的玻璃窗口偷看。原来他旅馆里的浴室，就在便所的间壁，从便所的玻璃窗里看去，浴室里的动静了了可见。他起初以为看一看就可以走的，然而到了一看之后，他竟同被钉子钉住的一样，动也不能动了。

那一双雪样的乳峰！

那一双肥白的大腿！

这全身的曲线！

呼气也不呼，仔仔细细的看了一会，他面上的筋肉，都发起痉挛来了。愈看愈颤得厉害，他那发颤的前额部竟同玻璃窗冲击了一下。被蒸气包住的那赤裸裸的“伊扶”便发了娇声问说：

“是谁呀？……”

他一声也不响，急忙跳出了便所，就三脚两步的跑上楼去了。

男女同浴是日本的风俗习惯，窥视少女的洗浴也便算不得什么“罪状”。然而，这在“他”的心里却成了天大的“隐私”，以至羞愧到再也无法见江东父老的境地。最后的结果，是强压欲火搬出寄寓处，重新择屋而居。

他跑到了房里，面上同火烧的一样，口也干渴了。一边他自家打自家的嘴巴，一边就把他的被窝拿出来睡了。他在被窝里翻来复去，总睡不着，便立起了两耳，听起楼下的动静来。他听听泼水的声音也息了，浴室的门开了之后，他听见她的脚步声好像是走上楼来的样子，用被包着了头，他心里的耳朵明白告诉他说：

“她已经立在门外了。”

他觉得全身的血液，都在往上奔注的样子。心里怕得非常，羞得非常，也喜欢得非常。然而若有人问他，他无论如何，总不肯承认说，这时候他是喜欢的。

从房东少女那柔情似水的“是谁呀？”的明知故问声里，可以看出她对“他”的一片深情美意，进而还可以说，这时房东少女的心中和“他”一样，正燃烧着一团炽热的“爱”的火焰。

此时此刻，对房东少女的一举一动，“他”似乎都读懂了，而且深知其内涵，不然他怎么会“喜欢得非常”呢？

干柴遇上了烈火，本可以熊熊燃烧的，但终因种族的差异、文化的不同、心里的障碍等不言自明的原因，使二人失之交臂。

“爱”是美好的，它可以催人奋发，激人向上，然而“爱”的无言结局，却是催人泪下，使人沮丧的。“他”不愿意看到这无言的结局，所以，强压心中奔腾的火焰，怀着对房东少女的一片痴情和美好回忆，毅然决然地搬了出去，从此便永远地离开了她。

一梦

《沉沦》中描述的留日学生“他”与房东少女朦胧的爱情纠葛，可以说与冨长觉梦先生的回忆有着异曲同工之妙。而冨长觉梦先生唯一失误的是把隆子的名字错冠在了这房东少女的头上。

“隆子”很可能是郁达夫诗文中多次出现的“隆儿”，当系郁达夫倾慕的另一位日本少女。

因年代的久远，关于“隆儿”的身世、籍贯以及她和郁达夫恋爱的逸闻趣事等，已不可考究。但从郁达夫诗文中有关她的片言只语中推猜，她大概是名古屋第八高等学校附近的一位小家碧玉，很有可能是一家小酒馆里的“千金”。他们二人相识于浓春三月赏花途中，一见钟情，一度卿卿我我，过从甚密。

据郁达夫早年的日记记载，1917年6月10日，隆儿姑娘曾嘱托他代买过《寮歌集》。为此事，他还乐此不疲地奔走了大半天才将它办妥，当夜又兴致勃勃地去她家报告已将《寮歌集》“定妥”的消息。

处于青春期的少男少女们，嗅觉是特别敏感的，彼此间一个不经意的眼神或一个什么小动作，对方马上就能明白其中所蕴含的深意。郁达夫自然也是如此，他从隆儿委托代买《寮歌集》这件小事里，已隐隐约约地意识到对方对他所“中意”的程度，旋即，心旌荡漾，浮想联翩，第二天，两首情意缠绵的《赠隆儿》便应运而出。

几年沦落滞西京，千古文章未得名。
人事萧条春梦后，梅花五月又逢卿。

我意怜君君不识，满襟红泪奈卿何！
烟花本是无情物，莫倚箜篌夜半歌。

第一首诗的前面两句是牢骚愤慨之语，表达了自己有绝世才华而不被世人所认识的悲哀，后两句则抒发了诗人因结识“隆儿”所产生的喜悦心情。

第二首则坦坦荡荡地表白了诗人对“隆儿”的热恋和对她所寄寓的无限深情。

在写作《赠隆儿》时，诗人是特别认真的，还特地在诗后写了“附记”。其言曰：“右二绝为隆儿作也。隆儿小家女，相逢道左，一往情深，动于中不觉发乎外，谓之君子之思服可，谓之旷夫之狂言亦可。要之，出乎情性，止乎礼义，如天外杨花，一番风过便清清洁洁，化作浮萍，无根无蒂，不即不离，所谓兜率宫中文箫梦影者，非耶？”

“附记”首先点明了“隆儿”的身世——“小家女”，接着又说明了他们“艳遇”的经过——萍水相逢、一见钟情；而后，诗人在这里也道出了内心的苦衷——尽管对“隆儿”一往情深，但囿于传统的道德和礼教，却不敢对她有所造次，真是苦耶、悲耶！

《赠隆儿》写成后，郁达夫不但将它送给隆儿，而且还寄给了他平素所敬重的著名汉学家服部担风先生，请他在其主编的《新爱知新闻》上刊出，意在将他和“隆儿”恋爱一事公之于众，昭示天下。

继《赠隆儿》之后，郁达夫与隆儿的交往更加亲密，首先，他不再“表面上态度冷淡”了；其次是由被动“接受”转为主动进攻——他不仅亲自送去了隆儿所嘱托代买的《寮歌集》，而且还买了些花邮片之类的小礼物，并且还在花邮片上亲自抄录了柯尔律治的诗——爱情篇的首节相赠。

继这次送《寮歌集》和花邮片后，郁达夫又先后送过笔、西洋人物邮片及干花等小物件给隆儿。有一次，他还带了一把扇子和英文诗集，并恳请隆儿将英文诗集中的一节情诗亲笔书写于扇面回赠他。这天，他去得很早，而隆儿“发垂垂及颊际，衣睡服，晨妆尚未毕也”。

看着郁达夫的一脸真诚和他那火热的目光，隆儿很腼腆地低头答应了他书写情诗于扇面的要求。

真可谓是心有灵犀一点通，隆儿就这么一点头，立刻把郁达夫孤寂平静的学生生活搅得天昏地暗，“归家后如醉如痴，觉一日心忐忑不能定”。

这时候，他最后悔的是当时没有问清隆儿年岁几何，更埋怨隆儿没有问及他的家世、学问等至关重要的事。继而，他又自我安慰道：“总为女儿含羞，不易动问故耳。”

自嘲归自嘲，宽慰归宽慰，然而仍是“坐立不安，总觉有一物横亘胸中，吞之不得，吐又不能，似火中蚁，似圈中虎”。同时他又不得不承认自己已坠入爱河。

隆儿果然没有食言，几天后，真的为郁达夫书写了扇面，但所录并非郁达夫指定的英文诗集中的情诗，而是两句韵味深长的日本古诗。

望朝曦而思君矣，莫对残日而怀余。

至此，郁达夫与隆儿的恋爱关系已基本挑明，彼此也趁机相互倾诉了朝思暮想的情感。

与隆儿的恋爱还没有达到如胶似漆时，郁达夫已向校方当局办好了请假回国省亲的手续，并打算于6月25日启程。

临行前两天，郁达夫特意到隆儿家中告别。

对郁达夫突然回国省亲的举措，隆儿既没有阻拦，也没有埋怨，只是要求他将时间往后推迟几天，陪她过了“地久节”再回去。

为满足隆儿这个小小的要求，郁达夫决定将回国省亲的日期推迟到本月29日。但到了24日，他忽然来了个180度的大转弯，“午后至隆儿处取英诗集，与诀别，以后不复欲与见矣！”

原来，他在本月20日前就曾思前想后，不胜自卑。“予已不幸，予断不能使爱予之人，亦变而为不幸。此后予不欲往隆儿处矣！”几次欲诀别而不能，最后此念终于占了上风。

因此，1917年6月25日“地久节”那天他没有去陪隆儿逛公园，而是伏枕吟成了《别隆儿》诗。

犹有三分癖未忘，二分轻薄一分狂。
只愁难解名花怨，替写新诗到海棠。

诗的前两句是告诉隆儿自己是怎样一个人——放荡不羁、清高孤傲，未必是她托付终身的理想之人；诗的后两句则明白告诉她，正因为自己不是她托付终身的理想之人，所以才趁还未“结果”时便斩断情丝，劳燕分飞，以免铸成大错，造成终生遗憾。

古人云：“真名士亦风流。”郁达夫就是这样的真名士，拿得起，放得下。热爱时就真真切切，全身心投入，而不想再“爱”下去时，就快刀斩乱麻，绝不拖泥带水。自1917年6月24日他和隆儿诀别后，就真的再也没有去找过她。

与隆儿在“形式”上义无反顾地诀别了，但在心里，郁达夫却没有将她忘怀。两年后，偶然相遇，还是情感顿生，遂作《留别隆儿》诗以记之。

> 平生窃羡蓝桥梦，略识扬州子夜春。
> 莫向杏坛题品第，本来小杜是诗人。

郁达夫和隆儿从相识到热恋再至诀别，虽仅有短短的两三个月的时间，但她在郁达夫的记忆里却是永久的，影响也深远。1921 年 7 月发表在上海《时事新报》上的小说《银灰色的死》，其中就有隆儿的身影，对他们之间相恋时的思想情感也多有描述。

《银灰色的死》中的静儿是植物园近旁一位“当炉”老寡妇的女儿，年纪只有 20 岁。

> 容貌也只平常，但是她那一双同秋水似的眼睛，同白色人种似的高鼻，不识是什么理由，使得见她一面过的人，总忘她不了。并且静儿的性质也和善得非常，对什么人总是一视同仁，装着笑脸的。

这里虽说是小说中的描写，但亦可看作是隆儿的真实面貌。小说写“他”与静儿相识的缘由及相恋的过程时道：

> 静儿的母亲，从前也在西洋菜馆里当过炉的，因此她却颇晓得些调羹的妙诀。他从前身边没有钱的时候，大抵总跑上静儿家里去的，一则因为静儿待他周到得很，二则因为他去惯了，静儿的母亲也信用他，无论多少，总肯替他挂账的。

郁达夫在《赠隆儿》诗的“附记”中说他与“隆儿”相逢于“道中”，小说中说主人公“他”与静儿相识于小酒馆中，二者可以说是基本吻合的。

从郁达夫的日记和《赠隆儿》及《留别隆儿》等诗中推猜，他和隆儿的“恋爱”关系大约保持了二至三个月，而小说中的主人公“他”和静儿的关系亦复如此。

> 他在静儿家里进出，虽然还不上两个多月，然而静儿待他，竟好像同待几年前的老友一样了。静儿有时候有不快活的事情，也都会告诉他。据静儿说，无论男人女人，有秘密的事情，或者有伤心的事情的时候，总要有一个朋友，互相劝慰的能够讲讲才好。他同静儿，大约就是一对能互相劝慰的朋友了。

郁达夫在和隆儿热恋的时候，曾送给她一本诗集及邮片、干花纸等小礼物。小说中的“他”送静儿的小礼物也是类似的小东西。如“从旧书铺走出来的时候，街上已经是黄昏的世界了，在一家卖给女子用的装饰品的店里，买了些丽绷（Ribbon）犀簪同两瓶紫罗兰的香水，他就一直地跑上了静儿的家里”。他这次所带的礼物里自然还有“一本英文的诗文集”。

从以上的对比里可知，《银灰色的死》在很大程度上是把作者和隆儿的恋爱，在这里做了艺术的再现。

除隆儿之外，曾引起郁达夫激动和想入非非的日本少女，还有梅儿、玉儿等。

郁达夫和梅儿大约相识于1919年初春之际。这年二月间，郁达夫陪同浙江教育视察团参观名古屋的中小学，一度下榻在大桥旅馆，梅儿是这里的侍女，二人相见遂产生好感，也可以说是一种淡淡的爱恋，后因其他原因，没有再进一步发展。这从郁达夫的《赠梅儿》和《留别梅儿》等诗中可以看出。

《赠梅儿》诗是：

淡云微月恼方回，花雾层层障不开。
好是春风沉醉夜，半楼帘影锁寒梅。

此诗写于1919年2月18日。二日后即又写诗《留别梅儿》相赠。

淡云微月旧时盟，犹忆南楼昨夜筝。
侬未成名君未嫁，伤心苦语感罗生。

以此诗作为“爱”的结束语，可见郁达夫和梅儿的爱情属于稍纵即逝的一类。

此爱虽是昙花一现，稍纵即逝，但彼此间一时的情真意切，的确是不可否认的。同年5月4日，郁达夫偶然回忆起和梅儿相处时的愉快时光，还不免心潮澎湃。

莫对菱花怨老奴，老奴情岂负罗敷。
一春燕燕花间泣，几夜真真梦里呼。
苏武此身原属汉，阿蛮无计更离胡。
金钗合有重逢日，留取冰心镇玉壶。

在这首名为《留别梅浓》的诗里，郁达夫首先表白了他对梅儿真心相爱的情感——“几夜真真梦里呼”便是明证，继而又向她诉说了他之所以不能与她进一步相爱的苦衷——那就是彼此的国籍、族别的不同，换句话说就是，你不愿意脱离你们的大和民族，下嫁给我们中华民国的子民，我自然也不愿意背叛祖国委身于你们大和民族。紧接着诗人笔锋一转，直抒胸臆，表达了我们虽然不能结为夫妻，但爱却是天长地久的。

这之后不久，郁达夫又特意写小说《两夜巢》，专门记述他和梅儿的这段“恋情”。

小说中有一段是这样描述主人公“少年”和侍女“梅浓”相亲相爱故事的。

> 梅浓把她的籍贯家事差不多说完了之后，少年便问她道：“你几岁了？”她回答说：“你猜猜看。”“十六岁。”“不是。”“十五岁”。“愈加不是了。”少年着急起来，问她道：“你究竟几岁了？”梅浓对他笑了一笑，轻轻的说道：“请你先说罢。”……梅浓去拿了烟来之后，看见那少年还站在原处，她就丢了一个眼色，走往南边的回廊下去，少年缓缓的跟了她来，她走到回廊的转角上，就回转身来站住了，少年追上一步，伸出右手来，把她的左手拿住，用力一抽，梅浓就靠在少年的身上，原来梅浓身材短小，她靠在少年的身上，她的额头正及少年的嘴唇。少年就把右手举起来，把她抱住了，少年又曲了一曲身，把他的嘴唇拿近梅浓的嘴唇去，梅浓也不推却，也不说话，只是微微的在那儿笑……

上述所言，虽是小说家的话语，但故事和情节应该是真实可信的。

继梅儿之后，郁达夫和京都旅馆里的一位侍女玉儿，也曾有过一段青春故事发生。

1920年4月，已进入东京帝国大学经济学部读书的郁达夫，为了更多地了解日本近代崛起的社会和政治诸方面的原因，寻求其经济发展的规律，读书之余，不断地到外地旅游考察。在京都考察时，下榻旅馆里的一位侍女玉儿曾进入他的视线，并留下了一首至今还为人们所称道的情诗《西京客舍赠玉儿》。

> 玉儿春病胭脂淡，瘦损东风一夜花。
> 钟定月沉人不语，两行清泪落琵琶。

郁达夫和玉儿，虽只有短短的几日之欢，但这几日之欢在他的记忆里却是刻骨铭心的。20 年后，他漂泊南洋重抄此诗时还颇有一番感慨。“此二十年前游西京时所作，回首前尘，诚如一梦”。

雪儿之憾

除“隆儿”、“梅儿”、“玉儿”之外，郁达夫还曾一度与一年轻日本寡妇同居过一段时间。他在日本留学时的浙江同乡钱潮在《我与郁达夫同学》一文中有过披露。

> 我在八高一心读书，平时考试成绩门门优秀，按照八高的规则，平时成绩全优者，可以不再参加毕业考试，所以这年初夏我提前回国度假，回日本后为了领取毕业证书，又到名古屋去了一次。到校后才知道达夫已为我代领了毕业证书，我就去找达夫，没想到他与一个年轻的日本女子住在一起，使我大吃一惊。达夫见到我，欣喜万分，拉着我问这问那，还热情地留我住了一晚。他并坦率地告诉我，与他同居的这位女子以前嫁过人，前夫是个军人。不过，我发现这个女子脾气很坏，那时他俩的关系已很紧张，果不多久，他们就分手了。达夫在名古屋时生活很浪漫，常去妓院，有时回来还向我介绍他的见闻，如日本妓院的妓女都坐在那里，头上挂有介绍姓名、年龄的牌子，供来客挑选等等。达夫早期的小说大都以妓女生活为题材，恐怕与此不无关系。

根据钱潮所言，郁达夫与日本年轻女子同居的时间当在 1918 年的春夏相交时。其依据是，郁达夫从名古屋八高毕业是 1918 年 7 月，这之后，他便永远离开了名古屋，开始了他在东京帝国大学求学问道的生涯。

郁达夫和日本一年轻女子同居一事，除钱潮所言之外，从郁达夫的“诗词”和“日记”等资料中也可得到佐证。如《自述诗十八首》最后一首诗的“原注”中就有这样一段话：

……二十岁夏转入名古屋第八高等学校。二十一岁秋由医科改入法科，仍入第一年级。夏还乡，遇孙氏于其家。秋患伤寒症入病院二月。冬遇某氏于东京。二十三岁春与某氏居西浦。四月，与之别；六月，复与之居天神东；九月又与之离。冬十二月二十八日疾始瘳。

《郁达夫诗词抄》的编者在为该诗所作的注里较诗人的“原注”，说得更为明了清晰。“某氏系指一个名叫‘雪儿’的日本妇女，后在东京被人卖作娼妇”。

诗人的诗作和“原注”写于当年，自然是非常可信的，而《郁达夫诗词抄》编者之一的郁天民系诗人的长子，其所注，无疑也是有一定的史料作基础的，可信度也应该说是很高的。

查郁达夫1918年6月至1919年7月间的日记，其中有多处提到了雪儿。如1918年7月20日的日记：

夜月明，夜膳后与钱某坐檐下作什谈，因告以雪儿身世事，并告以将弃之云云。

这里的“钱某”即指的是钱潮。

这则日记所记，和钱潮的回忆是十分吻合的，以此可说明，郁达夫在1918年7月间，确实与雪儿有着同居的关系。

从目前所掌握的材料看，郁达夫与雪儿的交往过程应该是这样的：1917年冬，郁达夫因事在东京逗留期间，偶然与一名叫雪儿的妇女相识。两人一见即有好感，爱意陡然而生。郁达夫从东京回到名古屋不久，雪儿也随之而来，并租屋同居。直到1918年4月份，两人才分手。

1918年6月，为反对不平等的《中日共同防敌军事协定》，郁达夫断然拒绝了日本政府的官费津贴以示抗议，到东京当“佣工”。在这期间，他与雪儿再度相遇，重续前缘。6月11日的日记是：“昨夜又会雪儿，一日功夫复归乌有。”6月15日的日记是：“夜往见雪儿月明如水，归已十二时……”6月20日的日记又云：“夜雪儿冒雨来，即宿之于榻下，以汤饼饷之。”

郁达夫来东京不久，中国留日学生掀起的反对《中日共同防敌军事协定》的罢课运动已近尾声，未几，他也随之离京重返名古屋，继续学业。

郁达夫从东京回到名古屋不多时，雪儿也自东京赶了过来，并于当天看了位于天神东的一处空屋，并迅即定了下来。1918年7月8日，郁达夫的日记是：“午后雪儿忽来，即与之入天神东之空屋内，拟于十五日将书卷迁至此处来。”

事实上，未等到预定的15日，他们已开始搬家同居了。13日的日记是：

> 午前搬物至午后始毕，人倦极。夜入市令肉铺每七日送肉二次来，自明日始，更赴电灯会社付前月迄今之电灯钱，又打电话至门前町电灯会社，令明日来新舍装置电灯。

郁达夫与雪儿的蜜月，很快就因两人的气质、修养、生活习性等方面的差异而宣告结束。如郁达夫7月16日至9月初的日记中，就记载了二人多次吵闹的事。有一次，甚至当着客人钱潮的面，雪儿竟“狂态”大作，令郁达夫十分难堪。其日记云：“午前钱潮来，午膳后雪儿大作狂态，予决与之离……”又如“昨夜又与雪儿争，终夜不得安眠，贱民不能以仁爱相待，行当弃之”。

事实上也正像诗人在《自述诗十八首》原注中所说，1918年8月，他和雪儿之间的感情已正式破裂，同居生涯结束。8月12日的日记是：

午后取寒衣油布一丈二尺入质，借得日币十元与雪儿作路费者也。夜八时送雪儿上东京行，汽车归已九时过矣……此后决不欲再与雪儿同居……

雪儿离开名古屋后，郁达夫相当长一段时间郁郁寡欢，心情颇为沉重，因为两人毕竟一同生活了几个月，留下来的不尽是争吵，而且还有欢乐和甜蜜。1919 年 1 月 24 日的日记就流露出了这种心情。“我同雪儿的一切事情，他年总要写她出来才好”。

郁达夫与雪儿分手后，二人仍保持着通信联系。1919 年 1 月 13 日，当他得知雪儿在东京已被卖作娼妇，心情极度不安，痛苦至极。这一天的日记是：

……谓已被卖作娼妇矣。予心乱神昏，来往于月光下者良久，思前思后，觉负雪儿者事多，雪儿之负我者亦不少……去年今日，正思雪儿不置之日也。

郁达夫接到雪儿的来信后，曾几次前往东京探望，然而，他的这种探望，只能给雪儿以言语和精神上的安慰，别的方面则是无法提供，更不可能解救她出苦海。

他们之间的最后一次相见，大概是 1919 年 7 月 4 日，郁达夫这天的日记是：

见伊憔悴可怜，沉沦于苦海者久。问伊负债几何，曰只三十金可以赎此身，即倾囊与之，冒雨归东京。予颇有自戕意，大醉后与雪儿谈身世，泪涔涔下，雪儿毫不之解也。

第二天，即 7 月 5 日，郁达夫在日记中又写道：“午前十时，更赠雪儿以十五金，与之别去，予与雪儿之缘，自此绝矣……”自这则日记后，再也没有见到过雪儿的字样。

与雪儿别了，但她的音容笑貌却没在郁达夫的脑海里消失。1923年，他和陈翔鹤等年轻学生在北京一家酒馆里喝酒，见一歌女很像当年的雪儿，他看了几眼，便很痛苦地闭上了眼睛，随后一大颗一大颗的眼泪滚落了下来。走出酒馆，他一面叹气，一面擦眼泪，很伤感地对陪同他的学生说“这个歌女的面貌很像他从前在日本时的情人。她是因他引诱由少女而堕落到几乎类似妓女地步的。就在堕落之后，他们还不断地幽会。在他此刻时时想起来，都难免不觉得这是一桩罪孽……”（陈翔鹤《郁达夫回忆琐记》）

除郁达夫的“诗词”、“日记”之外，从他的小说《南迁》里也能看到一些蛛丝马迹。如：

> ……他因为去年夏天被一个日本妇人欺骗了一场，所以精神身体，都变得同落水鸡一样。晚上梦醒的时候，身上每发冷汗，食欲不进，近来竟有一天不吃什么东西的时候。因为怕同去年那一个妇人遇见，他连午膳夜膳后的散步也不去了。他身体一天一天的瘦弱下去，他的面貌也一天一天的变起颜色来了。

这里所写应该是作者的亲身经历和真实感受。

另外，在《南迁》里，作者还重笔浓彩地描写了主人公“伊人”和他的那位妇人的情感纠葛。

小说中的主人公“伊人”，很明显有着郁达夫的影子。

小说中的“妇人”，显然是雪儿的化身。

郁达夫之所以迷恋雪儿，就是她实在长得太美了，而小说中的M，也是个美人胚子，“小小的身材，长圆的脸儿，一头丛多的黑色的头发，坠在她的娇白的额上。一双眼睛活得很，也大得很”。

现实生活中的“雪儿”曾经结过婚，是她主动追郁达夫的，而小说中的M也是如此。

勾引“伊人”的是她，而深深刺伤了“伊人”心的也同样是她。不是吗？刚刚她还和“伊人”毫无顾忌地寻欢作乐，转眼之间，她便又投入别人的怀抱，故伎重演，一点儿也不在乎她和别的男人做爱时“伊人”的感受如何。特别是当“伊人”离开旅馆，差人去取东西时，那位妇人的恶劣表演，更是让“伊人”激愤难忍。“名誉、金钱、妇女，我如今有一点什么？什么也没有，什么也没有。我……我只有我这一个将死的身体”。

“伊人”的愤怒之语，和郁达夫在日记中骂雪儿是“贱民”，不能以“仁爱相待，行当弃之”，如出一辙。

再者，现实中的“雪儿”脾气很坏，动不动就蛮横无理，大发狂态，而《南迁》中的“荡妇”亦复如此。

“伊人”因不堪忍受她的水性杨花和无耻，愤然出走后，曾派人与她交涉取回自己的东西，不料，这女人不但不让取，而且还颠倒是非把“伊人”痛骂了一通。

1927年8月，郁达夫在《五六年来创作生活的回顾》中有这样一段话：

> 至于我的对于创作的态度，说出来，或者人家要笑我，我觉得“文学作品，都是作家的自叙传”这一句话，是千真万确的。客观的态度，客观的描写，无论你客观到怎么样一个地步，若真的纯客观的态度，纯客观的描写是可能的话，那艺术家的才气可以不要，艺术家存在的理由，也就消灭了。

依他之说，《南迁》等小说中的男性主人公的思想和情感，以及围绕在他身边发生的故事，很大程度上都是来自郁达夫自身。

士人和他的时代

1920年7月26日，在乱云飞渡，红霞映满西天的傍晚，一乘小轿抬着孙荃走进郁家的庭院。没有结婚仪式，没有媒人，没有亲朋来贺，连蜡烛花炮也全免，一切都是无声无息的……

郁达夫在故乡富阳县立高等小学堂读了三年的书，与赵莲仙、倩儿等新时代的妙龄少女暧昧三年，可谓风光无限；留学东洋的十年岁月里，他又大胆、热烈地不断追逐异国的少女，时时刻刻都能碰撞爱的火花，有意无意地演绎出了一幕幕充满青春，阳光和激情的男女间的“文明”戏剧。

是啊，郁达夫离开故乡到杭州读中学，以至后来赴日本求学，再归来服务故国故土，弹指一挥间，已有十余年的光阴了。这期间的经历，一方面使他大饱眼福，开阔了心胸，增长了见识，同时也让他伤痕累累，他希望有一处风和日丽的港湾来接纳他这艘疲惫不堪、千疮百孔的帆船。

终于有一天，他希冀的这片有着诗情画意的美丽港湾，悄然无声地出现在了他这艘航船的正前方，而且频频地向他呼唤。

这片能够让他休养生息，重振雄风，再度远航的港湾就是他的第一任夫人孙荃。

时代下的婚姻选择

孙荃，原名兰坡，字潜媞，小郁达夫一岁，1897 年生于富阳县宵井镇一个颇有资产和地位的书香世家。

有关孙荃的家庭出身和人文背景，富阳籍学者蒋增福在《才女·贤妻·良母》一文中曾有过多方面的考证，他认为，在当时作为江南小县的农村，无论是站在哪个角度上来看，孙荃的娘家都可称得上是亦工亦商亦农的经济大户和诗书礼仪传家的“书香门第”。

孙荃的父亲孝贞先生，原也是个读书人，年轻时曾经寒窗苦读十数载，但因时运不济，屡进考场，屡次失败，十几年过去了，连半个秀才也没有捞到，一怒之下，遂抛开诗书，放弃功名利禄，固守田园，重振家业。

孙先生读过诗书，下过考场，脑子又灵光，思路开阔，做起“实业”来，有张有弛，条理清晰，很快便将“家业”提高到了一个新的层次。他先是经营毛竹生意，以后又办了小造纸厂，两者的收入都甚为可观，再加上祖上遗留下来的百亩上好水田可供出租，收入不菲。所以，在短短的几年时间里，其家境富裕，资产雄厚，地位显赫，在方圆数十里之内都是数得着的，说独占鳌头也不过分。他先后娶有两房妻室，生有两子三女。

孙先生的长子名灏，为已故前妻所生。用现代的眼光和标准来衡量，孙灏应属“残疾人”之列，他个子矮小，而且还有点驼背，其貌也略显丑陋。但是他的学问却很好，小小年纪便中了秀才，能诗能文，名扬一方。更难能可贵的是，他还有一手很高明的医术，医德也好，给人看病，不分贵贱，一律平等，本地人亲切地称他为“阿水先生”。

孙荃乃孙先生的续弦所生，与孙灏属同父异母的兄妹。她以下还有两个妹妹和一个弟弟。其弟孙锦川，和郁达夫一样，也曾留学日本，文墨相当好，回国后在政界、军界都干过，善交游，朋友很多，在富阳一带很有威望。

据蒋增福的《才女·贤妻·良母》回忆：“也曾听到过孙家的这位孙荃小姐对弟妹，她以大姐姐的身份很爱护；而她对那前母所生的兄长阿水先生则特别敬重。”

年少时，在父亲的教导下，孙荃读完了《三字经》《千字文》《小学集注》一类的启蒙书籍；年稍长，父亲又聘请了老塾师李宴春为她的家庭教师，指导她读女四书、《列女传》等古文典籍。这位李先生教学严肃认真，古文上也很有几分造诣，再加上孙荃的聪明勤学，使其十来岁时就能吟诵诗句了，有时还能与父亲、兄长以诗词唱和。在南国小镇中，可算得上是一个知书达理的好女子。

重要的一点是，在这样一个文化氛围浓重的家庭里成长，形成了孙荃沉着、内向、寡言的性格和温良恭俭让的美德。像她这样有地位有家产，又品性端正、才华出众的少女，待字闺中时，不可能不招来一班贵公子、阔少爷们的倾慕和追逐。登门求亲者，托人缔结良缘者，是你来我往，应接不暇。然而数年过去了，那么多的求亲追逐者，却没有一个能叩开她的心扉。细说起来，原因也很简单，她一不是嫌这班追逐者家中没有地位或财产；二不是嫌他们的容貌不扬，没有翩翩风度，而是嫌他们缺乏追求知识的宽阔胸怀和锐意进取的蓬勃朝气，说通俗一点，是嫌他们缺乏远大理想和宏伟抱负，蝇营狗苟，坐吃山空。所以，对前来求亲的和爱慕者，她都一个个婉言拒之于门外。

旧中国的民俗，订婚都是极早的，尤其是江南各处的富庶之乡，儿女们在五六岁时就已开始订婚，甚至双方父母说得投机，指腹为婚者也大有人在。如果没有什么特殊的原因，至 20 岁时还未嫁娶，那么，无论是男是女，都是要被人瞧不起的。在这样一种旧习惯势力的影响和制约下，就连一向以开明贤达著称的孙孝贞先生，也渐渐显露出了经不起社会舆论的颓唐情绪，开始由过去对女儿婚事的乐观转变为焦虑和忧愁。

就在孙老先生为膝下娇女的婚姻大事愁眉不展、坐卧不安的时候，家族中的一个远房亲戚于闲聊中带来了福音，说愿为小姐的婚事效犬马之劳，并提醒道，县城里已故中医郁士贤家的三公子荫生正在东洋留学，年逾 20 尚未婚配，不知可否与孙小姐结为百年之好。

讲求门当户对，是郁达夫、孙荃所处时代最基本的择偶条件之一，孙孝贞先生虽然很开明解放，但因时代的局限性，在这方面却还未能完全摆脱封建世俗观念的影响，因此，当他听到郁家既无恒产，又无恒业，仅靠两代寡妇摆摊设点来维持全家的生计时，不免对这门亲事犹豫起来。

平心而论，这也不能完全责怪孙先生，因为他面对的是一个既很严峻,而又无法回避的客观现实,不能不慎重地来思量和对待这个问题。

不容怀疑，若仅从家庭经济这一方面来说，郁达夫与孙荃的确是门不当户不对的。

宵井镇的孙家在当时无论是经济地位，或是政治地位都可称得上是名流大户，县城里孤门独户的郁家却只有薄田六七亩，旧房三间，两代寡妇辛苦劳动一年，方能勉强维持全家的温饱。1934 年 12 月，郁达夫在《悲剧的出生》中回忆说:“儿时的回忆，谁也在说，是最完美的一章，但我的回忆，却尽是些空洞。第一，我所经验到的最初的感觉，便是饥饿;对于饥饿的恐怖，到现在还在紧逼着我。”特别是他三岁那年失去了父亲这根顶梁柱后，家中的经济收入更是每况愈下，以至于到了饥饿恐怖的乌云时时刻刻都笼罩在每个家庭成员头上的境地。这种困境直到他读县立高等小学堂时还没有得到改善。这从他买皮鞋的风波中可以得到印证。

郁达夫买皮鞋的风波，发生在他从春江书院考入县立高等小学堂的第二年。因第一年的期终考试，他的各门功课都取得了 80 分以上的好成绩，得到堂长和知县的格外垂青，令其跳过一班升入高两个年级的班里。这本是极平常的一桩小事，但在小县城里也居然耸动了视听。为压服许多比他“大一半年龄的同学的心”，第二年春天开学的时候，当守寡的母亲辛辛苦苦为他筹集了几块大洋的学费、书籍费之后，他又提出买一双皮鞋的要求。他“觉得在制服下穿上一双皮鞋,挺胸伸脚，得得得得地在石板路上走去，就是世界上最光荣的事情;跳过了一班，升进了一级”。然而为给他调集学费、书籍费之类已罗掘得精光的老母亲，无论如何是再也没有两块大洋的余钱来替他买皮鞋了。为不伤小儿子的自尊，年逾半百的老母亲只好“老了面皮”，领着他到大街上的洋广货店里去赊账。

郁家当年的生活困境，从这里也可见一斑。

像孙荃这样吃喝不愁，穿戴不计，富甲一邑的千金小姐，要下嫁到连一双皮鞋都买不起的小户人家去做儿媳妇，作为他亲生父亲的孙孝贞先生能不在心中反复思量，再三斟酌吗？

经过一番权衡，孙孝贞先生觉得郁家这门亲事并不理想，但为了不使热心的媒人太难堪，他推脱说要征求一下女儿的意见再作答复。不料，孙荃听了父亲的介绍，竟欣然表示同意这门亲事，原来郁达夫正是她心中所理想的少年情郎。

孙荃20岁之前虽没有到过开风气之先的通都大邑，也没有进过以传播新知识为己任的洋学堂，但在具有新思想和开明头脑的父兄辈的熏染下，她却读了不少饱含着现代人的思想和情感的书刊，于潜移默化中将自己的人生道路进行了合理调整。体现在婚姻爱情观上便是不再固守“父母之命，媒妁之言”的清规戒律，而是大胆地去追求婚姻自主自由的权利；表现在择偶标准上则是摈弃门当户对的传统观念，注重的是对方的道德修养、才华及志向。因此，她极端讨厌那些横行乡里的纨绔子弟，也看不起亲戚中的一些虽进过洋学堂却不知再向上向前发展的公子哥儿。所以，多年来，她对一个个追逐者都不予理睬，直到年近20仍在自我编织设计着美好的爱情前程。有一天晚饭后，父亲与家人闲聊时谈起了郁家这门亲事，称赞郁达夫人穷志不短，是一个很有才气和发展前途的读书种子，若不是家里太贫困，那倒是挺合适的一家。言下之意，充满着遗憾。

听了父亲漫不经心的介绍，孙荃的心中立刻涌起了波澜。既才华横溢，又勤奋吃苦的东洋留学生郁达夫，不正是她数年来心目中所执意追求的目标吗？于是，她毫不掩饰地告诉父亲及家里人说，她同意郁家这门亲事。

女儿对郁家“婚事”的态度，勾起了孙先生对陈年往事的回忆。

郁家现在虽说破落衰败了，但上数几代却也曾很风光过。据说，洪秀全领导的太平天国未波及杭州之前，“富阳街上是郁家的‘天下’，街面店号大多是郁家的，有‘郁半街’、‘郁半城’之称；富阳镇附近的田、地、山，差不多有一半是郁家的，富阳周围的山上都有郁家的祖坟”。（蒋增福《郁达夫祖籍新说》）是横扫江南半个中国的“太平天国”风暴，才将郁家几代聚集的财富化为乌有。又由于郁家两代男性都是中年病故，也致使“在洪杨之后”，这个小县城里的“书香之家”，再也“不曾发迹过……”（郁达夫《悲剧的出生》）

如果以私交而论，孙、郁两家还是很有些渊源的，早在郁家13世宸章公始，就与宵井孙家的天佑公少年结义。到他们的儿子辈，为遵循先辈们的遗教，延续交情，两家合资买一块坟地，订合同和契约，以保子孙后代有据可考，有章可依。

有了亲笔签写的“契约”，郁、孙家两走动更加频繁，而且数代联姻。到郁达夫与孙荃这一辈时，两家的世交友好史已达百年之久。再者，孙灏与郁达夫的长兄曼陀也早有文字来往，相互都很尊重。抛开两家老亲的关系不讲，单就郁达夫本人而论，孙孝贞细细一想，小女能和他结为秦晋之好，也是天外飞来的福分。经再三权衡思量，他意识到，倘若是达官贵人之家，小女倒不一定能够攀得上，也无意去高攀。虽说郁家是洪杨之后不曾发迹过的破落户，但只要子女们能够刻苦读书，积极进取，不愁没有发迹的一天，他相信自己的闺女嫁到这样的人家，是能够协助丈夫去开拓一片新天地的，与其坐享其成，倒不如伉俪携手创业，共享胜利果实，这是其一。其二，再为孙荃考虑，她已是乡间少见的知书达理的才女，如能跟郁达夫结合，从另一方面讲，也可称得上门当户对，才郎配才女，夫唱妇随，不失为一桩美满姻缘。左思右想，觉得女儿看问题还是很全面的，思维也超前，就现实而言，郁家的确是再理想不过的选择，于是便满口应承了下来。

宵井镇的孙家将女儿的婚事应允以后，在富阳街上的郁家老太太则有点犯难了。她喜也不是，忧也不是。出嫁郁家之前，自幼生长在宵井的陆氏老太太，对孙家的门第、家教自然是十分了解的，而让她发愁的是，未来儿媳孙荃的相貌、气质、品性等则是一无所知，更不知她能否博得小儿子的欢心。这一点倒是头等重要的大事。她的意思是，小儿子长年留学东洋，已经是见多识广的时新人物，万一对方上不了台面，将来如何向自己的儿子交代呢？考虑再三，她提出要亲眼见见未来儿媳妇以后再下结论，于是，她通过媒人向孙家捎信说，要孙荃有空到城里来玩玩，其实就是要亲自给儿子“相亲”，看看这位乡下姑娘够不够条件做郁家的小儿媳妇。

尽管郁家所提“条件”有悖于当时“父母之命，媒妁之言”的常规，但十分中意这门亲事的孙荃和孙老先生还是愉快地答应了。

初秋的一个午后，孙荃在阿姨的陪同下，忐忑不安地来到郁家。令人意料不到的是，她一进郁家门就深深爱上了这个家。首先让她感觉欣喜的是郁家有一幢三开间的老式楼房，这比起她自己家里的楼房虽然小得多，但听人说城里人有着自己如此规模的房屋，倒是不多见的，况且它坐落在风光明媚的富春江边，景色宜人，充满诗情画意。加之郁家屋前有围墙庭院，还植有树木花草……这一切都是女诗人理想中的栖身之地。有了良好的第一印象，因而见到郁母的时候，态度就显得格外自然和亲切。当时她留给郁母的印象也是蛮好的。一双明亮的大眼睛，晶莹透彻，不时地闪烁着诚挚和智慧的光芒；两条乌油油的大辫子长垂腰际，给人以健康硕美之感；两只七寸金莲，令人顿生怜惜和疼爱之意；丰满圆润的臀部，是多子多福的象征，这一点，则对守寡多年、膝下子孙不欢的郁母来说是再满意不过的。孙荃穿着的一套印花布衫干净合身，显现出乡下姑娘忠厚朴实、勤俭持家的能耐。

以上这些，正是郁家老母亲所企盼的。所以，一见之下，她便对孙荃这个未来的儿媳妇产生了好感。而孙荃那充满智慧、知识和文化的优雅谈吐，则完全打消了郁母所有的顾虑，高兴得不得了，硬是把她留下来住了一夜，也算是全部结束“相亲”的项目。

双方的老人就孙荃和郁达夫的婚事表示一致意见后，郁家即托人飞函召郁达夫回国举行订婚仪式。

多次对日本女性追逐失败的郁达夫，正陷入性饥饿、性苦闷和性压抑的烂泥沼而不能自拔，突然收到家中召他回国定亲的书信，且又闻女方是故乡一带有名的丽姝佳人，于是乎，他那颗已近乎沉沦的心又得到复苏，随之，还冉冉升起一股振作的勇气，未等暑假来临，他便提前回国去享受那真淳的爱情。

1917 年 10 月 10 日，郁达夫在致孙荃的信中约略透露了他们在宵井镇首次相会时的情形，以及他个人的感受。

春秋佳日，予颇思宵井村落之安适。犹忆前次到宵井时，桥头稻田，收割方终，田塍细草，长及鞋跟，踏细草而望两边泥田，只见稻根队队，如夏夜明星，散布于淡青天上，不觉其为泥田也。是日天晴，碧天千里，无一缕云，小路上晒草者颇多，予与汝父及汝兄往梅湾观戏，途中觉清香扑鼻，畅不可言。所谓清香者，盖即晒于路上之新草为赤日所蒸，发散于空中之气味耳。诗人每以薰字形容之，予则直唤之为清香。因其沁入肺腑，能清人之眼目也。予初到之夜（十一夜），汝父及汝母尚在贝山寺，夜膳后，予偕陈某赴伊家，由“返照”（予不识此二字应若何也，即厅后之小屋也。富阳亦有人唤作“退堂”者）入前厅，穿横门出，见竹影万千，倒影地上。行至厅屋正门前，南望平畴，则草屋人家，皆朦胧一色，似雪似霜，似真似梦。予此时始识造物之力大，而自然之景物为不可攀仰也。汝每早眠，或不能识月夜景，若予则月夜每有不寐事。盖天地之灵气，唯于日出日没时及月夜能会得之。此外则饮食匆忙，红尘万斛，不能识天地之灵奇，山水之幽秀矣！

这则文字表明，郁达夫在宵井镇和孙荃及家人相聚的时刻，所感所受都是满带春风和阳光的，换言之，他们的首次约会是成功的。

欣赏过无数奇花异草的郁达夫，与孙荃相见之后，对她的容貌并没有产生特殊的好感，而独对她那超群不凡的学识和风流谈吐惊讶不已。1917 年 8 月 9 日，他在日记中写道:“薄暮陈某来，交予密信一封，孙潜媞氏手书也。文字清简，已能压倒前清老秀才矣！”

“陈某”系指媒妁陈凤标氏。由陈某转交过来的这封密信，系孙荃写给郁达夫的第一封情书，文笔华丽，情深意浓，就连郁达夫这样的大家读后也禁不住地赞叹道:“文字清简，已能压倒前清老秀才矣！”此语若出自平庸之辈，或善于阿谀奉承的小人之口，倒也泛泛平平，不足道哉，可它却出自一代文豪郁达夫的日记之中，其蕴含的意义也就不能简单视之。至少可以这样说，一是它表明孙荃确实博学多识，二是它流露出作者对孙荃才气的爱慕之意。这两层意思，郁达夫在 1918 年 4 月 27 日致长兄曼陀先生的信中也有所表示。如:“文来日本之前一日，曾乘舆至宵井与未婚妻某相见。荆钗裙布貌颇不扬。然吐属风流，亦有可取处。”

从上述所引的两则文字来看，构成郁达夫对孙荃产生爱情的基础，既不是她的天然丽质，也不是她家中那吃喝不尽的恒产和恒业，而是由她的才气和高尚品德所致。

郁达夫自十一二岁萌发“望春”之意起，到 21 岁与孙荃订婚之日止，十多年来，在爱情生活的领域里，他一直都在努力探索着，并希求得到一种较为满意的结果，或达到一种臻善臻美的理想境界。在富阳县立高等小学堂读书时他所崇拜追求的女性美，主要体现在顺应时代潮流发展这一方面，即思想解放，行动自由，打扮入时，换句话说就是具有“现代人”的思想和情感。这种观点和主张在清王朝统治时代是颇为罕见的，但到了日本留学时代，他早年所崇拜追求的女性美便失去它存在的价值和进步意义。因为在日本，他所接触到的女性个个都是属于“解放”型的，半点也看不到故国姊妹的那种犹抱琵琶半遮面的矫揉造作之态。这样也就迫使他不得不改变过去对女性美的认识标准，即从注意心灵的解放、洒脱逐渐向丰盈的体态和动人的神韵方面过渡。他这个女性审美标准的变化和定型，从《沉沦》小说集中也可以看得出来。

郁达夫处女作《沉沦》小说集里的诸篇，无一例外表现的都是中国青年留学生性苦闷和性压抑这个带有鲜明时代特征的主题。

造成中国青年留学生性苦闷和性压抑的原因是多方面的，但其中最重要的一条就是他们对日本女性有所爱而始终得不到爱。若认真追查起他们得不到爱的原因，恐怕很关键的一个因素就是他们太过分讲究女性的容貌和神韵，而忽视了心灵诚笃、善良这个基础，往往是一见钟情，便舍命去追，一旦得不到时，便自暴自弃，甚至走异端歧途。如《银灰色的死》中的主人公，他之所以拼命地热恋一位当炉的少女静儿，以致为她发疯致死，其原因之一就是静儿那双能传神的眼睛，曾诱发了他感情的波涛。素不相识，仅凭这一点感官印象，便导演出了主人公一幕单相思的悲剧。

对漂亮的女性一见钟情的特点，在《南迁》的主人公“伊人”身上表现得也是很鲜明的。他之所以会和寄宿舍的房东少女发生性爱关系，也无非是那少女的娇艳容貌拨动了他感情上的琴弦，荡起了心灵的共鸣。

《沉沦》里男性主人公亦然。从《沉沦》小说集里三位男性主人公恋爱心理的分析比较中可以看出，追求女性外表形式的美，是他们所共有的女性美学原则和择偶标准。实际上，这也是作者郁达夫留学日本初期女性美学原则的折射和真实反映。

如果仅仅是为了好玩和空想，那么郁达夫的这个女性美学原则还是有其存在价值的，一旦要把它应用到无情的社会现实生活中去，其结果就不言而喻。因为构成婚姻爱情的因素是多方面的。所谓的“色”只是其中重要的一条，如果仅有“色”相，没有经济利益和真诚的心灵作基础，其恋爱必将会成为无源之水、无本之木，最终失败是无疑的。《沉沦》小说集的男性主人公一个个悲惨而死的结局就是一个有力的证明。

挫折和失败教训了郁达夫，使他认识到，所谓的女性美至少应该包括这样几个方面：一是色相，二是道德，三是才华。这三者有机和谐地结合，方是女性美的最高境界。

就在郁达夫的新旧女性审美观交替过程刚刚结束之际，德才兼备，而又多情的孙荃小姐便大大方方地闯了进来，这无疑正中他的情怀。

郁达夫与孙荃从订婚、相识到洞房花烛夜整个过程，完全可以说是由命运之神从中牵线、撮合的。

二者一是满腹经纶、风流倜傥的东洋留学生，一是缠小脚、扎大辫的乡下女子,这是就个人基本素质而言。若论及家庭则是另一番景象，一是富甲一邑、声名显赫的大户人家的千金；一是破落乡绅之家的飘零子弟。

然而命运之神独具慧眼，硬是认为他们是天生的一对，二人各有所长，又各有所短，用己方的长，补对方的短，长短互补，使之大致平衡公允。

再者，命运之神，为促使他们顺利喜结秦晋之好，选择了最佳时间和最佳方位，否则，没有这一个因素使然，即使前者的理由再充分，他们二人也是不可能走到一块儿的。

如果郁达夫在富阳高等小学堂读书时，有人向他提亲，他绝对不会接受孙荃为妻，因为那时雍容华贵、娇艳美丽的莲仙、倩儿等城市现代女性早已占据他心中的位置，他自然是不会接受孙荃这个淳朴憨厚的乡下姑娘的。

换言之，如果郁达夫初到东洋留学的几年间，有人向他提亲，他也是不可能接受孙荃为妻的。因为那时日本新女性已使他眼花缭乱，目不暇接。什么故国的少女,尤其是乡下的村姑,他是连想也没有想过。

而正当郁达夫在爱情的旅途上屡受挫折，心灰意冷时，纯情少女孙荃闯入他的心扉，他哪里还会管什么美丽不美丽，风情不风情呢？此时此刻，爱情在他心中才是最伟大的，可压倒一切庸俗的、因袭的、腐朽的陈旧观念。

所以说，郁达夫与孙荃的结合，完全是造物主的安排，命运之神的功劳。

鸿雁传书

郁达夫与孙荃从1917年7月初相识，到同年8月末分别，短短一个多月的时间里，其感情交流已是相当的融洽了。不但有书信来往，诗词唱和，而且还曾商量过有关结婚的具体事宜。郁达夫去国赴日本前夕寄赠孙荃的几首小诗便是最好的说明。

1917年9月5日，郁达夫去国返日的途中，曾在西子湖畔作短暂停留。是夜，月明星稀，微风轻拂，大地一片寂静，忙碌了一天的人们，随着黑幕的降临，都渐渐沉入酣甜的梦乡。

“心事浩茫连广宇”的郁达夫，面对这样的良辰佳景，辗转反复，始终未能进入梦境，无奈，他只好披衣起床，沿着旅舍外的羊肠小道，踏着茫茫月色，一个人作漫无边际地闲逛游荡，以消散胸中激荡的情感。寄赠孙荃的几首小诗就是他当时百般思绪的艺术表现。

奉赠

许侬赤手拜云英，未嫁罗敷别有情。
解识将离无限恨，阳关只唱第三声。

梦隔蓬山路已通，不须惆怅怨东风。
他年来领湖州牧，会向君王说小红。

杨柳梢头月正圆，摇鞭重写定情篇。
此身未许缘亲老，请守清闺再五年。

立马江浔泪不干，长亭诀别本来难。
怜君亦是多情种，瘦似南朝李易安。

一纸家书抵万金，少陵此语感人深。

天边鸿雁池中鲤，且莫临风惜尔音。

诗人在诗后记中云：“夜月明，成诗若干首，寄未婚妻某者也。”

这“热恋”中的离别赠言，虽只有几首清淡的小诗，而在实际上它却孕育着千言万语，说不尽的情思和用笔墨所难以描述的丰富内容，读之令人心旷神怡，思之令人缠绵悱恻。

其一，诗人通过对中国文学史上著名的聪慧俊俏，对爱情执着、坚毅的云英、罗敷、李清照等丽姝才女的歌颂，表达了他对未婚妻孙荃清丽容貌、高洁心灵的赞赏之意，以及心中所难以控制的喜悦之感和依依惜别的情怀。

其二，诗人借南宋词人、名士姜白石和娇妾小红夫唱妇随、相亲相爱的典故，仿佛是在向孙荃暗示，我们之间经过一个多月的接触和感情交流，爱的桥梁已架通，不久的将来，像姜白石和小红所过的那种“自作新词韵最娇，小红低唱我吹箫”的蓬莱仙境便会到来。这一点很重要，它表明郁达夫对今后和谐美满、带有诗情画意和浪漫色彩的夫妻生活是怀有充分信心的，也充满着期待。

其三，诗人委婉地向孙荃吐露了自己暂时还不能答应马上就与她举行婚礼的苦衷，即入不敷出的家中经济让年迈的寡母已无力再为他养妻育子，所以，他希望孙荃在这方面能够理解他、体谅他，默默地在闺阁里再守上五年，等他留学归来，谋生有道、经济自立时，再欢度那春宵一刻值千金的良辰美景。“此身未许缘亲老，请守清闺再五年”说的就是这个意思。

其四，诗人巧夺天工，利用白居易的《琵琶行》、王实甫的《西厢记》、李清照的《醉花阴》等人们所熟知的描写“离别”的典故和艺术手法，曲折地向孙荃表示了自己将去国时的复杂心境以及对她的无限留恋之情。

其五，诗人明借对杜少陵《春望》诗中的“烽火连三月，家书抵万金”一联的赞赏，实际上的弦外之音、言外之意却是在提醒孙荃以后要多寄信给他，以此来架起彼此心灵相通的桥梁。

为使自己与孙荃订婚的喜讯及相互间真挚的爱情公之于世，夸示于人，郁达夫不但有意识、有目的地把这五首赠诗抄送给亲朋好友们去观赏、评论，而且还郑重地把它寄给了杭州的《之江日报》和日本的《新爱知新闻》去发表。

也许寄赠孙荃的五首小诗，未能将诗人心中对她的情感完全表白，余兴未尽，临别杭州时再度登楼眺望故乡时，又禁不住文思泉涌，感慨大发。《重过杭州登楼望月怅然有怀》是也。

走马重来浙水滨，征衫未涤去年尘。
可怜一片西江月，照煞金闺梦里人。

这首诗的后两句，是从陈陶的《陇西行》和李白的《苏台览古》演变而来。

陈陶的《陇西行》有言曰："可怜无定河边骨，犹是春闺梦里人。"

李白的《苏台览古》诗是："只今唯有西江月，曾照吴王宫里人。"

郁达夫在这里杂用先哲们的名诗佳句为己有，意在借古喻今，抒发与孙荃分别后的相思之情。

诗中所谓的"梦里人"，指的是诗人订婚未久的孙荃小姐。

同年10月1日，客居异乡他国的诗人，追思故国，遥念远方的佳人，夜不能寐，抒发心声。

旧历八月十六夜观月
月圆似笑人离别，睡好无妨夜冷凉。
窗外素娥窗内客，分明各自梦巫阳。

诗人的诗后题记是："是夜月明，余梦醒时，刚打三更，月光自窗缝内斜射至帐上，余疑天已曙，拥被起坐，始识为嫦娥所弄。呆坐片刻，上诗即成，所谓枕上微词者是矣。”

这是一首很见文学功力的诗作。

“月圆”一句出自苏轼的《水调歌头·中秋》。其言是：“转朱阁，低绮户，照无眠。不应有恨，何事长向别时圆。”

“素娥”是月亮的代名词。李商隐的《霜月》诗是：“青女素娥俱耐冷，月中霜里斗婵娟。”

“梦巫阳”源自宋玉的《高唐赋》：“三更同梦到巫阳。”

苏轼的《水调歌头·中秋》词，李商隐的《霜月》诗和宋玉的《高唐赋》，多被人认为是描写“离别”人伤感情怀的上乘之作。郁达夫一首诗中化用三人的“经典”，其对“离别”之人的思念情感由此可见一斑。

《旧历八月十六夜观月》写成之后的第十日，诗人即飞函寄赠孙荃，希望她和自己一同分享“观月”带来的喜悦。同时也希望她常有书信来，聊以慰藉海外游子的孤独情怀。信曰：

> 今日为阳历十月初十，民国纪念日也。留学生都聚合一处，设酒兴乐（音乐）以行乐（音洛）。予因天雨不往，关绪亦不往。夜膳后，独居无兴，故思作一书，与汝谈近状，半实亦欲催汝速作回信耳。前信谅早到汝处，何以至今尚不见复？今与汝约，半月必须来一信。无论有事无事，无论长短，十五日，必须作信一封，既可以练文章，又可以释海外羁人之闷，所谓一举两得，莫此事若，汝亦何吝此半张纸焉？此间雨水颇多，十日约有六七日阴，晴时亦尘土障天，不能外出。

当年的除夕之夜，郁达夫又写诗抒发对孙荃的思念之情。

相识之初，郁达夫对孙荃炽热的爱情，从上述引用的五首赠诗和书信中可以看出，而孙荃对郁达夫的一片深沉执着的爱却鲜为人知。就实际而言，孙荃对郁达夫爱的表现形式，在同时代的年轻女性中也是不多见的。现抄几首 1917 年她寄赠郁达夫的情诗为例。

秋闺第二首

风动珠帘夜月明，阶前衰草可怜生。
幽兰不共群芳去，识我深闺万里情？

显而易见，这首《秋闺》怀人诗是孙荃触景生情而作。其背景和大意是，深更夜半，万籁俱静，秋风掀起挂在门上的珠帘，露出了一弯皎洁的新月，照得大地如同白昼，就连房前台阶下已经凋零枯萎的花草也依稀可辨。女诗人于不经意间看到一株不愿与群芳一同消颜退色的幽兰正频频向她招手致意。啊，顿时明白了，这"幽兰"之所以不愿与众姐妹一同离去，是因为窥探出了她独居深闺、思念远方亲人的寂寞情怀，所以愿陪伴她度过这一个个孤独无聊的漫漫长夜。

此诗简洁明快，情深意长，有着很浓厚的女人"味"。

秋闺第三首

百年身世感悠悠，灯下黄花瘦似秋。
雁过池塘书不落，满天明月独登楼。

从该诗所充溢的哀怨和惆怅的语调中去推断猜想，这首《秋闺》大约写在诗人久候郁达夫的书信不至之时。

因为郁达夫在离国赴日本的前夕，曾在赠别诗中用"天边鸿雁池中鲤"的典故暗示过孙荃要常常寄信于他，以此来保持相互间思想感情的交流。天边的鸿雁，池塘中的鲤鱼，都是古代传递信息工具的象征。如王僧儒的诗云："尺素在鱼肠，寸心凭雁足。"《旧五代史·唐李袭古传》也云："山高水阔，难追二国之欢；雁逝鱼沉，久绝八行之赐。"郁达夫的诗句就是由此演绎蜕变而来的。

自幼就博览群书，且又工诗能文的孙荃，对郁达夫在赠诗中所借用的"雁逝鱼沉"的典故，焉有不知的道理？而对其中所寄寓的深刻含义领悟得更是真切和透彻。所以，郁达夫返回日本后，她便将缕缕情思化作一首首抒情小诗寄给心上的人儿，同时也希望他能够频频回音，或及时告知生活和情感上的微波细澜，以释心中无端的悬念和担忧。不知是性格疏懒的缘故还是功课太紧张的因素所致，抑或是此时与日本少女纠缠不清，郁达夫对孙荃的来信却很少及时回复过，由他主动去信的次数更是屈指可数。多情总被无情恼的孙荃，每当候书不至，或望见掠空而飞的鸿雁和池塘中嬉闹的鲤鱼时，一股思念海外漂泊亲人的情愫也就不期然地袭上心来，故有“雁过池塘书不落，满天明月独登楼”之感慨。

落叶

八月凉风九月霜，纷纷黄叶满回塘。
怜他命似红颜薄，累我空抛泪两行。

这是托物以言志手法巧妙运用的诗章。明写的是诗人看到“八月凉风九月霜”之后纷纷飘落的枝叶引起的伤感情思，而暗中所寄寓的却是她的一片芳心得不到慰藉的苦闷。说穿了，这是在提醒郁达夫，要多从精神上来关心她这个人比黄花瘦的多情女子。该诗写得极为轻快明丽，三言两语便将女诗人的那种慈悲心怀和纤弱微细的感情给烘托了出来。

对月

写得离骚对月吟，玉关音信总沉沉。
四山风雪幽闺怨，一曲蘼芜泪满襟。

较之前边的《秋闺》和《落叶》等诗来，这首《对月》写得更为凄凉、伤感。字里行间都夹杂着一股怨天尤人的悲哀气息。与《对月》同时出现的《杂感》的基调也是如此的低沉哀怨。原诗为：

纱窗斜日弄微光，对景怀人暗自伤。
最是不堪回首处，灞桥垂柳数枝黄。

真是丝竹声声，哀音不绝。

对郁达夫与孙荃之间的诗歌来往及其“唱和”，其长子郁天民在《幽兰不共群芳去》一文中曾有过很好的概括。他说，从孙荃仅存的诗篇里，既可看出“一座娴静典雅的塑像”，但同时也能听到“塑像内那颗承受着旧时代千重苦难的心灵的剧烈搏动”。

> 十分明显，她的诗，受到了郁达夫因“时代的苦闷”所赋予的感伤气质的深厚影响，但她没有呼喊，只是如泣如诉。

既然彼此间是用诗歌进行交流的，且又多有“唱和”，那么，其影响也就不可能是单方面的。郁达夫在用自己的诗影响教育了孙荃，使其思想、情感、行为规范及其创作都发生了变化，而同样，孙荃的诗对郁达夫的影响也是不可低估的。

> 一九一九年和一九二〇年，郁达夫还把她的《有感》第一首，《寂感》后二首，夹在他自己的两组绝句内分别在杭州《之江日报》和日本的《太阳》杂志上发表，竟全然乱真莫辨。
>
> ——郁天民《幽兰不共群芳去》

郁、孙二人的诗在艺术上尽管各具千秋，但在基调上却是相同的——为时代而歌，为生活在社会下层的芸芸众生而呼，也可以说是时代的产物，人民的声音。

郁天民在对他们二人这期间的诗歌进行分析比较后，有一段话总结得很深刻。

> 他俩的一生都是在中国人民为争取解放而掀起的巨大浪潮中度过的。如果说,郁达夫的作品是这番狂潮中一朵鲜明的浪花。“为时代，为自己作了忠实的纪录”(郭沫若语)。那末，孙荃夫人的这些诗，就像浪花中的一星点泡沫，反映着处在狂潮冲击波边缘上的她自己，也反映着在狂潮翻滚中的郁达夫早期思想和人生道路上的一些朴素的痕迹。惜乎已不可多得。
>
> ——郁天民《幽兰不共群芳去》

纵览“五四”新文坛,用诗歌进行感情交流,大胆地诉说相思之苦，思念之累，郁达夫和孙荃夫妇是首屈一指的。

《云里一鳞》

郁达夫和孙荃订婚伊始，相互间即有“亲密”的书信来往，而且随着时间的推移和感情的日益加深，其频率也是越来越高，内容涉及广泛，更罕为所见！诗词文章，书画艺术，古今中外，天上地下，左邻右舍，无所不包，无所不谈，笔墨所至，则如长江大河，奔腾咆哮，一泻千里。

他们二人首次相见的时间是1917年8月之初，未几日，孙荃便托人将一封“密信”转送给了郁达夫。

对未婚妻孙荃的这封,“文字清简,已能压倒前清老秀才矣”的“密信”，郁达夫读之再三，反复玩味，心潮难平，感慨良多，遂作《云里一鳞》长信相复。

《云里一鳞》的首章是:

> 八月九日某以书来谒。予东行在即，欲作答苦无时，不答则又不足以报垂顾之盛意，于是每日于月落参横际，割一小时，依

枕疾书，将所欲言者尽笔之于书，使闺中弱女子，亦得知二十世纪之气风若何。盲人行，须求助于相，否则亦必待行杖之扶。予虽无相者之指挥术，或者亦能代行杖之支助乎。

八月十日旧历六月二十三夜书

这段文字说明，郁达夫是真的爱上了孙荃，而且还准备按自己理想的形象来塑造“她”。

郁达夫理想中的女性，首要一点就是思想解放，行为文明，道德高尚，为人清清白白，做事光明磊落。因此，他向孙荃明言道：

我国古制，男女不相授受。近来年，西风东渐，男女交际自由之说，亦横流于中土。石下青蛇，一旦出世，便吐舌屈身，欲求自试——近来男女间有种种离奇事者，要亦不外乎此耳。故曰过渡时代，有百危而无一安。

郁达夫称这种现象为“过渡时代之危祸”。

论及“文明”在国家和人类现实生活中的作用时，郁达夫也有入木三分的真知灼见：

文明有益于国，人尽皆知。文明有害于民，人不察也。杭州风俗，旧尚纯朴，近则乞儿佣妇，亦衣绸帛，少年人皆戴金约指、金袖表矣，是则文明之害也。虽然，予之所谓文明之害者，亦中国人之尚虚荣贱实质之心有以致之。

故乡中下层社会民众对现代“文明”的误解和践踏，引起了郁达夫的深深忧虑和极大反感，所以，他提醒孙荃“虚荣不可慕”。

作为新时代的女性，一定是要“知书达礼”，这也是郁达夫深信不疑的信条之一。

女子不可不读书，不读书则不知礼仪之所在。乡愿每有贼德事，女子读书而未造极者，亦女子中之乡愿也。人以多才为女子病，误矣！

很显然，郁达夫的这番话，是对流传了几千年的“女子无才便是德”旧伦理思想的彻底否定和有力批判。

人世间的书有千千万万，而“女子读书当求真书读之”。则是颠扑不破的“至理名言”。

“女子不患多才而患无真才”，这也是郁达夫提醒孙荃要时刻谨记的，“子曰‘恶紫之夺朱也’，多才岂病人哉”。

《云里一鳞》的重头戏和看点，是在郁达夫对孙荃诗歌写作和文学阅读的具体指导方面。

孙荃是诗歌写作刚入门者，所以，郁达夫对她的指导，是既全面而又细致入微，从诗之分类，文之分类，历代诗歌的千秋，古今诗人的万象，一直讲到写诗之“门径”及其所要读的书，甚至连应读诗书的前后顺序都一应有所交代。

在中国数千年的封建社会里，基本是诗之王国，诗之传世。从春秋的《诗经》，到唐代的以诗取仕。诗在国家社会和人类活动中一直占有十分重要的地位。

既然是诗的王国，那么，在这个王国里也并非单一曲调或一种服色。郁达夫的“诗论”观是：

诗之种别也颇多，有忠臣孝子之诗，有文人学士之诗，有老庄之徒之诗，有黄莺云雀之诗。每饭不忘君父，流离颠沛，悲歌于柳荫泽畔者，忠臣孝子之诗也；云开北阙，人返南窗，挥泪葬花，含情弄月者，文人学士之诗也；曳尾泥中，放情濠上，忽而化蝶，忽而梦鹿者，老庄之徒之诗也；春日正浓，春花欲语，春草如波，春山如笑，高歌低唱于枝头云表者，黄莺云雀之诗也。儿女子但学咏黄莺云雀之诗可耳。

此番论说对诗之门类的划分，各类诗内涵的概括，大致精当准确，不失为一家之言。

诗是一门综合艺术，它不单单需要掌握写诗的技巧，文史哲经，天上地下，生灵万物，人间万象，无所不容。一句话，没有广博深厚的文化知识和丰富多彩的人生阅历，要想写出好的诗或进入更高一个境界，那将是空谈和妄想。对这一点，郁达夫是深有体会的。如小说《三国演义》《会真记》《红楼梦》等，杂剧《西厢记》《牡丹亭》以及《资治通鉴》《唐宋诗文醇》等都曾使他如痴如醉，并且从中学到很多有用的东西，悟出了许多人生的真谛。因此，他认为，学诗不能不读诗之外的文化典籍。他的“文论”观是：

文亦多种矣，有言语动作之文，有韵律之文，有山川草木自然之文。自然之文，天地之气化也；言语动作之文，裸虫之制作也；韵律之文，人类之灵感也！所感不同，则所发之韵律之文亦异。述吾人之思想，表吾人之喜怒，足以撼动天地，震醒聋聩者，统曰之为诗。诗之思也，大哉诗乎！亦大哉思乎！

这段文字精辟阐述了中国诗与文的种类后，郁达夫又结合自己学诗写诗的心得体会，告诫孙荃，《诗话》之类，是初学写诗者不可不读之书。

古典诗词中“如冲淡，如沉着，如典雅高古，如含蓄，如疏野清奇，如委曲、飘逸、流动的神趣”和意境等知识，他就是从唐司空表圣的《二十四诗品》那里学来的。

在论及《诗话》之类的文化典籍，对初学诗者的影响时他指出：

诗话剖词断句，有益于初学者不鲜，然亦有受其害者。如

《随园诗话》之类，有益于初学，有害于进步，可读一过，不可奉为终身宝筏也。

诗话之妙者，有《全唐诗话》、《沧浪诗话》、《带经堂诗话》(王阮庭著)、《瓯北诗话》等。

《诗话》之类仅仅告诉人们的是作诗的“门径”，而真正要踏进诗之“门槛”成为诗人，那就必须先到浩瀚的诗的海洋里去遨游一番。他力劝孙荃读诗要先读唐诗，而且无须贪多，重点是在汲取营养。

唐诗选种类颇多，最知名者为王尧衢注之《古唐诗合解》、蘅塘退士之《唐诗三百首》、某氏（忘其名）之《续唐诗三百首》、某氏（忘其姓氏）之《三体诗选》、李于鳞之《唐诗选》等。首列二书，家各藏之；后列各书，富阳不多见也。能熟读前二书，一生已足受用，不必抛手里之孤禽，求林中之两鸟也。

对唐诗，郁达夫一向是很有研究的，他认为，“盛唐诗不及晚唐之近情，宋人诗不及元人之多致”，再言之，他是从学习唐杜甫的近体诗里，才悟出了如何使“句法”生动奇秀的秘诀——“辞断意连，粗细对称”。对杜樊川、温庭筠等人的诗，郁达夫也是很喜爱的，领悟得也比较深刻。所以，他教导孙荃说：

李太白诗虽豪健，不宜于女子，不读可也。杜樊川诗，虽多杨柳烟花、金钗红粉之句，然描神写意，各得其致，闺阁中之好伴侣也。温庭筠不遇终身，敏才逸思，徒消费于红薇斗帐之中。其诗哀而艳，其词雅而香，所谓百读不使人厌者，其唯八叉集乎！

虽然唐诗使郁达夫获益匪浅，但真正指示他作诗“门径”、引导他进入诗歌殿堂的还是清初吴梅村等人的诗。因而，他教诲孙荃，在读唐诗的同时，切不可不涉猎吴梅村、龚定庵等人的诗文："清初吴梅村，查初白诸人诗，风光细腻，一咏三叹，诚学诗者之好模范也。"又云："清诗人有龚定庵者，仁和产也。诗句秀艳类吴梅村。"

对独尚神韵的清诗人王渔洋，郁达夫也是推崇备至。其言曰：

> 王渔洋《灞桥寄内》诗云："长乐坡前雨似尘，少陵原上泪沾巾；灞桥两岸千条柳，送尽东西渡水人。"此绝句中格调之最上乘也，可法之。

对唐代著名诗人杜甫的"两个黄鹂鸣翠柳，一行白鹭上青天。窗含西岭千秋雪，门泊东吴万里船"郁达夫却不甚喜爱，他认为："诗非不佳，读之觉神丧气阻，无一往之深情，不可学也。"

孙荃应该读谁的诗，学什么样的诗体，郁达夫在《云里一鳞》里也一一"指导"。

> 诗格须细而诗意须深。"遥知杨柳是门处，似隔芙蓉无路通"，何等紧饬，何等幽闲。
>
> 五言长古不宜于妇人，毕生不作一首可也。
>
> 七言长古如《春江花月夜》、《代悲白头翁》、《长恨歌》、《圆圆曲》等篇，不可不读。
>
> 妇人作诗，宜多作律诗。盖心细者求对亦切也。
>
> 女子作绝句亦佳，然必须运用新意。
>
> 七言绝句，最好一二句使对，并使押韵。末二句，断不能使对，一经对煞，便觉读不响亮，此音韵上之病也。

郁达夫认为，像孙荃这样文化程度的诗词初入门者，小说和经史之类的著作亦不可不读，但必须是有选择的。他认为："近世小说，多淫猥怖人之作，不可读也。《三国演义》尚可供儿女子消闲之用。"

对“经史”类的著作，郁达夫给孙荃开列的“书目”也很详细。

经史不可不读，不必多读，百子亦然。宜读书名略记之，则得。《左传》《诗经》《四书》《纲鉴易知录》《庄子》《孔子家语》《世说新语》《荀子》《烈女传》《古今注》《天宝开元遗事》等。

对孙荃练习什么样的字体与她的性情相吻合等问题，郁达夫也发表了自己的看法。那就是“字亦不可不习。王右军、褚河南、王梦楼、董其昌诸人帖佳。赵子昂小楷亦可观”。

说起“家事”时，郁达夫向孙荃进言道：“家事亦不可不习。然顾东则易失西，须以不害学业为度。”

郁达夫将孙荃的“学业”看得很重，远在她的“习红装”之上。

对孙荃的行为规范和处事原则，郁达夫也有自己的看法——“举止不可太轻，亦不可太鄙。要之久执厥中，方足表大人家之态度耳。”

要而言之，为女子“举止不宜轻鄙”也。

综上所引可知，《云里一鳞》对初学写诗的孙荃来说，完全可以称得上是一本“诗之大全”，或者说是诗之历史教科书。

郁达夫为孙荃编“诗之大全”，那可谓是用心良苦，其目的只有一个，就是希望未婚妻孙荃能够不间断地去提高自己的文化素养，每时每刻都要去汲取有利于自己成长的社会知识，以便将来与夫君取同一步伐，共谱文坛新佳话。

继《云里一鳞》，郁达夫在此后的通信中，还数次给孙荃开列书单，指导她如何读诗书及如何进行诗歌创作。

写日记，一方面能提高记忆能力，另一方面也可以练习文笔，好处很多，郁达夫长年坚持这样做，受益无穷，也多有经验之谈。所以，他嘱咐孙荃也要养成写日记的习惯。“……日记最有益于修身，文自前年正月起，迄今未尝一日阕……至今风雨晦迷、神魂不定时，一翻旧时起居注，即觉精神百倍，万虑俱忘。是则日记之能移人情性之证左也。”

1917 年 10 月 10 日，他在致孙荃的信中再次督促她写日记：

> 前书教汝作日记，不识亦已作过否？如有辞不能达意处，不妨作白话。盖文章以运意为主，丽辞藻语，非必要物也。韩昌黎文起八代之衰，观其书，无一华艳语；王杨卢骆，满纸骈句，世不以四家之作为第一流文字，而必推韩文公者，以其运意雄宕耳，非有所取乎对偶之工整也。

这实乃创作经验之谈。

1918 年 3 月 28 日，郁达夫在致孙荃的信中又写下了教诲她“写诗”的话语。

> 三月十六日所发书已到，附寄之绝句四章，亦已为改正寄上，可详阅之。汝诗已佳，然苦读诗不多，故平仄时有错置处。此后可取《元诗别裁集》中之七绝读之。再三熟读后，诗风当能一变也。(《元诗别裁集》，此书予曾交汝兄转达，不知亦入览否)《世说新语》多作诗典故。文笔亦轻快，读之当有所得。若有不解处，可就汝兄问之。不耻下问，方能进步，切不可怀疑窦而不思问人。汝亦曾读韩退之《师说》否？文公说此弊甚力，我辈不宜再踏此辙也。荀子去圣人之道不远，其所说，多出入于孔孟之间，读之于人品上必有进益处。庄子文笔如秋日明霞，读之愈精，趣味亦愈深；然思想太高，恐非儿女子所能领悟也。他年返国时，当于牡丹花下共汝读也！

有鼓励有批评有要求，语语中的，字字见真情。

1919 年 8 月 7 日，郁达夫在致孙荃的信中，再次不厌其烦讲述诗的经典大义。

晚唐诗人以李义山、温飞卿、杜樊川为佳。试取李商隐《无题》诸作而读之。神韵悠扬，有欲仙去之概。世人以其过于纤巧而斥之，误矣！诗必纤巧而后可，何过之有？

……来诗大有进境。“无端一夜空阶雨，滴碎离人万里心”，佳句也，已欲与文诗相抗矣！

在同年同月致孙荃的另一封信中，他就人们争论不休的“香艳诗”一类的问题，向孙荃进行了解答。在谈到清朝有“花间体”诗人之称的王次回时，他指出：“王次回有疑雨、疑云二集，多风流香艳语，诗格不高，才亦不大。”

郁达夫将该诗抄给孙荃读时，在诗后批注“轻薄极矣！”他认为，全部王诗中，只有《短别纪言》两首可取。尾批是：“妙绝。”而且在每一句上都加了双圈。

在这里，郁达夫对“花间体”诗的态度是一清二白了。他认为“妙绝”的两首诗，恰好是王次回诗中最不够香艳的。总之，能撼天地、泣鬼神及表现真情实感的诗，是他推崇喜欢的，反之，挑逗轻薄，肉香腻艳的诗，他是深恶痛绝的。

郁达夫与孙荃订婚之初的一两年间，彼此间的书信来往、诗词唱和是表达情感的重要方式。

失意的起航

郁达夫与孙荃的第一次相聚，是1917年7月奉母命回国订婚时，洞房花烛夜之前的第二次相聚，则应是1919年9月他回国参加外交官和高等文官考试的间隙。

从时间的跨度上讲已是两年有余了。

在这七百多个日日夜夜里，两人的相思相恋之情，只有通过那一封封书信和一首首的唱和诗来传递表达，至于四目相视秋水送波，或柳荫花下窃窃私语，或秉烛促膝相拥长谈，那只有在“梦幻”里。他们不是不想这样做，只是海水茫茫、寥廓万里的空间将他们无情地阻隔在天之两端。

正当郁达夫与孙荃这对“恋人”苦苦相思、不能朝夕相见诉衷肠时，郁达夫在北京任法官的长兄无意中赐给了他们一个相互慰藉情思的良机——召郁达夫回国参加外交官和高等文官考试。

郁达夫是1919年9月初离日回国的，先在富阳小住十余天，而后才去北京参加考试。

郁达夫一路披星戴月，挟风携雨地回到富阳的次日，即上宵井镇与孙荃相聚长谈，以慰思念之苦。

可以想象得出，一个才华横溢、性情浪漫的青年留学生，一个温柔贤惠、亦诗亦文的乡间才女，分别两年后骤然相聚，自然要演绎出许许多多感人至深的故事。

但遗憾的是，从郁达夫当时的日记、书信及同时代人的回忆文章里却未见片言只语，甚至连星星点点的蛛丝马迹也难以寻觅。无疑，两人的这次情感相撞没有迸射出灿烂的火花，而且还留下许多惆怅。

从郁达夫当时留下的诗文里可以看出，郁达夫与孙荃分别后，在去京赶考的路上，不但没有临阵的紧张和激动，更没有一丝一毫的欢愉可言，有的只是沉闷和困惑，同时一股不祥的阴影不时地在心头闪现。

果不其然，学富五车、行路万里、有着绝世才华的郁达夫，在这场外交官考试中名落孙山。

究其原因，郁达夫百思不得其解。

论资格——他百分之百地符合条件；论所答试卷——他笔走龙蛇，汪洋恣肆，所立所论，结构严谨，无可挑剔。

后来，在一位朋友的指点下，他才明白这其中的奥秘。

原来，在未考试之前，有权有势的考生早已在主考官大人那里疏通了“关节”，该录取者是事前早已内定好的，所谓的“考试”，只不过是走走过场，掩人耳目而已。仅隔一天，这一“奥秘”便见诸京城报端，并言之凿凿：“这一次应该考取的人，在未考之前早由部里指定了，可怜那些外省来考的人，还在那里梦做洋翰林洋学士呢！”（郁达夫《怀乡病者》）

尽管出国前，郁达夫对中国官场的腐败龌龊早已有所闻，但他决没有想到连一向标榜公平公正、择优取仕，被普通老百姓视为神圣的国家级考试，也竟然肮脏黑暗到如此地步。当晚，他漫步闲逛到某清王府的一座花园里时，心情郁闷到了极点，遂题诗墙壁，以泄心中之火。诗题为《己未秋，应外交官试被斥，仓卒东行，返国不知当在何日》。

江上芙蓉惨遇霜，有人兰佩祝东皇。
狱中钝剑光千丈，垓下雄歌泣数行。
燕雀岂知鸿鹄志，凤凰终惜羽毛伤！
明朝挂席扶桑去，回首中原事渺茫。

诗末署名为：“江南一布衣题。未加冠，也未取得功名，自然是布衣了。”

到了这时，郁达夫才算真正体会到了古诗人柳永落榜后，“忍把浮名，换了浅斟低唱”的苦衷，然而他还不死心，大有当年楚霸王“此天亡我也，非战之罪”之感慨。9 月 26 日，他在日记中愤慨地写道：

……庸人之碌碌者反登台省；品学兼优者被黜而亡！世事如斯，余亦安能得志乎！余闻此次之失败因试前无人为之关说之故。夫考试而必欲人之关说，是无人关说之应试者无可为力矣！取士之谓何？……

外交官考试的失败，给郁达夫造成的伤害是极大的，其失败的阴影一直笼罩在心头，挥之不去，不召自来。

北京的十月，金风送爽，红林尽染，好一派美丽的风光。但在郁达夫的眼里，却全变了样，天是灰蒙蒙的天，地是枯草黄叶的地，风是萧瑟的，就连月光也满带寒意。

虽然对外交官考试的舞弊行为深恶痛绝，但他并没有放弃后来的高等文官考试。

与十几天前参加外交官考试时的心情一样，郁达夫对这次高等文官考试同样是充满自信和希望的。他一大早便乘着忽明忽暗、闪闪烁烁的星月来到东华门，静静地在太和殿外等候入场时的点名。

夜残将曙，晓风寒露，秋意已深。郁达夫触景生情，不免又伤感起来。他想自己千里迢迢从日本回到国内，又如此不辞辛劳地赶到这里，不就是为了要争取一个报效祖国的机会，争得一片施展才华的舞台吗？可他这一片苦心、一番美意，又有谁能够理解呢？当天的日记是：“今日为高等文官考试之第一日，余起床时，刚三点半，微月一痕，浓霜满地，进东华门时口占一绝云。”

疏星淡月夜初残，钟鼓严城欲渡难。
耐得早朝辛苦否？东华门内晓风寒。

吟完此诗，应考的人们陆陆续续地集聚到了东华门。当他与一群“摇头摆尾的先生”，在“太和殿外的石砌明堂里”等候点名时，他仰起头“看了一眼将明未明的青天，不知是什么缘故，他心里好像受了千万委屈的样子，摇了一摇头，叹了一口气，忽然打了几个冷痉”，真是“恨不得马上把手里提着的笔墨丢了，跑上外国去研究制造炸弹去”。

同样的原因，郁达夫的高等文官考试又一次名落孙山。他真是心灰意冷到了极点，刚进京时像春天的树叶那样蓬蓬勃勃的希望，现在却在肃杀的秋风中片片坠落了……

1919年10月27日，写于北京的《静思身世，懊恼有加，成诗一首，以别养吾》，就是忧伤、悲哀、激愤等情感的自然流露。

京城的两次考试，郁达夫都以失败而告终，这对他的打击实在是太大了，造成的心灵伤害也是难以用言语概括得了的，而与胡适等新文化领导失之交臂的遗憾，同样使他无限伤感，耿耿于怀。

郁达夫这次来京城，除参加外交官和高等文官考试之外，心中还隐藏着一个秘密，这即是与胡适等新文化运动领导人相会，共同开拓新文化运动的广阔天地。

1917年，胡适、陈独秀、李大钊等人发动和领导的“文学革命”运动，像晴天一声霹雳，瞬间便给横行盘踞旧中国数千年的“文言妖孽”以致命的打击，同时也启迪了一批希冀改革、谋求民主和解放青年知识分子的觉悟。留学日本的郁达夫对胡适在《文学改良刍议》一文中提出的“须言之有物，不模仿古人；须讲求文法，不作无病之呻吟；务去滥调套语，不用典；不讲对仗，不避俗字俗语”的八大文学革命主张极表赞同，他认为，由胡适八大文学革命主张在中国所引起的文艺复兴运动，“已经唤起了几千万同志者”。领导中国这场文艺复兴运动的胡适等人，也将像欧洲17世纪发起文艺复兴运动的诸先驱一样名彪千古，记载史册。

从对胡适等人所倡导的文学革命衷心拥护起，再加上本人对文艺事业倾心热爱，郁达夫随之就主动地加入了废除“文言妖孽”，消灭“桐城谬种”，采用白话，创造新文学的革命行列。先是放弃了一向所喜欢的旧体诗词的写作，进而转向白话小说的创造。据他在日本留学时的日记透露，《金丝雀》《相思树》《两夜巢》等新小说就完稿于1917年前后。

继《金丝雀》等白话小说的尝试成功，郁达夫又于次年的暑假，与郭沫若、成仿吾、张资平等留日青年学生一块儿计谋成立新文学社团，创办“纯文艺性杂志”，以此来响应胡适、陈独秀等人在国内掀起的“文学革命”运动，并且还企图与他们取得联系。关于这一点，他在致胡适的信里说得甚是明了。

郁达夫致胡适的信，写于他参加完外交官考试的当天夜里。在信中，他把自己比作美国18世纪的散文作家、诗人爱默生，而把胡适却奉为爱默生理想中的人物——爱亭袍。

爱亭袍是18世纪末叶欧洲著名的作家，及颇有威望和影响力的杂志《爱亭袍》的编辑。

也许郁达夫这封书信寄到时，胡适正忙于其他工作，或者是外出不在家，因而未能及时处理他这封具有很强时间性的信函。另外也不妨这样猜测，当时的胡适正身居北京大学教授之位，又兼《新青年》杂志轮流编辑之职，誉满京华，慕名来访者、登门求教者川流不息，海内外的飞鸿更是使他应接不暇。在这种情景下，一位名不见经传的东洋留学生来信求见，自然不会引起他的重视。就这样，郁达夫鼓足勇气写的这封求见信便成了泥牛入海——永无消息。而郁达夫却殷切希望胡适能够早日回信约他相见，而后再与《新青年》的另外几位编辑见面。但结果却与他设想的完全相反，他在信中预定的两个星期的时间飞一般地飘逝过去，可连胡适的一点儿音信也没有。

外交官考试失败，高等文官考试名落孙山，求见胡适又不成，初回国时的种种美好理想，瞬间都变成了肥皂泡……

他后来的颠沛流离、多灾多难的命运从此开始，同时，第一次婚姻的走向也是由此埋下了伏笔。

由于两次考试都榜上无名，郁达夫羞于再回到故乡与乡亲们相见，更不愿带着满脸的沮丧去见未婚妻孙荃。直到他回到日本后，才写信向孙荃剖白未回乡与她相见的心迹："……因意气消沉，无面目再与汝书耳，谅之宥之。"这是11月28日致孙荃的信中所言。又云："青山隐隐，忆煞江南，游子他乡，何年归娶？君为我伤心，我亦岂能无所感于怀哉！渭北江东，离情固相似耳，辛勿唤我作无情。"

此信所言一目了然，意在向孙荃表白他在京考试之后，未再回故乡与其相见的苦衷。随信同寄的《偶感》诗也表达的是同样的意思。

风急星繁夜，离愁比梦强。

昨宵逢汝别，竟夕觉秋凉。
岂是音书懒，都缘客思长。
纵书千尺素，难尽九回肠。
小草根先折，大鹏翼未张。
谢娘偏有意，怜及白衣郎。

11 月 28 日的信发出去之后，他感到言已尽而意未了，次日又写信一封于孙荃。

昨寄五言排律一首，系随手书成，故致“纵书千尺素”之“书”与“岂是音书懒”之“书”相重。今已将前句改为“纵投千尺素”矣。

说完诗，郁达夫禁不住地又想起京城落第的悲凉和凄惨：“文少时曾负才名，自望亦颇不薄，今则一败涂地，见弃于国君，见弃于同袍矣，伤心哉！伤心哉？”

1919 年深秋的故国之行，郁达夫所有的期望都化作了乌有。

一次次的追求，一次次的失败，郁达夫受到的打击是沉重的，重要的是，这时他的身体也虚弱到难以支撑的境地，回到日本后，不得不到远离尘嚣的大海边去静养调息。

在日本房州海岸养病期间，郁达夫又拣起一度使他陶醉痴迷的中国古典文学。

盛唐时代如星光般灿烂的诗人，伴随着惊涛拍岸的大海，与郁达夫一起遨游于天地之间。1920 年 2 月 24 日所作的《读唐诗偶成》就是明证：

生年十八九，亦作时世装。
而今英气尽，谦抑让人强。
但觉幽居乐，千里来穷乡。

读书适我性，野径自回翔。
日与山水亲，渐与世相忘。
古人如可及，巢许共行藏。

朝夕与古书和大海相伴，不知不觉也把自己融入进去，人生的烦恼，现实的悲哀，也随之淡化和消失。

与山水相亲，将人世间相忘，能获得一瞬间的快乐，用“黄粱一梦”作比或许更为恰当。然而梦醒之后，睁眼面对的仍是冷酷的社会现实。所以，郁达夫在房州海岸休养期间致孙荃的信中仍复弹出悲哀凄凉之音。

文来此间海岸静养，去东京可二百余里，距离犹杭州之去上海也。日夜涛声喧耳，无市井之尘杂。……今日去访友归，购得《唐诗选三体诗合刻》一册。读之觉曩时诗兴复油然而作，成五古一首。诗虽恶劣，然颇足窥文近日心身之变状……

郁达夫信中所言的“足窥”其“近日心身之变状”的五古，就是那首《读唐诗偶成》。

这期间，孙荃曾将所写的若干首“绝句”寄于郁达夫。正处在寂寞、困惑境地的郁达夫看后颇为欣赏，并将其中的二首“斧正”后，以“寂感”为题名发表在日本的《太阳》杂志上。

郁达夫婚前，最后一次写诗寄孙荃是1920年5月4日，此诗的标题为《梦醒枕上作，翌日寄荃君五首》。

与君十载湖亭约，骊唱声中两度逢。
昨夜摽梅天外落，离人无寐泣晨钟。

昨夜星辰昨夜风，一番花信一番空。

相思清泪知多少，染得罗衾尔许红。

莫对空床怨腐儒，腐儒情岂负罗敷？
问谁甘作瞿塘贾，为少藏娇一亩庐。

别凤离鸾古有之，苏家文锦谢家词。
要知天上双栖乐，不及黄姑渺隔时。

万一青春不可留，自甘潦倒作情囚。
儿郎亦是多情种，颇羡尚书燕子楼。

诗中既有诗人与未婚妻“相逢”、“相约”情感历程的回顾，也有彼此“相思”、“相念”，秋水望穿痛苦的写真，更有对未来的美好憧憬，然而，诗人重笔浓彩描述的则是人生的无奈——意气之消沉，格调之悲凉，前途之渺茫，同样是前所未有的。

郁达夫与孙荃日后婚姻的风风雨雨、坎坎坷坷，也由此投下一丝不祥的阴影。

1920 年 10 月 12 日夜写给孙荃的信，是目前见到的郁达夫婚前最后一次给孙荃的情书。

到东京后只接汝信一封，汝亦何偷懒如此？文在上海时曾发明信片一信一，到东京后又发明信片一信一，岂皆不能送达汝左右耶？汝何其默默也！二嫂已返娘家否？周家欠款亦来还否？母亲下乡去收谷事亦已毕否？收谷共若干担？婶娘家讼事已了结否？皆文之急欲知之者。汝何竟默默无言耶？速覆速覆，速将上列各事一一答我。来东京后，文只接汝信一封，只数行字耳，迄今一月，文曾不见汝有片纸寄来。汝岂有怨于文耶？汝何竟金玉尔音？

目下文身体已复原勿念。昨日文曾赴照相馆照相，大约七日后当可拿出。当寄一张给祖母母亲及汝看也。树祺事已为办妥，伊清表叔处亦有信去矣。

目下尔之行动如何？有暇乞仔细作一长书寄来。文于读书之暇，当取而玩读也。来书寄至大学经济部亦可，寄至下谷区池之端七轩町四濑尾赵心哲方亦可。

北京亦有信来否？九月十二，汝妹雪英亦来看戏耶。我家进出人多，汝切宜小心。祖母母亲千乞代为孝顺，他年文若能出世，当重谢汝也。

文目下方在作小说，成后当第一乞汝读听汝评耳。近来亦有诗兴否？烧饭煮菜之余，尽可取唐诗来熟读。学之非易，忘之实易。汝切勿可荒唐，使已得之学，仍皆弃去，切切，切切。

富阳近状若何？汝之信切勿可托不可靠之人去寄。恐信钱及信一并为伊吞去。若炳南等，最宜留意。万一信被毁去，使文摸头不着，事较失去信钱为尤大也。

候覆！

阳十月十二夜九时　　郁文书

这封信容纳的信息真是太丰富了，从家长里短，到读书作文；再从东洋留学生的细微小事，又至富春江畔的柴米油盐；有京城的关心，也有君子和小人之论，等等。但这其中至关重要的一点，在这里透露了孙荃目前所担纲的角色和承负的重荷。

虽然说，孙荃没有与郁达夫行“合卺”之大礼，但实际上她已正式进入郁家，并以主妇自居，操持家务，侍奉两代老人，而且尽心、尽力、尽责，赢得亲朋好友们的认可和尊重，不然的话，不会有郁达夫“祖母母亲千乞代为孝顺”之托的，更不会有“他年文若能出世，当重谢汝也”的铮铮誓言。

新婚

郁达夫与孙荃订婚之初，原打算从日本留学归来，经济上有独立收入之后再来谈婚论嫁。首次赠孙荃诗中的“请守清闺再五年”说的就是这个意思；1918 年 4 月 27 日，他在致长兄曼陀先生信中说的“母老矣，不能为弟养妻养子也”，也同样表达的是这个意思。

然而，随着彼此间情感的微妙变化，以及双方家庭和家长的“催逼”，到 1920 年，他们不得不举行婚礼了。

“催逼”他们早日举行婚礼的压力，首先来自女方。

孙荃小郁达夫一岁，1917 年和郁达夫订婚时已是 20 有余，这在当时，别说是江南一隅的乡村，就是在全国大部分地区而言，都可算得上是未婚大龄的青年。

男大当婚，女大当嫁，这是人类繁衍的基本法则，也是自然规律。据中国传统观念和民间的风俗习惯，女儿家到该出阁的年龄，如果还没有出阁成婚，其父母和家人是要受到社会舆论谴责和诘难的。

到 1920 年，孙荃已年满 24 岁，这在当时已是罕见的未婚大龄女子，无疑要引起邻里乡亲的关注。

乡亲们的热情关注和社会舆论的压力，是促使孙氏家长“催逼”郁达夫早日回国完婚的第一动力。

其二则是来自孙荃本人的强烈欲望。

孙荃自第一次来郁家相亲之后，便深深喜欢上坐落在富春江边的这个破落的乡绅世家，并认定今生今世“生是郁家人，死是郁家鬼”。这之后，她不但经常到郁家殷勤服侍郁母和其祖母，而且还主动地给两位老人代笔与郁达夫互通音讯。久而久之，她不期然地与郁氏家族融为一体。

未来儿媳和孙媳频繁地在郁家走动，并将两代老人侍候得异常周到，自然会引起两位老人的好感，她们也希望这位温柔贤惠的“媳妇”早日过门到郁家生子育女。

作为当事人之一的孙荃，这时候则是别有一番滋味在心头。她和郁达夫的婚姻虽早已有双方家长“铁定”，而且自己还不断与其书信来往、诗词唱和，但这位风流才子，东洋留学生内心世界是个什么样子的，他对自己的情感究竟如何，在眼前却是一片白茫茫，对未来更是不可预知。她想，凭着自己的聪明才智和那一颗温柔善良的心，如果能和郁达夫同枕共眠一段时间，一定会博得他的欢心，赢得他的爱怜。因此，在她的心灵深处是巴不得早一点儿与郁达夫举行婚礼的。

双方家长的态度，代表了孙荃的心声，而孙荃殷切的期待，又为双方家长早日与他们完婚坚定了信念。但远在异乡的郁达夫，这时的心情则和他们完全相反。

据蒋增福《才女·贤妻·良母》一文考证，郁达夫 1917 年第一次回故乡省亲时，母亲就有意让他完成婚礼，他以学业要紧相推托，只同意完成一个简单的订婚仪式。

> 其时当时在郁达夫的心里，有点不大满意母亲的包办，以及嫌孙荃太土气，但他为了不使母亲伤心，想来一个“拖拖看”。不料孙荃却似乎吃了秤砣铁了心，双方的家长也都认为这是早已定局的了，尤其是订婚以后孙荃就已有“生是郁家人，死是郁家鬼”的决心了。此后，孙荃不但常到郁家服侍郁母和祖母，还担起了与达夫通讯的代笔者。久而久之，达夫在心灵深处，便对孙荃产生好感，也不再那么激烈地排斥这个乡下姑娘了。

蒋增福在文中用辞特别谨严，也相当准确。订婚之初的郁达夫对孙荃确实是不那么感兴趣，也真是大有“拖拖看”的意思，只不过后来随着书信来往，渐渐产生了好感，不再那么激烈排斥罢了，至于说到马上洞房花烛，共度春宵，恐怕在郁达夫的心里还没有这个准备。更何况那时的郁达夫正一门心思地进行文学创作和筹办“纯文艺性杂志”，无暇顾及回国结婚之类的琐碎小事。

郁达夫等人筹办"纯文艺性杂志"，始于1919年的暑假，到1920年的春天已大致就绪，并着手付诸实施。这期间，他和成仿吾、张资平三人不但常常"在夜深风冷中站在日本皇城的外壕边为同人杂志的进行而相对叹息"，同时，"也常相约，把自己所写的文章都拿出来公评。汇集得相当的量时，即设法刊行同人杂志"。这后一点很重要，它于无形中给三人都施加了压力。

因为彼此之间写的东西，要拿出来"公评"，所以，谁也不敢懈怠，都在努力地进行创作。如郭沫若的新诗剧《女神之再生》，就是在大家"公评"的基础上，接受郁达夫的建议由散文改编而成的。又如成仿吾的短篇小说《一个流浪人的新年》，也是在大家反复看、反复提意见的基础上加工而成的。该小说1922年在《创造季刊》创刊号上发表时，郁达夫还热情洋溢地写了跋语。

郭沫若、成仿吾、张资平等人创作繁忙，硕果累累，而这期间郁达夫新文学创作的成就也同样是巨大的，像被郭沫若赞誉为如在枯槁、昏沉的中国社会里吹进了一股温暖和煦春风的《沉沦》，其中的许多篇章就是在这个时期草就的。

在这样一种氛围下，又是那样的一种心态，郁达夫自然是极不情愿抛开"火热"的集体战斗生活，回国与孙荃结婚。然而母命难违，盛情难却。情愿也好，不情愿也罢，他最终还是向命运之神低下了高昂的头。回国的前夕，他曾向长兄吐诉心声道：

> 结婚事本非文意，然女家叠次来催，是以不得已提出条件若干条，令其承认，今得孙伊青来书，谓已允不鸣锣鼓作空排仗矣。弟之未婚妻，本非弟择定者，离婚又不能，延宕过去，又不得不被人家来催，是以弟不得已允于今年暑假归国，简略完婚。
>
> ……结婚后，因孙氏能作书，弟欲置之家中，为母亲作一书记。

在这一封书信里，郁达夫至少表达了以下几层意思。

一、孙荃并非是郁达夫理想中的佳偶，结婚亦可，不结婚也行，完全没有热恋中青年男女那种死去活来的感觉，一切都听从命运之神的安排。

二、为推迟婚期，郁达夫曾向女方提出一些有悖当地风俗习惯的苛刻条件，女方家长也竟然接受下来。孙荃的哥哥曾致函，他说："但能回乡完成婚事，一切安排悉依尊意。"这真是无可奈何。

三、一旦结婚后，郁达夫并没有准备去享受"红袖添香夜读书"的艳福，更没有准备"携香拥玉去东洋"，夫唱妇随，形影不离，而是把她置之家中孝顺服侍年迈的母亲。

但是，不管经历多少风雨，也不论踏平多少坎坷，毕竟迎来了郁达夫与孙荃的新婚大喜。

郁达夫是 1920 年 7 月 14 日，从日本启程回国的。

尽管郁达夫回国之前，双方的家长已就婚礼去繁就简一事达成共识，但郁达夫到家后，他们还是想热闹一番。

不管怎样说，结婚毕竟是人生的头桩大事，亲朋好友欢聚一堂，鸣炮奏乐，既是一种气氛，也是一种宣言。后者尤其重要，它等于明确向世人宣布，从此始，男女双方交欢媾和，生儿育女，已是完全合法了，什么男女授受不亲的清规戒律，对他们已无任何约束力。

当母亲把这个意思婉转地告诉小儿郁达夫时，他的态度异常的坚决。

> 一切均从节省。拜堂等事，均不执行，花轿鼓手，亦皆不用，家中只定酒五席，分二夜办。用迎送小轿进出……

这一切虽然很苛刻，也不符合当地的风俗习惯，但为了女儿能早日结婚成大礼，孙家还是满口答应下来。

1920 年 7 月 26 日，在乱云飞渡、红霞映满西天的傍晚，一乘小轿抬着孙荃走进郁家的庭院。

没有举行结婚的任何仪式，也没有证婚的媒人，更没有请亲朋好友来喝喜酒，连蜡烛花炮之类吉祥之物也全免，一切都是无声无息的。

江南的七月，正值酷暑季节。

夜深之后，鸡鸭入圈，飞鸟归林，大地出奇的寂静，忙碌一天的人们早已进入梦乡。郁达夫却没有一点儿睡意。他搬出一张竹椅坐在庭院里，喝着用藿香叶泡的绿茶，望着闪闪烁烁的满天星斗，心事苍茫，一点儿也没有新郎官的那种高兴愉快的样子。

自古以来，人们都把“洞房花烛夜，金榜题名时”看作是人生最幸福的时光。然而，身处其境的郁达夫竟无丝毫幸福的感觉，甚至还有点茫然。

一旦想到今后将与这个“荆钗裙布貌颇不扬”，仅“吐属风流”的乡下女子度过一生，他真是不知如何是好。未来究竟是个什么样子的，他是连想也不敢想的。

年迈的母亲，大概也看出了郁达夫的心事，无可奈何地规劝他要正视现实，不可有别的非分之想。

是啊，家中既没有恒产，又没有恒业，大户人家的女儿能嫁到这里来，也应该算是一种福分，一种造化。如果再想入非非，真个是情理难容。母亲的话不是没有道理。更何况，母亲已老矣，也需要人照护了。

想到这里，郁达夫有点惭愧，悄悄地点上一支蜡烛，揭开妻子的“红盖头”。

托尔斯泰在《安娜·卡列妮娜》卷头语中有句话说得很好：“幸福的家庭都是相似的，不幸的家庭各有各的不幸。”孙荃和郁达夫的婚姻也是如此。

新婚之夜本来应是充满激情，欢乐无比的，而对郁达夫和孙荃来说，却有点儿不应该有的悲哀——身患疟疾的孙荃，乍寒乍冷，浑身酸疼无力。

脸上无血色，自然也就无光彩可言，浑身酸软无力，哪里还有什么豪放奔腾的热情。再加上乡下女子的羞涩矜持，这新婚之夜，与平常一样——波澜不惊，悄无声息地随着雄鸡的啼鸣，迎来新的一天。

其中唯一值得纪念的有意义活动，是孙荃将一枚满带着深情和厚意的钻石戒指，作为“信物”送给郁达夫。

也许是新婚燕尔的缘故吧，又加之孙荃的柔顺体贴，郁达夫也过了几天快乐的日子。

梦来啼笑醒来羞，红似相思绿似愁。
中酒情怀春作恶，落花庭院月如钩。
妙年碧玉瓜初破，子夜铜屏影欲流。
懒卷珠帘听燕语，泥他风度太温柔。

豆蔻花开碧树枝，可怜春浅费相思。
柳梢月暗猜来约，笼里鸡鸣是去时。
锦样文章怀宋玉，梦中鸾凤恼西施。
明知此乐人人有，总觉儿家事最奇。

名为《无题》的这两首诗写得异常轻快明丽，婀娜多姿，寥寥几笔便将一幅新婚燕尔的“欢愉”图给勾勒了出来，有情有景，情景交融。既有让人赏心悦目、流连忘返之感，又有使人浮想联翩、韵味深长之意。

“妙年碧玉瓜初破，子夜铜屏影欲流”之句，很显然是对孙荃守贞如玉，用情专一精神的高度赞美。

既然能以诗的形式来讴歌赞誉新婚妻子的高尚情操和美好心灵，那么，也就足以说明这时的郁达夫对孙荃已不是那么排斥，甚至还可以说已开始产生好感。

心里有了好感，自然就会喜形于色，表现在行动上则是百般的温存，万种的风情。

“懒卷珠帘听燕语”是说诗人新婚夜苦愁夜短怕天明，唯恐喃喃的燕语惊醒他们的青春美梦。

“泥他风度太温柔”一句，明的是嗔怪新婚妻子孙荃温柔有余，激情浪漫不足，实则是贬中有褒，小家碧玉、传统女性的美德跃然而出。

与第一首的含蓄委婉不同，《无题》第二首，则是赤裸裸地表现出了新婚大喜日子里的“色”和“情”，“欲”和“灵”。然而，并没有给人以庸俗和肉麻之感。

从《无题》所表达的情感和深远意境里，似乎透露给了这样一个信息。写作此诗时，郁达夫对自己婚前婚后的所作所为曾有过认真的反思，并有所醒悟，同时也不乏内疚和歉意。

孙荃与郁达夫结婚时，明明白白的是处女之身，而自己却早已将“童贞”献给了日本的卖笑女郎；再者，孙荃未来郁家时，已是俯首帖耳，一切唯命是从，而自己则霸气十足，条件苛刻。

想到此，郁达夫自觉太过分了。在《茑萝行》中他对自己的行为曾有过“忏悔”。

> 我十七岁去国之后，一直的在无情的异国蛰住了八年。这八年中间就是暑假寒假也不回国来的原因，你知道么？我八年间不回国来的事实，就是我对旧式的，父母主张的婚约的反抗呀！这原不是你的错，也不是我的错，作孽者是你的父母和我的母亲。但我在这七八年之中，不该默默的无所表示的。
>
> 后来看到了我们乡间的风习的牢不可破，离婚的事情的万不可能，又因你家父母的日日催促，我的母亲的含泪规劝，大前年的夏天，我才勉强应承了与你结婚。但当时我提出的种种苛刻的条件，想起来我在此刻还觉得心痛。我们也没有结婚的种种仪式，也没有证婚的媒人，也没有请亲朋来喝酒，也没有点一对蜡烛，放几声花炮。你在将夜的时候，坐了一乘小轿从去城六十里的你的家乡到了县城里的我的家里；我的母亲陪你吃了一碗晚饭，你就一个人摸上楼上我的房里去睡了。那时候听说你正患疟疾，我到夜半拿了一枝蜡烛上床来睡的时候，只见你穿了一件白纺绸的

单衫，在暗黑中朝里床睡在那里。你听见了我上床来的声音，却朝转来默默的对我看了一眼。啊！那时候的你的憔悴的形容，你的水汪汪的两眼，神经常在那里颤动的你的小小的嘴唇，我就是到死也忘不了的。我现在想起来还要滴眼泪哩！

就是这样一个楚楚可怜的弱女子，自己还要从情感上去折磨她，郁达夫事后真是后悔不迭。

用郁达夫在《茑萝行》中的话说，生长在穷乡僻壤，自幼不曾进过学校，更不曾呼吸过通都大邑空气的孙荃，是“提了一双纤细缠小了的足，抱了一箱家塾里念过的《列女传》，女四书等旧籍”来到郁家的。“既不知女人的娇媚是如何装作，又不知时样的衣裳是如何剪裁”，只奉了“柔顺”两字，来作“行动的规范”。

结婚之后，因城里的天气酷热难耐，郁达夫和孙荃曾到宵井镇住了数天。

远离尘嚣的乡村，给自幼喜爱大自然、亲近野趣的郁达夫增添了许多欢乐。

在这里，他没有无聊应酬的烦恼，也没有柴米油盐的困惑，国家大事，世界风云，达官贵人，倩女艳妇，一切的一切都与他无碍，有的只是清闲飘逸和新婚的快乐。

与岳父孙孝贞谈天说地，与妻兄孙伊清说医道诗，其乐也融融。新婚燕尔，郁达夫陪孙荃回娘家宵井镇小住一节，《茑萝行》中亦有记载。

结婚之后，因为城中天气暑热的缘故，你就同我同上你家去住了几天，总算过了几天安乐的日子；但无端又遇了你侄儿的暴行，淘了许多说不出来的闲气，滴了许多拭不干净的眼泪，我与你在你侄儿闹事的第二天就匆匆的回到了城里的家中。

也许是苍天在有意考验郁达夫与孙荃这对患难夫妻吧，在其前进的道路上处处设置障碍，唯恐他们过上舒心畅快的日子，以享天下太平。新婚之夜先是孙荃患疟疾，病魔缠身，哪里还会有激情和欲望，这无疑影响了新婚喜庆的气氛。待孙荃康复，郁达夫又不幸染上了疟疾，这真可谓是一波未平，一波又起。

日本高校的暑假，大致和中国的差不多，一月充裕，两月不足。试想，除却郁达夫来回的路程，他和孙荃相聚的时间实在是有限得很，这中间再加上两人先后患疟疾，两人“合欢”相娱的时间真是屈指可数。

新婚大喜中的这场猝不及防的疟疾，给郁达夫心理造成的伤害及在婚姻道路上投下的阴影实在是太大了，他只觉得前途渺茫，生死未卜，大有逃避现实、遁入空门之意念。

总之，凄凉、悲哀、消沉诸种不健康的因素混合交织，是《病中示内》的基调，由这种基调构成的气氛，不可避免地在影响并制约着郁达夫和孙荃的婚姻历程。

与孙荃成婚之后，郁达夫自然不会忘记把整个婚礼过程报告给北京的长兄曼陀先生。

> 弟婚事……于阴历六月七日去说，谓将九日夜三时行婚。九日午后五时，女已坐小轿至富阳家内，饮酒二席后即送客就寝，亦无所谓送洞房点花烛也。

信中所言全是实情。

于不知不觉之间，整个暑假已在他们悲喜交加的新婚日子里过去了。郁达夫不可避免地要重新回到日本继续他未完成的学业。

郁达夫这次离别故乡与上两次不同，既有点伤感的情怀，同时也有些朦朦胧胧的留恋之意。因此，在去日本的途中，他每到一处，或每经一事，总要写诗记之，抒发情感。这一切都恐怕与系念新婚的妻子不无关系。

郁达夫与孙荃新婚之后，首先遇到的一件有意义，并值得纪念的事情，是他在上海和东京分别购得了梦寐以求的随笔佳作《西青散记》。

《西青散记》是我国清中叶著名文学家史梧冈的随笔集。刚出版时很是风靡，后来影响渐弱。郁达夫的长兄曼陀先生对此书甚是推崇。

1919年深秋，郁达夫在京参加外交官和高等文官考试期间，常与长兄论及世界各国的文学艺术。他认为，德国和英国的田园小说应是文苑奇葩中最好的一朵，而曼陀先生却不以为然。他以为我国清中叶史梧冈的《西青散记》应是上乘之作，可以说是一枝独秀。

一向视长兄如慈父严师的郁达夫，对他推崇的作品自然不敢怠慢，回到东京后就上图书馆里去查阅，“一看幸而倒有，就贪婪地读了起来，果然很精彩”。因当时书肆找不到这本书，他便想手抄一部备之案头，后因其他事终未抄成。

新婚之后回日本途经上海时，在旧书店忽然看到《西青散记》的翻印本，便马上买了下来。重新读时则是另有一番感受在心头。

《西青散记》里最精彩，也是最感人的篇章，是写一个叫“双卿”的女子的故事。

> 这个女子出身农家，后来嫁给了一个农民。据说她父亲是个小书塾的先生，看来家里是有点书卷气的。她在十岁左右就显露出敏慧的诗才，而且长得清秀姣美，做姑娘的时候在当地很引人注目。可是却嫁了一个愚顽平庸的农夫，婆婆又是个愚昧无知，心地不善的女人，所以在悲惨的家庭里，她整天在训斥和嘲骂下干着繁重的劳务。她一声不吭地忍受着，时而将愁思寄于诗词，写在树叶什么的上面，反复吟诵，仅以此求得一点慰藉。
>
> ——稻叶昭二《郁达夫——他的青春和诗》

不但作者史梧冈本人对“薄命佳人”的悲惨命运寄予深深的同情，而他的一个友人闻悉后，也渐渐对“双卿”由同情变成爱怜，并频繁地去接近她，希望得到她“爱”的回报。然而“她却很冷淡，一点儿也不愿搭理。因此，他只能暗中叹息、沉思，将一腔情思都抒发在诗词中”。最终是一场“爱”的无言结局。

《西青散记》通篇并没有演绎出什么惊天动地的大故事，也没有猎奇斗艳，只是零乱地罗列了围绕在“双卿”身边的一些琐事，“如遭到婆婆虐待啦，受丈夫狠毒的咒骂啦，去汲水啦，久患疟疾弱得可怜啦等等”，作者就是通过对这些小事的描述，将中国古代社会妇女的悲惨命运生动地展现出来。用日本友人的话说“读他的作品，叫人感到新鲜、精巧，技巧达到了高超之极的程度”。

琳琅满目的中国古代文学作品中，以才子佳人悲欢离合故事为题材的作品比比皆是，而以乡村才女与平庸农夫的恩恩怨怨、生老病死为题材的作品，尤其是成功的作品则是不多见的，史梧冈的《西青散记》开创了这方面作品的先河，再加上描写之成功，所以在出版之初，很打动了一些读者的心，并引起了一些“仁人志士”对中国妇女问题的关注和思考。

郁达夫对《西青散记》所表现出的“特殊兴趣”，除却他对女性常“怀有倍于常人的关心和同情”之外，恐怕也与他当时的心境不无关系。

古代的“庄周化蝴蝶，蝴蝶化庄周”的奇妙幻觉，在两千年之后的诗人郁达夫身上又一次得到再现。

《西青散记》中的“双卿”，和生活在身边的孙荃，在郁达夫的脑海里，时常在变换更迭角色，亦真亦幻，倏忽不定。

的确，双卿身上的诸多亮点，在孙荃身上都可以找得到。

双卿多愁善感，能诗能文，而孙荃亦然；双卿任劳任怨，忍辱负重，清清白白过人生，而孙荃在这方面的表现也一点不比她差。唯一不同的是，双卿“清秀娇美”，孙荃则是“貌颇不扬”。

双卿化孙荃，孙荃化双卿，一时间，在郁达夫的眼前化来化去，真假难辨。说白了，他是把双卿现实化了，而把孙荃则艺术化了。

总之，郁达夫是把《西青散记》和现实生活结合起来读的，把它读活了，升华到了一个新的高度。

在东京第二次购得《西青散记》时，郁达夫很动情地在书眉上写了“小志”以表心迹。

该“小志”言简意赅，略略数语便将他之所以认识和喜欢《西青散记》的原因、诵读时的感想以及购书时的经历都讲得明明白白，清清楚楚。他原打算将在东京购得的“珍本”寄之孙荃，让她珍藏并欣赏，后禁不住心中的喜悦，又把“珍本”送给日本友人冨长觉梦，而将错误之处甚多的翻印本送给了孙荃。

郁天民在《说郁达夫的〈自传〉》中对此事有过说明。

> 他对这部古本书尤为宝贵，将寄给潜媞珍藏。潜媞者，孙荃夫人之小字也。从全篇《小志》来看，这并不是赠书之“志”，甚至没有把此书送人的打算。但后来还是把此书送给了冨长氏，大概他也向冨长推荐；倒反把上海买的那部寄给了孙荃夫人收藏——这部签有“郁文藏书”的四卷翻印本至今还保存在富阳老家里。

从郁达夫如此看重《西青散记》的言谈举止里，也可约略地窥探出他婚后的心态及情感走向。

另外，郁达夫婚后再重新读《西青散记》，又有一番新的感受和领悟，特作诗一首以记之。

> 逸老梧冈大有情，一枝斑管泪纵横。
> 西青散记闲来读，独替双卿抱不平。

红颜多薄命，自古如此，“双卿”乃是千万分之一。

郁达夫是 9 月下旬抵达东京的，这之后一直忙于学习和创作，直到 11 月才写诗寄于新婚即别的妻子。

青衫红粉两蹉跎，偕隐名山计若何？
泣向通天台下过，斜阳风紧乱云多。

昔日曾谈别后心，谈时涕泣已难禁。
当时只道难离别，别后谁知恨更深。

一霎青春不可留，为谁飘泊为谁愁？
前生若道无缘分，不合今生配作俦。

贫士生涯原似梦，异乡埋骨亦甘心。
不该累及侯门女，敲破清闺夜夜砧。

死后神魂如有验，何妨同死化鸳鸯。
百年人世多风雨，不及泉台岁月长。

诗的基调低沉、哀怨、消极、颓唐，给人以牢骚满腹，空怀壮志，报国无门，万事皆不如意的感觉。

事实也正是这样。这一两年来，诗人没有一件事感觉是顺心如意的，仿佛一切都和他作对。

从诗中所流露的情绪和使用的字句、典故来看，诗人仍未从京华考试失败的阴影中挣脱出来，而不尽如人意的婚姻，又给他增添了许多无谓的痛苦。

何去何从，于国于家于己于人，他既不知道该如何办，而又无法去面对，正像他诗中所说的那样。

事业无成，“青衫”依旧，他痛苦。

“红粉”无艳，难登大雅之堂，他无奈。

这一切是谁之过？诗人自己也无法回答。然而人生之勃兴，恰是孕育在这极度的消沉中。

创造社的发轫

1920年的金秋，郁达夫从国内回到日本之后，很快就将婚前无谓的抗争，以及围绕新婚所产生的各种欢乐和悲凉一股脑儿地抛在九霄云外。他一方面积极地联络成仿吾、张资平、郭沫若等人继续他们的“创造”之梦，另一方面则呕心沥血地写作他的《沉沦》等白话小说，成就文学的春秋大业。

创造社的发轫，远在1918年夏末秋初之际，到1921年仲夏，具有新时代蓬勃气象的创造社已是呼之欲出，已经到箭在弦上不得不发的境地。这一年的6月底，为进一步落实稿源，确立刊物名称、编辑方针和人员组成等问题，郭沫若亲自从福冈到京都去找郑伯奇、穆木天、张凤举等人商量。但因那时的郑伯奇他们正忙于应付期终考试，所以，郭沫若原来计划讨论的事情“并没有说上”。

未来京都之前，郭沫若是抱有很大希望的，他满以为这次京都之行，必会结出丰硕之果，新的文学社团，纯文艺性的同人杂志也一定会在这里生根发芽，并开出鲜艳的花朵。

然而结局却是令人沮丧的。

忧虑、焦急、失望之余，他又迫不及待地踏上了前往东京的列车。这时，郭沫若的心情是极其沉重、复杂的，免不得又想到即将创办的文艺杂志的事情来。

郭沫若魂牵梦绕的诸多问题，想来想去总没有具体的着落。这时候他最大的希望就是到东京后，能够得到平素他所敬重的“几位有力的友人的鼎力相助”，使他不虚此行。

他所言的这几位“有力的友人”，郁达夫当居首位。

因为据郭沫若所知，郁达夫在日本汉学界早已小有名气，《新爱知新闻》《太阳》和国内的《神州日报》等报章杂志时常有他的旧体诗发表，而且还获得了好评。在频频发表旧体诗的同时，他创作的白话小说也积累到一定的数量。

重要的还是——郁达夫不但有创作的热情，而且对组织新文学社团，创办同人纯文学性杂志的积极性也较其他几位友人要高得多，可以说他是未来“创造社”的主要组织者和最得力的骨干。

对杂志的名称，郁达夫“赞成用《创造》，月刊、季刊都不论”，自己亦可保证为每期的刊物保证提供一两万字的文章，已写就的《银灰色的死》《沉沦》《南迁》三个短篇可结集起来作为《辛夷》小丛书之一出版，以壮声势。

看到郁达夫的这股豪情，郭沫若初来东京时的满腹忧虑顿时烟消云散，当晚就栖息在他的病房里彻夜长谈。从郁达夫身上，郭沫若看到了创造社的未来和希望，信心倍增，遂决定将这里的事情全权委托给他，并“要他做个中心，退院之后把大家召集起来商议一下；最好督促着大家在暑假之内努力做些文章，好使杂志在年内或来年的正月出版”。（郭沫若《创造十年》）

依照郭沫若来访时两人商定的方案，郁达夫一出院便将在东京留学的同人们召集到寓所开会，经过充分酝酿协商，大伙最后一致同意将同人团体定名为“创造社”，时值 1921 年 7 月 13 日。

从与孙荃新婚之别到创造社正式宣告成立这段时间里，郁达夫除积极参与筹备、组织之外，在新文学创作上也是成绩斐然的，《银灰色的死》《南迁》《沉沦》等小说就是这期间完成的。

《沉沦》中的三个短篇，虽然名称有异，内容有别，人物命运的结局也不尽相同，但它们的中心思想和所欲表达的主题却是共同的——那就是要用生动活泼的白话语言和新鲜灵巧的艺术形式来深刻揭示“现代人的苦闷”，准确一点说就是“现代青年人的苦闷”。

人们通常所谓的“苦闷”，内容相当宽泛，而郁达夫小说中人物的“苦闷”，概括起来仅包含两层意识——“生的苦闷”和“性的苦闷”。

对当时的新青年们来说，产生这样的苦闷和忧郁是不可避免的。因为当时的中国正处在一个破旧立新的节点——文化大转变时代。这个时代既以其澎湃的新思潮、新观念、新思维使青年一代获得包括性意识和生命意识在内的“人的自觉”，又因其落后的社会生活现实和传统的道德观念，使已有朦胧觉醒意识的年轻人正当的性要求和生命激情得不到合理的满足与落实。这样一来，“性的苦闷”和“生的苦闷”，也便成了令“五四”前后的青年们普遍感到忧虑的问题。

在当时，紧扣时代的脉搏，并以新文学创作为己任的作家群中，郁达夫是最先敏感地发现这一问题的，同时，大胆地、率真地将这个问题赤裸裸地首先公之于世的也是他。

《沉沦》里主人公所生活的年代，是个一切合理要求都被压抑，所有热情和理想都得不到施展的时代，青年人爱国而不能，爱情也不可得，他们旺盛的生命力受到残酷的摧残，热血碰着冷酷的现实，就如岩浆在地下奔突，找不到一个喷发口，内心的焦灼、烦闷是不言而喻，可想而知。

郁达夫正是抓住了当时年轻人这一时代的苦闷，淋漓酣畅地把它们表现出来。一些自己也不知道为什么苦闷和苦闷是些什么的青年，好像一下就被拨亮心灯，觉得有人替自己说出了压在心底的话。

一时间，一代主张个性解放、倾向民主自由的进步青年，“对于他的热烈的同情与感佩，真像《少年维特之烦恼》出版后德国青年之‘维特热’一样”。不少不满于现实，而又苦苦寻找不到光明和前进道路的青年学生，自觉不自觉地仿效起郁达夫小说中主人公的衣着打扮，行为举止，故意炫耀于大庭广众之间，借以表现、发泄其内心苦闷、忧悒和悲哀的情感。

对《沉沦》在中国新文坛上的影响和对创造社成立之初所起的重要作用，郭沫若在《论郁达夫》一文中曾有过很中肯的评价。

在创造社的初期郁达夫是起了很大的作用的。他的清新的笔调，在中国的枯槁的社会里面好像吹来了一股春风，立刻吹醒了当时的无数青年的心。他那大胆的自我暴露，对于深藏在千年万年的背甲里面的士大夫的虚伪，完全是一种暴风雨式的闪击，把一些假道学、假才子们震惊得至于狂怒了。为什么？就因为有这样露骨的直率，使他们感受着作假的困难。

不但创造社的同人们对郁达夫的《沉沦》给予了高度评价，就是与其文学主张不大相同的文学研究会的诸君子，对《沉沦》也是极表赞赏和推崇的。周作人在《晨报副镌》"文艺批评"栏里撰文指出："《沉沦》是一件艺术的作品，但他是'受戒者的文学'（Literature for the initiated），而非一般人的读物。"

继周作人之后，茅盾也在《时事新报·文学旬刊》上发表评论，隆重向读者推荐《沉沦》，对他所取得的文学成就，给予充分肯定。

《沉沦》的创作成功，给了郁达夫极大的自信和勇气，他对未来充满希望和憧憬。1921 年 9 月，他应郭沫若之邀回国主持创造社的日常工作，就是他实现梦想的开端。

创造社从 1918 年开始酝酿，到 1921 年 9 月，郁达夫回国编辑《创造季刊》，前后已逾三载。这三年间，同人们虽然做了大量的准备工作，但在社会上却没什么影响，甚至说不为外界所知。是郁达夫《纯文学季刊〈创造〉出版预告》的发表，才正式揭开"创造社"登台中国新文学的帷幕。

《纯文学季刊〈创造〉出版预告》，登载在 1921 年 9 月 29 日的《时事新报》上。

> 自文化运动发生后，我国新文艺为一二偶像所垄断，以致艺术之新兴气运，澌灭将尽。创造社同人奋然兴起打破社会因袭，主张艺术独立，愿与天下之无名作家共兴起而造成中国未来之国民文学。

这不是一般的出版预告，简直是一份锋芒毕露的宣言。它以锐不可当的磅礴气势宣告了一个新文学团体的出现；并且表明这支朝气蓬勃的、年轻的文学新军已经参加到对“社会因袭”作战的阵列，以建设中国未来之国民文学为自己的终极目标。

可以这样说，郁达夫是创造社诸君子中最早向旧世界、旧文化勇敢挑战的闯将。

对郁达夫不畏强权、不惧传统势力、不计个人利益得失的英雄行为，郭沫若甚是钦佩，迅即从日本来信向他表示赞赏和支持。

有了郭沫若等人的鼎力相助，郁达夫对创造社的未来更加充满了信心和力量。

在上海泰东书局编辑《创造季刊》期间，郁达夫的生活相对是比较悠闲舒适的。

其一，《创造季刊》创刊号的稿子，郭沫若在沪期间已大致编辑就绪，单等工人排版印刷；其二，“创造社丛书”的另两种——郭沫若的新诗集《女神》和朱谦之的《革命哲学》，也无须他费力劳神，至于自己的新小说集《沉沦》，更是胸有成竹，成书指日可待；其三，经济上也不用多考虑，吃住行都由泰东老板赵南公供给，虽然说不上有多好，但较之留学时的生活不知要好上多少倍。

据和他在泰东书局一同度过这段时光的郑伯奇回忆，那时候，因两人都无家属之累，所以饭后茶余多是一起散步漫行。他们有时去离书局不远的“情人巷”谈天说地，有时则乘电车到“顾家公园”去观光，特别是在那月朗风清的傍晚时分，两人并肩闲步在绿茵茵的草坪上，兴致勃勃地“交谈着各自的抱负和见解”，真是其乐无穷，令人流连忘返。

《沉沦》的出版成功，《创造季刊》的编辑顺利，再加上“创造社”异军突起，这些都是郁达夫兴奋的源泉。

心情舒畅，生活恬淡，时间悠闲，这段充满青春和浪漫气息的时光，使郁达夫真有点“乐而忘蜀”。

是的，上海离杭州只有四五个小时的火车路程，而杭州到富阳也不足百十华里。但是，离故乡虽近在咫尺，这期间的郁达夫竟没有和富阳老家发生任何关系，更没有与年轻的妻子鸿雁传书。

郁达夫在泰东书局期间，虽然时间宽余，又没有什么硬任务，无拘无束，轻松自在。但毕竟老板赵南公没有言明每月给俸禄多少，只是凭感觉和情分随意“施舍”。为了生计，他不得不应邀到安庆法政专门学校任“英文教习”。也因此，郁达夫的爱情篇章，翻到了新的一页。

名士、青楼、家与国

郁达夫离京时，前往车站送行的人一定很多，但银弟不顾自己身份的尴尬，仍坚持要亲自送他上车，临别时又忍不住大哭了一场，真是应了「童心未泯」那句评语……

从东京到上海，由上海再到安庆。在这里，郁达夫揭开了他人生历程中新的一页，同时在这里也引发了他婚姻爱情方面的许多风流恩怨。

海棠

当时安徽的省会就在安庆，这里紧依万里长江，山色苍翠，水波潋滟，风光明媚，景色宜人。法政专门学校的校长光明甫系国民党的老党员，追随孙中山先生从事革命活动多年，思想进步，视野开阔，为人正直。他主政省立法政专门学校后，锐意改革，积极搜罗人才。他和泰东书局的赵南公是好朋友，曾委托他在上海物色人选。

赵南公原打算推荐郭沫若去的，后因郭沫若对自己的英文水平不自信便推荐了郁达夫。

郁达夫是 1921 年 10 月 2 日到达安庆的。

从繁荣昌盛、人声鼎沸的国际大都市——东京，到纸醉金迷、车水马龙的东方明珠——上海，再猛然间置身于经济落后、文化相对闭塞的东南一隅——安庆，郁达夫自然会生发出许多感慨来。这其中既有对人生无常的无奈，又有对中国现实的愤懑和悲观，同时也从安庆市民满怀“壮烈”投入“逐李罢市”的怒潮中，隐隐约约地看到中国未来希望的一丝曙光。

安庆既是安徽省政治、经济、军事、文化、教育的中心，又是全省革命斗争的焦点和发祥地。郁达夫风尘仆仆地赶到这里时，震惊中外的“六二”惨案的余波还没有平息，紧接爆发的驱逐省长李兆珍，反对军阀倪道粮贿选省三届议会议员的斗争正如火如荼。就连一向宁静平和、书声琅琅的校园也变成新旧两种代表势力相互争斗的战场。“六二”惨案发生时，法政专门学校的校长光明甫激于义愤，曾揪住皖系军阀马联甲的衣领“直批其颊”，一时大快人心。但不料，他这一掌竟打出了祸端，从此始，这位光明磊落，又极富有正义感的老同盟会会员、学界名宿便没有一天不被军阀、政客们所仇视，必欲除之而后快。马联甲之流还卑鄙地暗中出高价“收买了几个学生”，专在法政专门学校的内部进行破坏捣乱，致使该校的教职员工一夕数惊，人心惶惶。有一次，郁达夫正准备宣布下课：“他忽听见前面寄宿舍和事务室的中间的通路上，有一阵摇铃的声音和学生喧闹的声音传了过来。他下了课堂，拿了书本跑过去一看，只见一群学生围着了一个青脸的学生在那里吵闹，那青脸的学生，面上带着一味杀气，他的颊下的一条刀伤痕更形容得他的狞恶。一群围住他的学生都摩拳擦掌的要打他……”(郁达夫《茫茫夜》)

这一场“摇铃”捣乱学校秩序的事件还没有得到解决，紧接着就又出现几个蛮横霸道的无赖学生强行搬校长行李的“恶作剧”。

满怀希望回到阔别十余年的故国，没有想到首次踏上为社会服务的征途就遇上这样“五风十雨”的复杂局面，郁达夫那颗刚燃起希望火苗的心又冷却了下来。思想上的忧郁、苦闷和哀愁较之在日本读书时是有过之而无不及，生活上也开始放荡起来。除上课编讲义之外，剩余的时间大多都消磨在了烟花巷和酒吧间。就连他本人对这个时期放浪形骸的生活和变态心理也曾“供认不讳”。

小说《茫茫夜》中对“于质夫”性心理绘声绘色的描述，实际上就是作者——郁达夫初到安庆时的生活、思想及情感的真实写照。

对郁达夫在安庆时的苦闷情怀、变态的性心理和荒唐的行为，他的同事、好朋友易君左在《我与郁达夫》中也有过颇为生动的描述。

在郁达夫未获得海棠前，曾经在安庆城内表演过一件被人认为稀奇的小故事……一天，他溜进城去，经过小巷，瞥见一家小杂货店里坐着一个中年老板娘子尚有几分姿色，便挨近向前买针。老板娘子拿出一口新针来，他不要，指明要她头上插的那口旧针。安庆的风俗，将旧针炙红放在醋里，可以治一种病，所以老板娘子并不心疑，然而达夫买了旧针仍不肯去，再买小手帕，拿出一张新的也不要，指明要她襟间那一块，老板娘子开始疑心了，但看这位顾客不像是歹人，也许要旧东西有什么用处？于是又将手帕让出。郁达夫从容将针包在手帕中，珍重而别，回到校内，晚饭懒得吃，欢天喜地跑上楼，到自己卧室里，对着镜子，用那口针刺破自己的面孔和手指，让一滴滴鲜红的血液浸印的那张小手帕放在鼻孔前拼命的嗅，觉得越嗅越香，一个大哈哈，正把上楼来请大教授吃饭的公役吃了一惊，还以为大教授发神经病呢，实际上也离神经病不远了。

易君左记述的这则“旷古奇闻”，并非其杜撰或“三家村”之言，就连“传主”郁达夫本人也曾供认不讳，并有妙言记录在案。

在小说《茫茫夜》中，叙起这件事时，郁达夫是这样描述的。“于质夫”百无聊赖地在车疏人稀的大街上漫游时，忽然看见一家小小的卖香烟洋货的店里，有一个二十五六岁的女人坐在灰黄的电灯下，对了账簿和算盘在那里结账，便不声不响地走了进去。随后便演绎出了一幕惊世骇俗的喜剧，他先是买了老板娘用旧了的“针”，继之又要了老板娘衣襟上挂着的一块旧手帕。

质夫得了她的用旧的针和手帕，就跌来碰去的奔跑回家。路上有一阵凉冷的西风，吹上他的微红的脸来，那时候他觉得爽快极了。

回到了校内，他看看还是未曾熄灯。幽幽的回到房里，闩上了房门，他马上把骗来的那用旧的针和手帕从怀里取了出来。在桌前椅子上坐下，把那两件宝物掩在自家的口鼻上，深深地闻了一回香气。他又忽然注意到了桌上立在那里的那一面镜子，心里就马上想把现在的他的动作一一的照到镜子里去。取了镜子，把他自家的痴态看了一忽，他觉得这用旧的针子，还没有用得适当。呆呆的对镜子看了一二分钟。他就狠命的把针子向颊上刺了一针。本来为了兴奋的原故，变得一块红一块白的面上，忽然滚出了一滴同玛瑙珠似的血来。他用那手帕揩了之后，看见镜子里的面上又滚了一颗圆润的血珠出来。对着镜子里的面上的血珠，看看手帕上的猩红的血迹，闻闻那旧手帕和针子的香味，想想那手帕的主人公的态度，他觉得一种快感，把他的全身都浸遍了。

不多一忽，电灯熄了，他因为怕他现在所享受的快感，要被打断，所以动也不动的坐在黑暗的房里，还在那里贪尝那变态的快味。打更的人打到他的窗下的时候，他才同从梦里头醒来的人一样，抱着了那针子和手帕摸上他的床上去就寝。

报效祖国无门，一时又看不到希望和出路在何方，痛苦、悲凉之下，为求得精神上的超脱和心灵上的安慰，便变着法去狎妓调娼，这是封建社会的文人学士们在失意之后会选择的道路之一。如盛唐时代的一代诗宗白居易，宋朝的大文豪苏东坡，词人秦少游以及郁达夫所崇拜的清初诗人吴梅村等都曾有许多风流韵事代代相传。生在清王朝末年，又饱受封建传统文化熏染的郁达夫，自然也不可能完全摆脱这种旧时代遗留下来的名士习气。但不同的是，他的青春期来临的时候，反帝反封建的“五四”运动已经爆发，这就不可避免地要将男女平等和尊重女权等民主意识灌输到他的脑海里，再加上经过先进的资本主义世界文化洗礼，也就决定了他的狎妓调娼是和封建时代的文人学士们有着本质的区别。后者的狎妓调娼纯粹是为了寻欢作乐，满足情欲，而郁达夫的狎妓调娼则是别有一番用意。这在他从妓院里的活动和选“妓”的标准中可以看得出来。

具体地说，郁达夫在安庆狎妓调娼的活动，是从法政专门学校“风潮”闹得最厉害的时候开始的。当时的情景是，校长光明甫的行李被几个无赖的学生搬出校门后，郁达夫和其他教职员工出于愤怒，也旋即搬出了学校，集体到城内的省长公署请愿示威。

> 从学校里搬出来之后，约有一礼拜的光景。他恨省长不能速行解决闹事的学生，所以那一天晚上吃晚饭的时候就多喝了几杯酒。这兴奋剂一下喉，他的兽性又起作用来，就独自一个走上一位带有家眷的他的同事家里去……坐谈了一会，他竟把他的本性显露了出来，那同事便用了英文对他说：
>
> “你既然这样的无聊，我就带你上班子里逛去。”
>
> ——郁达夫《茫茫夜》

这以上所言，是郁达夫从日本回国后第一次逛妓院的政治、社会背景及其起因。

郁达夫虽然沾染了旧时代文人的名士习气，但他毕竟还是受过“五四”新文化运动影响的进步知识分子，因而他的逛妓院就不单纯是为寻求异性的刺激和肉体的满足，而是欲借这块“宝地”来躲避学校里的腥风血雨，求得心灵上的一时平静。所以初去妓院时，他不是与人饮酒就是结伙赌博，兴致已尽，马上扬长而去。反复几次，引起妓院里老鸨的不满。为了赚钱，她们便极力想说服郁达夫挑选一个“如意”的姑娘来陪宿。刚开始时，郁达夫都婉言谢绝了，到后来实在推脱不掉时才信口开河道，你们这里若有年纪大、相貌丑、无人爱的老姑娘不妨请出来看一看。

也许是郁达夫与海棠的这段露水姻缘命中注定吧！他这番搪塞的话刚落地，恭候在一旁的老鸨立刻就呼唤一个名叫海棠的姑娘出来相见。话不多时，走进了一个年约二十二三、身材矮小的姑娘来。

> 她的青灰色的额角广得很，但是又低得很，头发也不厚，所以一眼看来，觉得她的容貌同动物学上的原始猴类一样，一双鲁钝挂下的眼睛，和一张比较长狭的嘴，一见就可以知道她的性格是忠厚的。她穿的是一件明蓝花缎的夹袄，上面罩着一件雪色大花缎子的背心，底下是一条雪灰的牡丹花缎的短脚袴。
>
> ——郁达夫《茫茫夜》

进来的这位姑娘芳名海棠。不知是为什么原因，郁达夫与海棠的眼光一接触就立刻对她产生了好感，当晚便留宿在她的闺房里。

忠厚、诚挚、善良的海棠，与郁达夫第一次同枕共寝就如实地将自己的辛酸身世全盘托付给了他。原来海棠也是一位良家女子，父母双亡后，被“人贩子”连拐带骗弄到这里。她的实际年龄已经二十八。早年也曾与一个在这里“候补”的中年小官吏闹过恋爱，并生下小孩。但好景不长，随着这位候补小官吏的离去，她的“生意”也就愈见不景气。郁达夫到来之前的几个月内，她几乎没有什么“客人”可接，有阵子穷得连添件衣服的钱都拿不出来……听了海棠这番如泣如诉的自我表白，郁达夫暗暗地为她掉下几颗同情的泪珠，当场便激昂慷慨地表示要亲自为她登广告招揽富商豪客。《秋柳》中的于质夫拍着胸脯，半真半假叫着对海棠说的“你不必自伤孤冷，明朝我替你去贴一张广告，招些有钱的老爷来对你罢了”的一席话，就是郁达夫当时心境和言行的写真。

郁达夫对海棠不但这样说了，而且也实实在在为她这样做了。星期天或悠闲无事的晚上，他常约定几位要好的朋友到海棠房里去打牌饮酒，以此来扩大她的经济收入。据易左君在《我与郁达夫》一文中回忆，他本人就是当时常随同郁达夫到海棠那里去打牌饮酒的数人之一。他说：“这朵‘海棠花’我拜见过，当时芳龄不过比她的‘如意情郎'大两三岁；即二十七八岁；天生一副朱洪武的异相，嘴可容拳，下巴特长，而上额不容三指。据说这种面相，在男子当有'帝王之尊'，在女子则谁也不敢领教。说来奇怪：一丑百丑，分明并不过矮，也并不过黑，但总觉得又黑又矮。"易君左的这段描述，可以说是与郁达夫在《茫茫夜》中对海棠的记载，几乎在文字上也没有什么大的差别。

郁达夫对海棠的帮助是多方面的，这其中既有精神上的安慰，也有经济上的支援。如有一次鹿和班里发生火灾，海棠的衣服、首饰及其他用品大部分被烧毁。居住在城外的郁达夫闻讯后马上赶去慰问，并捐钱若干。

由以上可知，郁达夫之于海棠，并不像一般的嫖客对待妓女那样完全是为了发泄兽性；而是意在填那人世间最不平的道路——人家不爱的，他偏喜爱，大家越是冷落的，他越爱得深沉热烈。"海棠，这可怜的女人，是一个穷苦而无告的孤哀的象征，找不着一点爱的萌芽……达夫故意标榜三条件而单选了她……"其用意之一就是做给那些冷酷而不公平的人世看的，其二则是企图让那些沦落风尘、倍遭蹂躏的妓女们也享受享受人生的温暖和爱的滋味。

《秋柳》中的主人公"于质夫"，在"鹿和班"里对同是嫖客的吴风世的激昂慷慨的一番表白，就是郁达夫对海棠真实情感的最好说明。

> "我要救世人，必须先从救个人入手。海棠既是短翼差池的赶人不上，我就替她尽些力罢。"
>
> 质夫喝了几杯酒对吴风世发了许多牢骚，为他自家的悲凉激越的语气所感动，倒滴落了几滴自伤的清泪。讲到后来，他便放大了嗓子说：
>
> "可怜那鲁钝的海棠，也是同我一样，貌又不美，又不能媚人，所以落得清苦得很。唉，侬未成名君未嫁，可怜俱是不如人。"
>
> 念到这里，质夫忽拍一下桌子叫着说：
>
> "海棠海棠，我以后就替你出力罢，我觉得非常爱你了。侬今

葬花人笑痴，他年葬侬知是谁！”

郁达夫对海棠是这样的赤诚，而海棠对郁达夫也同样奉献出一副火热的心肠。郁达夫在安庆未结识海棠以前，生活上是放浪形骸，思想上是消极颓废，但自从与海棠相识后，便一改过去的放浪行为，生活和工作也日趋规律化。那时候，他除教书和遥领上海泰东书局的《创造》季刊和“创造小丛书”的编辑工作之外，在文学创作上也是很有收获的。像被郭沫若誉为“拍案惊奇的大文字”的《茫茫夜》就是在这期间完成的。

易君左在《我与郁达夫》里，谈起郁达夫和海棠的这段露水姻缘时有几句说得很好：“年已廿七八，犹是女儿身，不知几千万年前世所修，修到一名才子文豪独垂青眼，结下一段莫名其妙的露水姻缘。为了她，郁达夫把几个心血钱尽量报效了，然而从此爱情专一起来，不再任性放浪了。”

郁达夫将洋洋洒洒两万余言的《茫茫夜》创作完毕，为参加翌年三月东京帝国大学的毕业考试，委婉地谢绝了校方当局和同学们的热情挽留。在告别安庆的前夕，郁达夫特别忙碌，盛情的宴会一个接一个，道别者也是你来我往，川流不息。但在这样的时刻，他心里还在惦念着海棠。临行前的一个晚上他还拿了三张十元的钞票，轻轻塞在她的衣袋里。第二天上船的前一刻，他又作诗三首赠海棠：

绿章连夜奏通明，欲向东皇硬乞情。
海国秋寒卿忆我，棠阴春浅我怜卿。
最难客座吴伟业，重遇南朝卞玉京。
后会茫茫何日再？中原扰乱未休兵！

检点青衫旧酒痕，歌场到处有名存。
十年久断吴山梦，明日应敲白下门。

半偈偶题苏玉局，尺书烦寄谢公墩。
商量东阁官梅花，江上重招倩女魂。

替写新诗到海棠，扬州旧梦未全忘。
无端绮语成诗谶，又向桃源驻野航。
碧玉生涯原是梦，牧之任侠却非狂。
知侬棹向吴江过，托买宜春半幅棠。

郁达夫与海棠毕竟有着几个月的“肌肤”之亲，多少还是有些感情的。赠诗中的语言用典稍是含蓄，寓言也多委婉，但其“序”中所言也就较为分明了：

昔者枫林霜信，吴祭酒成感旧之词；客舍平居，潘骑省作悲秋之赋。仆丁年去国，闰岁还乡。五角六张，泣穷途于荒谷；十年一梦，怀往事于扬州。自分人间短翼，甘伴彭咸；孰知江上青峰，偶逢姹女。嗟乎！时乖命蹇，楚歌非悦耳之音；日暮途遥，鲁酒无亡忧之用。人皆欲杀，白也无能为矣；泣数行下，虞兮将奈卿何。爰赋短章，用言永别。万一藕丝未断，黄泉相见有期；如其鸩鹊能逢，白璧还君作嫁。

这首名为《将之日本别海棠三首》的赠诗，一方面表达了诗人与海棠依依惜别的拳拳情谊，另一方面则回答了世人对他寻花问柳的种种非难和谴责。易君左在《我与郁达夫》中论及这件事时有几句话说得很是客观、公正：“我一直对郁达夫相当谅解而寄予同情，因为对于一个不太平凡的人，似乎不必用庸俗的眼光去衡量，或者用卫道的假面具来排斥。”是的，对郁达夫这样一代天才的新文学大师，我们绝对不能用庸俗的眼光或卫道者的心理看待、衡量他的私生活，以及他那超越常人数倍的丰富情感。

爱与不爱之间

作为诗人的郁达夫，虽然“入世”的色彩十分浓厚，但毕竟还有着他超凡脱俗的一面。事实不正是这样吗？在安庆时他与海棠姑娘还是那样的卿卿我我宛如恩爱夫妻一般，可一回到富阳，迅即就又拥抱起久违的真正夫人孙荃女士。长子龙儿，应该是这期间他们夫妇相亲相爱播下的种子。

1922 年 2 月，郁达夫去日本参加东京帝国大学毕业考试的前夕，孙荃又和他联袂吟一阙《卖花声・送外东行》，以示相互珍重。

> 梦里哭君行，疑已天明。（孙）
> 醒来却喜夜沉沉。（郁）
> 不是阿侬抛不了，郎太多情。（孙）
> 无语算邮程，暗自心惊。（郁）
> 途中千万莫多停。
> 到得胡天安住后，寄个回音。（孙）

若是郁达夫与安庆的海棠发生恋爱关系后，没有再向孙荃夫人献出自己对她一如既往的炽热爱情，那么，也就不会有临行前孙荃对他的这番千叮咛万嘱咐。

在上海候船赴日本的前夜，为宽慰妻子，郁达夫又草书一封，聊以寄托相思之情。

> 兰坡，我所最爱的兰坡：
>
> 我昨天在火车上写了一封信给你的，你大约总已接读了。我今天忙了一天，买了一枝参。这枝参我找俞君世奎带上，交给裕号再交给你，大约你见此信的时候，参也可以看到了。兰坡我终觉得对你不起，但是我也是没有法子，你但能想想那些坐食在家，

不思上达的人就应该原谅我，宥恕我了。我明天坐了日本邮船熊野丸上日本去。若海上无风，考期总可以赶着了。我无论如何总想于三个月后回中国来，等到那时候，再和你说别后的衷曲吧。兰坡，我知道你是苦的。兰坡，你苦的时候，请想想我平时如何待你就对了。“你吃的苦都是我害你吃的，你吃的苦都是为我吃的，”我全知道，我心里全明白的。我请你更忍耐一下，不要太自苦，心里头要请你抱些希望在那里。

啊啊，我和你分开的一霎时候，我心里正同刀割的一样。我本来打算趁晚班轮船到杭州，好和你在家多谈一刻，偏又遇着了两位朋友要我趁早班。兰坡吓兰坡，我临行前的时候，心里如何的愤恨，你不是呆子，大约总已经看出来了。我临行的时候，实在想和你再多坐一忽的吓。

兰坡，我现在心里乱得很，不知如何下笔，才能把我的心想写得出来。可怜我今天忙了一天，连一刻想你的工夫都没有。你身体千万要保重，我若变了那横山环翠的留法学生，怕要瘾杀在外头呢！

我明天一早就要上船去，今晚不得不早一点睡。我现在看看我床上的一条花绒毯，白白的被里子和线毯，还禁不住的要心酸，因为花绒毯是你的东西，被子里和线毯是你替我洗的。我我想我想再见你一面……我不能写下去了。

郁达夫的书信透露出了这样一个信息，即孙荃在郁家不但吃苦耐劳，而且还忍辱负重。

所谓的“忍辱负重”，恐怕更多的是指婆媳关系的不和谐。

郁达夫三岁时，母亲就已守寡。上有年迈的婆婆，下有几个未成年的孩子。其情其境可想而知。

郁达夫在《悲剧的出生》中说，“父亲死后，两位哥哥要上学去”，而到乡下去收租及料理“庄书”之类的事情全靠母亲一人。

恶劣的生存环境，使母亲渐渐失去女性的温柔，而多了些男性的刚毅和坚强。

在外边遭人欺凌，无力去抗争，回到家中自然要发泄。大儿子，大儿媳，二儿子，二儿媳，三儿子均没有守在身边，想向他们发牢骚，吐苦水，够不着。无疑，孙荃就成了最好的出气筒。

对母亲在家里唯我独尊的性格，郁达夫是非常了解的。1916 年他在致奶奶的信中就曾劝老人家要忍耐，少管事，随遇而安。“奶奶顶好勿要管母亲的事体，随她去说长也好，说短也好，总教装聋装哑，勿去听她就是。”

对婆婆尚且“强悍”，对儿媳自然不会有多少温存可言。

孙荃两头受夹板气的“小媳妇”角色，郁达夫在《茑萝行》里描写得很是逼真。

……我一进门看见母亲还在偏间的膳室里喝酒。我想张起喉音来亲亲热热的叫一声母亲的，但一见了亲人，我就把回国以来受的社会的侮辱想了出来，所以我的咽喉便梗住了；我只能把两只皮箧向凳上一抛，马上就匆匆的跑上楼上的你的房里来，好把我的没有丈夫气，到了伤心的时候就要流泪的坏习惯藏藏躲躲；谁知一进你的房，你却流了一脸的汗和眼泪，坐在床前呜咽地暗在啜泣。我动也不动的呆看了一忽，方提起了干燥的喉音，幽幽的问你为什么要哭。你听了我这句问话反哭得更加厉害，暗泣中间却带起几声压不下去的唏嘘声来了。我又问你究竟为什么，你只是摇头不说。本来是伤心的我，又被你这样的引诱了一番，我就不得不抱了你的头同你对哭起来。喝不上一碗热茶的工夫，楼下的母亲就大骂着说：

“……什么的公主娘娘，我说着这几句话，就要上楼去摆架子。……轮船埠头谁对你这小畜生讲了，在上海逛了一个多月，走将家来，一声也不叫，狠命的把皮箧在我面前一丢……这算是什么行为！……你便是封了王回来，也没有这样的行为的呀！……两夫妻暗地里通通信，商量商量，……你们好来谋杀我的……”

我听见了母亲的骂声，反而止住不哭了。听到“封了王回来”的这一句话，我觉得全身的血液都倒注了上来。在炎热的那盛暑的时候，我却同在寒冬的夜半似的手脚都发了抖。啊啊，那时候若没有你把我止住，我怕已经冒了大不孝的罪名，要永久的和我那年老的母亲诀别了。若那时候我和我母亲吵闹一场，那今年的祖母的死，我也是送不着的，我为了这事，也不得不重重的感谢你的呀！

那一天我的忽而从上海的回来，原是你也不知道，母亲也不知道的。后来母亲的气平了下去，你我的悲感也过去了的时候，我才知道我没有到家之先，母亲因为我久住上海不回家来的原因，在那里发脾气骂你。啊啊，你为了我的缘故，害骂害说的事情大约总也不止这一次了。

正因为郁达夫了解孙荃和母亲的关系，所以才替她担忧，才有上述信中的嘱托。

1922 年 3 月，郁达夫顺利地通过日本东京帝国大学的毕业考试，获经济学学士学位，7 月回国主持创造社的日常编辑工作。这之后，他和孙荃夫人团聚的日子也就相对多了起来。如 1922 年 9 月，他答应再度出任安庆法政专门学校的教授时，也立即做出携孙荃一同前往的决定。

蕙心兰质的孙荃长期与郁达夫同居一处，不但改变了郁达夫那放荡不羁的生活习性，而且还在一定程度上抑制住颓唐、苦闷情绪在他心中的滋生发展。以往孙荃不在身边时，每当在社会上受到黑暗势力的压迫，或因这“压迫”所产生的苦闷情感无处发泄时，他便以烟花巷和酒吧间作为发泄的场所。孙荃的到来以及她在身边时的种种缠绵悱恻，很自然地便冲淡了形成他苦闷情愫的焦点。1924 年 12 月，他在《十一月初三》中谈到孙荃夫人对自己的好处时说道：

自己因为和自己的女人同居的期间很短，所以每遇到心境有什么变更波动的时节，第一个想起来的，总离不了她。想到人家的女人的时候，虽然也有，但是这大抵是以酒阑兴动，或睡余梦足时为限，到了悲怀难遣，寂寞得同棺材里的朽钉似的时候，第一个想起来的，总还是自家的女人，还是我的那个不能爱而又不得不爱的她。

今天也是这样的呀！这样的天气，这样的大风天气，又况在这一个时候，这一个黄昏时候，若是我的女人在我的边上，那么我所爱吃的几碗菜，和我所爱喝的那一种酒，一定会不太冷也不太热的摆在我的面前；而她自家一定是因为晓得我不喜欢和她见面的原因，要躲往厨下去；一边她若知道我的烟又快完了，那么必要暗暗里托我所信用的年老的女底下人去买一罐我所爱吸的烟来，不声不响的搁在我的手头，……啊啊！这些琐碎的事情，描写起来，就是写一千张原稿纸也写不完，即使写完了，对于现在的我，又有什么补益？……我不说了，不愿意再说了，总之现在我是四海一身，落落寞寞，同枯燥的电杆一样，光泽泽的在寒风灰土里冷颤。眼泪也没有，悲叹也没有，称心的事业，知己的朋友，一点儿也没有，没有没有没有……什么也没有，所有的就是一个空洞的心！同寒灰似的一个心！

孙荃对郁达夫的爱情是真挚纯洁，无怨无悔的。在故乡时兢兢业业操持家务，侍奉婆婆，恪守妇道；在外时则视夫君为神明，小心翼翼，唯恐有闪失引起郁达夫的不快和反感。

而郁达夫对孙荃则有所不同。

虽然婚前婚后，他们也有书信来往，诗词唱和，看似亲密无间，其乐融融，实则不然。从内心深处，他并没有对孙荃产生如痴如醉的爱。彼此远隔千山万水时既没有想得死去活来的感受，朝夕相处时也没滋生出含情脉脉、欲说还休的美。

他和孙荃之间，只能说是夫妻，中国古已有之的传统夫妻，说不上是有什么爱情，就像一碗白开水，热也好，凉也罢，其味道都是一样的，平平淡淡，无色无味。

境遇好时，心情畅快时，他会想起结发夫妻孙荃女士，对她的态度也相应会温和些，也时不时闪烁几下爱情的火花，浪漫那么几回。而一旦遭遇社会不公，情感跌落到低谷时，他便把所有的不幸都归结到和孙荃的婚姻上，仿佛这一切都是因为他和孙荃结婚所造成的，一切罪责都应该由这个不幸的乡下弱小女子来承担。

自古圣贤多寂寞，郁达夫也是如此。

纵观郁达夫的一生，的的确确是孤独寂寞，披荆斩棘拓荒的时候多，意气风发、乐陶陶的时候少。

出生——是“悲剧的出生”。

童年——是“我的梦，我的青春”。

少年——是“水样的春愁”和“孤独者”。

青年——是在“大风圈外”。

中年——是和郭沫若、成仿吾、张资平等人揭竿创造社，正式向旧文化、旧世界及一切腐朽黑暗进行激战，数十年从未懈怠过，直至为祖国的新生捐躯于南洋。

文坛鏖战

郁达夫和孙荃婚后，花前月下浪漫的时候少，而暴风骤雨的日子却是一个接一个，应接不暇。

用创造社元老郑伯奇的一句话说，在“五四”之后，创造社属于异军突起。这之前，它在社会上没有一点儿声望，其发起人也多属无名小卒。为扩大它的影响，奠定它在“五四”新文坛上的地位，郁达夫和他的战友们的确打了几次大的恶仗，而每次恶仗的冲锋陷阵者都非郁达夫莫属。

第一仗是“夕阳楼”保卫战。对手则是“文学革命”的倡导者、白话文学发起人之一的胡适。事情的起因是由余家菊的译作《人生之意义与价值》引起的。

余家菊的译作《人生之意义与价值》由中华书局出版后，在当时曾产生一定影响。郁达夫买来一读，却发现其中有不少误译的地方。由余家菊的误译，他联想到国内翻译界的种种弊端，于是《夕阳楼日记》便产生了。

郁达夫所罗列的这些现象，是新文化运动初期普遍存在的问题，但无意中却刺痛了胡适的软肋，引起他的极大反弹。因为当时的胡适正跟着美国的新派人物杜威，在全国各地跑来跑去，兜售实验主义。

《夕阳楼日记》草就后，郁达夫本人也似乎感觉到其中的一些言语措辞太过于尖酸刻薄，锋芒也太露，所以此文一直是束之高阁，也无面世的意图。诱发他将这篇原不准备示人的作品公开发表的外在因素，是郭沫若致他的三封信——《海外归鸿》在《创造季刊》上的展示。

郭沫若的《海外归鸿》也和郁达夫的《夕阳楼日记》一样，主要是批评国内新文艺界的不良现象的。其中的第二章说到翻译界存在问题时所用的言辞与郁达夫《夕阳楼日记》相比，可以说是有过之而无不及。这样也就于无意中给郁达夫《夕阳楼日记》的发表起了促进作用。

正像郁达夫事前所担心的那样，《夕阳楼日记》发表后，第一个站出来发难的就是处处以新思想家、文化革命先驱自居的胡适。他在2000余言的《编辑余谈·骂人》中，除将《夕阳楼日记》指责余家菊误译的地方全部反转过来之外，而且还施展了最厉害，也最足以置人死地的一招——攻击批评者的人格，否定其全部的创作。

从《努力周报》上看到胡适的《编辑余谈·骂人》，郁达夫气得几乎要跳黄浦江，后在郭沫若、成仿吾等老同学的大力支援和劝慰下，方从悲哀中挣脱出来，并勇敢地对胡适进行反击。9月21日写成的《答胡适之先生》，就是他振作起来之后的第一篇讨伐胡适的战斗檄文。

写作《答胡适之先生》时，郁达夫虽然还处在悲哀之中，但却不像两年前写作《夕阳楼日记》时那样意气用事，因而其中的言语和讨论问题的方式都是比较平稳的，又因该文是以公开信的形式出现的，所以它只能就胡适在《编辑余谈·骂人》中涉及的问题做了符合实际的解释和辩证。此文的初稿曾寄给北京的《晨报副镌》希望予以披露，以便澄清事实，不料该报的记者收到郁达夫这封公开信后竟私自将它转交给了胡适。

心胸并不是十分宽广的胡适，看了《晨报副镌》记者转来的郁达夫的公开信，很是反感和愤怒，以种种冠冕堂皇的理由阻挠发表。北京方面不能将致胡适的公开信公之于世，郁达夫旋即将它投寄给上海的《时事新报》。

郁达夫的《答胡适之先生》在1922年10月3日的《时事新报》上登载后，胡适更为恼火，遂撰《浅薄无聊的创作》进行反击。该文虽不像前文《骂人》那样大打出手，但在字里行间仍含有咄咄逼人的进攻的气势。仅从表面上看,该文是就《骂人》中的“浅薄无聊的创作”一语加以重新说明，实际用意却是再次对郁达夫的小说创作进行诋毁。

对胡适的《浅薄无聊的创作》，郁达夫没有直接给予反驳，出面进行斗争的是他的两位挚友——郭沫若和成仿吾。

1922年11月中旬,在安庆法政专门学校任“英文教习”的郁达夫，接到郭沫若从日本寄来的声援自己、痛斥胡适的《反响之反响》和成仿吾从上海寄来的《学者的态度》,再回过头来重新翻阅胡适的《骂人》及《浅薄无聊的创作》，百感交集、情思波涌、夜不能寐，名贵一时的历史小说《采石矶》就是在这种情景下一挥而就的。小说中愤世嫉俗、郁郁不得志的诗人黄仲则,实际上是作者本人的化身,那个被他骂为“大言欺世”、排斥异己的考据学家戴东原则分明喻指的是胡适。

“考据”是学术研究领域中的一门重要学问，本无可厚非，但他认为胡适的“考据”却不是纯学术性质的，而是借“考据”以营私，来达到他沽名钓誉、哗众取宠的目的。因而，郁达夫在《采石矶》中一针见血地讽刺他道："周秦以上并没有考据学，学术反而昌明，近来大名鼎鼎的考据学家很多，伪书却日见风行，我看那些考据学家都是盗名欺世的。他们今日讲诗学，明日弄训诂，再过几天，又要来谈治国平天下，九九归原，他们的目的，总不外乎一个翰林学士的衔头……"然后"束带立于朝，由礼部而吏部，或领理藩院，或拜内阁大学士……"

郁达夫的这种假借故人之亡灵，实贬今人的春秋笔法，对胡适的刺激是很大的。为了不使事态继续扩展下去，胡适立即致信郁达夫和郭沫若，一方面为自己的《骂人》等文进行辩解，一方面向他们赔礼道歉，希求化干戈为玉帛。

"夕阳楼"保卫战，是郁达夫和郭沫若等创造社诸君子在"五四"新文坛上打的第一次大仗，其次便是与文学研究会的论争。

标榜着"为人生而写实"的文学研究会和打着"为艺术而艺术"旗帜的创造社，都是"五四"新文化运动的宁馨儿。

文学研究会酝酿于1920年11月间，1921年1月4日在北京的中山公园来今雨轩开会正式宣告成立。宣言曰："将文艺当作高兴时的游戏或失意时的消遣的时候，现在已经过去了。我们相信文学是一种工作，而且又是于人生很切要的一种工作；治文学的人也当以这事为他终身的事业，正同劳农一样。"在鸳鸯蝴蝶派独霸文坛，黑幕、武侠、宫闱之类的小说、戏剧肆虐猖獗的时候，文学研究会"为人生而写实"的宣言，犹如晴空炸春雷，令人惊奇不已，也一扫弥漫旧中国文坛数千年的萎靡颓废之风，给人以清新爽目之感。

正当以周作人、茅盾、郑振铎等人为核心的文学研究会在国内风风雨雨、兴旺发展的时候，以郭沫若、郁达夫、成仿吾等留日学生为领袖的创造社也在日本酝酿成熟。1921年的春天时，他们约定出版的杂志、编辑的丛书已有明确分工和切实可行的计划。到1921年郭沫若和郁达夫回国时，创造社在中国文坛这个大舞台表演的一切准备工作已就绪，帷幕一拉便是正戏上场。

通过对文学研究会和创造社从酝酿至成立时间的分析比较中可以

看出，“五四”新文坛上这两个叱咤风云的文学社团酝酿和成立的时间几乎是同时的，并不存在着谁先谁后，谁早谁晚的问题，在国内鏖战鸳鸯蝴蝶派的文学研究会诸君并不知晓创造社在东邻日本的陡然崛起，而异军突起的创造社各位也不了解文学研究会在倡导写实主义新文学方面的光辉业绩。因此可以说这两个社团之间是有隔膜的，至于后来双方相“对立”和激烈论战，除文学主张不同之外，误解和小团体的宗派主义作祟也是其中一个不可忽视的重要因素。

创造社与文学研究会相对立和双方展开论战的导火索是由郁达夫执笔写的《创造》出版预告引起的。

1921年的仲夏,郭沫若肩负着创造社诸君子的委托,携带着“创造”计划，满怀希望地踏上了回国的征途，欲在风云激荡、气象万千的大上海，实现他和郁达夫、张资平、成仿吾等人酝酿多年的“创造梦”。

“风雨如磐暗故园”的旧中国，岂是热血青年施展救国才能抱负的广阔天地？郭沫若一踏上素有“十里洋场”之称的上海，就预感到前途有点渺茫。当时他给郁达夫的信中曾有这样一段话:“我住在上海觉得苦得很，中国的空气是同癞病院的空气一样，渐渐地使人腐败下去。我不能再住在中国了。”

出于对振兴中华民族和创造新文学的强烈欲望，郁达夫接到郭沫若的请求信，不由分说迅速起程回国，而且到上海的第三天便在《时事新报》上刊登出《纯文学季刊〈创造〉出版预告》。至此，创造社便正式跃马挥戈上场，亮出为艺术而艺术的大旗，同时也拉开与文学研究会相对立和相论战的序幕。

郁达夫回国三天，便在《时事新报》上登出表明创造社艺术主张和矛头直指文学研究会的宣言书。由此，许多中国现代文学史研究者便断定这“宣言”纯系执笔者郁达夫一人的意见。实际上不全是这样，执笔者郁达夫个人的意见固然有之，但总的来说，还是创造社首脑人物对国内新文化运动意见的综合。1921年前后成仿吾致郭沫若的信中曾说道:“新文化运动已经闹了这么久，现在国内杂志界的文艺，几乎把鼓吹的力都消尽了。我们若不急挽狂澜，将不仅那些老顽固和那些观望形势的人要嚣张起来，就是一班新进亦将自己怀疑起来了。”（郭沫若《创造十年》）

郭沫若在向田汉谈起成仿吾这番话时，也明确表示了自己的意见，“很具同感”。

如果将成仿吾致郭沫若信中的这番话与郁达夫执笔写的创造社成立“宣言”中的某些话语一对照，很明显可以看出，它们是大同小异的，所以说，《纯文学季刊〈创造〉出版预告》中的对国内新文化运动的评价和阐明的创造社的艺术主张是能代表创造社同人的，是大家意见的综合。

无可否认，郁达夫在《纯文学季刊〈创造〉出版预告》中用辛辣尖锐的语言攻击文学研究会，也饱含着他个人对文学研究会诸君子不满的成分。

具体地说，郁达夫对文学研究会的不满成分，一方面是受成仿吾等人的感染，一方面则是由他的小说《银灰色的死》投寄《时事新报》迟迟没发表而引起的。

1921 年的初春，在东京帝国大学读书的郁达夫，满怀希望地将小说《银灰色的死》投寄给上海的《时事新报》。可半年过后既没有消息说录用，也没有见到退稿，于是乎他便由希望转化为失望，再至恼怒。7 月上旬，从上海回到日本的郭沫若，为创造社和《创造季刊》的一些具体事宜，从福冈跑到东京找他协商。当他向郭沫若问及国内新文艺界的情况时，郭沫若一边摆头、一边叹气。

听了郭沫若对国内新文艺界的批评，郁达夫因《银灰色的死》而久压在心中的怒气不由自主地上升，并且还觉得他的《银灰色的死》就搁置在《时事新报》副刊编辑郑振铎的抽屉里，有意压住不发。不言而喻，他对文学研究会不满的种子就是在这时埋下来的。时隔不久，再度回国的郭沫若又从上海来信向他叙说实现“创造梦”的艰难和国内新文艺界的复杂矛盾。多种因素的混合交织，便构成了郁达夫对文学研究会的强烈不满。心中的不满凝聚笔端、诉诸纸上便是《纯文学季刊〈创造〉出版预告》。

对创造社的突然袭来，文学研究会的诸君子毫无思想准备，不免有点惊愕和迷惑不解。他们之中，无论是主编《小说月报》的茅盾，抑或是主编《时事新报》副刊的郑振铎等，都自认为没有做过对不起原先并不知晓的创造社同人的事情。相反，他们对创造社发起人中的郭沫若、田汉二位还是相当敬重的，早在文学研究会成立之初，他们就曾发信或当面邀请过田汉和郭沫若入会。而且郭沫若也曾表示愿意在会外帮忙，也答应“给《文学旬刊》写点文章”。

对郭沫若、田汉是如此的友好，对郁达夫、成仿吾、张资平、郑伯奇等人，文学研究会的同人虽不太熟悉，仿佛也没有得罪过，但怎么也没有想到创造社一宣告成立便将锋芒指向了自己，更何况这《纯文学季刊〈创造〉出版预告》中的指责又多属偏颇和不实之词呢？其一，“预告”中指责文学研究会“垄断”文坛是不甚确切的。在创造社没有正式宣告成立以前，偌大的一个中国的新文艺界只有文学研究会在努力继承着《新青年》反帝反封建和提倡白话文学的光荣传统，辛勤耕耘着“为人生而艺术”的这块刚被开垦的处女地。在当时既然是文学研究会一枝独秀——挑战对象和竞争者没有出现之先，何言“垄断”？也犯不着横加指责。其二，“预告”中指责文学研究会使“艺术之新兴气运，渐灭将尽”，也是不符合客观事实的。

文学研究会成立后，对推动“五四”新文化运动的健康发展，对建立以白话和写实为体系的新文学做出了重大贡献，这是国内有识之士所公认的。如他们主编的《小说月报》和《文学旬刊》翻译西洋名著、介绍被压迫民族的文学、提倡写实主义等，在当时都是具有拓荒意义的；又如他们创办的新诗刊物《诗》，也是史无前例的。另外，无论是在创作，或是翻译及文艺批评诸方面，他们也都取得了惊人的成就，充分表现了“五四”文学革命的实绩，像鲁迅、王统照、许地山等人的小说，冰心、俞平伯、徐玉诺等人的新诗，周作人、朱自清等人的散文，茅盾、郑振铎等人的文艺批评，耿济之、傅东华等人的翻译，在当时都是很风靡的，曾启迪一代青年读者的心灵，面对这样的客观事实，怎么能说是他们使“艺术之新兴气运，澌灭将尽”呢？因此，对创造社在“预告”中的指责和攻击，文学研究会诸君一方面感到气愤，一方面则觉得有点迷惑不解。这从当时郑振铎致周作人的信中可以看得出来。如：“郭沫若、田汉登的《创造》的广告，实未免太为可笑了。郭君人极诚实，究不知此广告为何人所做。先生对于他们的举动，真是慨乎言之！他们似乎过于神秘了，我以为就是新浪漫派，也应以写实的精神作骨子。他们于写实的精神，太为缺乏，无怪其只倾倒 Cothe，Schiller，Tengson 诸诗人也。但此尚且趋向稍差耳。”

因郁达夫执笔写的《纯文学季刊〈创造〉出版预告》，对文学研究会的批评是泛指，所以，虽引起了郑振铎、茅盾等人的不满，但还不至于引起双方公开论战，进一步导致双方矛盾激化，以致唇枪舌剑，驳难不已，还是由郁达夫首先挑起来的。

1921 年 10 月，郁达夫的小说集《沉沦》出版后，因其中有过多的关于性的苦闷和情欲的描写，很遭一些封建卫道士们的攻击。什么纵欲主义、色情至上、颓废等帽子一股脑儿地向他袭来，使他甚是气愤，进一步而言，他错误地把这些攻击、污蔑他的人都划到文学研究会里边去了，新仇加旧恨，便是随笔《艺文私见》的面世。

《艺文私见》的大意是，文艺是天才家们的创造物，“以常人的眼光来看，终究是不能理解的”，在新闻杂志上主持文艺的批评家都是些假的，不把他们统统送到“清水粪坑里去和蛆虫争食物去”，被他们所压抑的天才终没有“从地狱里升到子午白羊宫里去”的可能。这些咒语，显然是意在文学研究会，其锋刃尤向茅盾、郑振铎。

与郁达夫的《艺文私见》一同刊登在《创造季刊》创刊号上的郭沫若的《海外归鸿》也配合郁达夫，含沙射影地攻击文学研究会。

茅盾、郑振铎看到郁达夫的《艺文私见》和郭沫若的《海外归鸿》，再联想起《纯文学季刊〈创造〉出版预告》，怒火燃起来了。他们心想，一年来他们努力提倡新文学，反对鸳鸯蝴蝶派，介绍外国进步文艺，结果却落个党同伐异和压制“天才”的罪名，实在令人气愤不过。当时又正值20来岁的年纪，血气方刚，受不得半点儿委屈。就在郁达夫的《艺术私见》和郭沫若的《海外归鸿》发表后的第十天，他们开始组织反驳。

文学研究会首先出马向创造社宣战的是茅盾。1922年5月11日，他以笔名“损”发表在《文学旬刊》上的评论《“创造”给我的印象》就是其打头炮。文章一开头便诘难郁达夫在《艺文私见》中关于“天才”的观点，并举出托尔斯泰不满意“法国大天才鲍特莱耳”的事，证明“大批评家不一定和个个大天才如鱼得水”，“自来很少绝无主观的大批评家”，因而天才“难保不被‘压搁’下去”，“一个真正的批评家倒不一定因为屈枉了一个天才而就失其真的资格”。并扬言，中国现在既然“并无所谓批评家，也不见大天才”，所以也就“情愿让郁君骂是假批评家，”也要对创造社诸君的“创造品”说几句类乎“木斗”的话，接着他便自认客观地对《创造季刊》创刊号上的各篇文章谈起了“印象”。

除对郁达夫的批评之外，对张资平、成仿吾、田汉、郭沫若等人的作品，茅盾在其《“创造”给我的印象》中也一一进行了评点论说。在文章的最后，他又不无嘲讽地刺创造社诸人一下。曰：“中国现在青黄未发，真如郁君达夫所说，大家说‘介绍’说‘创造’，本也有两三年了，成绩却很少，大概是人手缺少的缘故。治文艺的尤其少，更是实情。人手少而事情不能少，自然难免有粗制之嫌。所以无论那本定期刊物，内容总不免蹶竭，我们只能存着‘短中取长’的意思，不能认真讲，若一认真，只好什么都不讲了。创造社诸君的著作恐怕也不能竟说可与世界不朽的作品比肩吧。所以我觉得现在与其多批评别人，不如自己多努力，而想当然的猜想别人是‘党同伐异的劣等精神，和卑陋的政客者流不相上下，’更可不必。真的艺术家的心胸，无有不广大的呀。我极表同情于创造社诸君，所以更望他们的努力！更望把天才两字写出在纸上，不要挂在嘴上。这话也许太唐突了，但我确有这感想，而且朋友们中也确有这些同样的感想……”从最后一句话里可知，《“创造”给我的印象》名为茅盾一人所写，但实际上是代表着文学研究会发言的。

茅盾《“创造”给我的印象》发表后，对创造社主要领袖人物刺激是很大的，他们不甘示弱，马上撰文进行反击。郭沫若的《论国内的评坛及我对于创造的态度》《文艺之社会使命》，成仿吾的《新文学之使命》等都是迎战文学研究会的主要作品。

创造社与文学研究会的论战先是就文艺观而言，而后发展到对欧洲文学的介绍和评价，以及翻译诸方面，再往后是越扯越远。

令人蹊跷的是，由郁达夫挑起的创造社与文学研究会论战日趋激烈和白热化的时候，它的主要肇事者郁达夫却悄悄地退出了双方争高论低的战场，积极地谋求双方化干戈为玉帛，共同创建中国新文学之路。

郁达夫虽然诗人气质很浓重，但他对社会、对人生、对朋友还是比较能正视现实，做出公允评价的。他从日本一回国，便狠狠地向文学研究会开了炮，并挑起两个社团之间的激烈论战。可经过一阵认真地观察和冷静地思考，他渐渐地发现，文学研究会的诸公并不像自己所指责的那样“党同伐异”、压抑“天才”、使“艺术之新兴气运，澌灭将尽”，相反的，他们编辑的刊物，发表的文艺批评，还是能主持公道，坚持正义的，为“五四”新文学的发展所做的努力，也是青史可载的。以前自己对他们的批评、攻击多属误解所致。其一，自己寄给《时事新报》副刊的小说稿《银灰色的死》，经过一段时间，毕竟还是刊载出来；其二，自己的处女作《沉沦》遭到封建卫道势力无情挞伐时，多赖于文学研究会诸公的相助，才不至于被淹没。

郁达夫的《沉沦》小说集，从内容到形式都迥然不同于中国的传统小说，因此未出版之先，就受到留日同学背后嘲讽：“这一种东西，将来是不是可以印行的？中国哪里有这一种体裁？”受过资本主义文化洗礼的大学生们尚且这样看待《沉沦》，何况国内那些封建遗老遗少。所以，《沉沦》出版后，很快便陷入四面楚歌的境地，在这时，第一个站出来较为公允评价《沉沦》的，就是文学研究会的中坚——茅盾。

继茅盾对《沉沦》的评论，文学研究会里的另一发起人周作人，也在同年3月的《晨报副镌》上，针对当时社会上和文艺界那些污蔑郁达夫及其《沉沦》的人，提出严厉的批评。他认为，《沉沦》中“虽然有猥亵的分子”在里面包含着，但“并无不道德”的性质存在，尤其是作者所欲表现的现代青年“性”的苦闷和思想上的抑郁症，则更是具有强烈的现实意义和鲜明的时代色彩。

周作人从社会、时代、现实、生理诸方面来探讨《沉沦》中主人公“忧郁症”的渊源、性质及特点，这不仅在当时是十分科学的态度，就是在今天的文艺研究中也仍有许多可取和借鉴之处。

也许在当时的文坛上有了周作人这样的大权威对《沉沦》的赞赏，所以才使得一班诅咒郁达夫“诲淫”造作的人，“稍稍收敛了他们痛骂的雄词”。

通过对这段历史的回顾，郁达夫对文学研究会有了新的认识，很快便消失了对文学研究会怨恨和敌视的情绪，并主动地去和郑振铎等人相接近。当时在沪的朱自清、叶绍钧、张闻天、许地山等文学研究会会员就是他座上的常客。同时，他对创造社与文学研究会的论战，也有较为清醒的认识。1922年7月，他在《〈女神〉之生日》中说道:“中国自从新文化运动开始以后，各人都岌岌于自家的地位与利益，只知党同伐异，不知开诚布公，到了目下，终至演出甲派与乙派争辩，A团与B团谩骂的一种怪现象来。长此以往，我怕几种登载文艺的新闻杂志，都要变成了骂人的机关，将来我们中国的文学，都要变成英国pope时代式的谩骂文学了。”

郁达夫虽然认识到两派相斗、各不相让的危害性，但又苦苦找不出让双方休战的途径。1922年8月，是郭沫若的新诗集《女神》出版一周年之际，按外国文艺界的规矩，是应该举行一次纪念会的，于是灵机一动，也想乘此机会举行《女神》诞生一周年纪念会，以此来沟通两个新文学团体之间的隔阂。

对郁达夫的提议，郭沫若是极表赞同的，开会的前一天晚上，两人又一同到闸北去找郑振铎，请他联络文学研究会的同人一块儿参加。郑振铎不但高兴地答应自己要参加，而且还表示要“多多邀约些文学研究会的同人出席，想借这个机会来组织作家协会”。

经过郁达夫、郑振铎等人的辛勤奔波，由创造社、文学研究会两家共同主办的《女神》纪念会，8月初在上海著名的一品香饭店召开。茅盾、郑振铎、谢六逸、黄庐隐等人都应邀到会。会上，由于文学研究会中的部分会员，对创造社的骨干分子还抱有成见，所以对建立作家协会的倡议未予积极响应，致使这次《女神》庆祝会没有达到预期的目的。

为召开“《女神》纪念会”奔走最力的郁达夫，对文学研究会中的一些人不愿积极合作的态度大为不满，特别是对茅盾在会上“含着敌忾地演说”更为恼火。偏在这时又看到茅盾发表在《小说月报》上的《自然主义与中国现代小说》，又疑心这其中的一些章节片段是讥笑嘲讽他的，于是又愤愤然了。这二者混合交织，便促使他的《血泪》小说的诞生。很明显，这篇小说是专为影射郑振铎、茅盾而作的。

“血和泪的文学”是郑振铎1921年6月针对“吟风啸月”的消遣文学提出来的，他希望作家能把笔触伸向社会的底层，去反映被压迫、被损害者的痛苦和心声。这在当时是具有一定的现实和进步意义的。然而它却正和创造社所提倡的“为艺术而艺术”的文艺观相佐，再加之郁达夫等人的小说又多是以男女间的情感为线索，所以引起创造社诸君，特别是郁达夫的反感是在情理之中的。“《女神》纪念会”上茅盾等人不甚积极合作的态度，是导致郁达夫反感情绪总爆发的火线。小说《血泪》中有这样一段描写：

> 我的同乡替我们介绍之后，他又对我斜视了一眼，才从他那青灰布的长衫里摸了一张名片出来。我接过来一看，上边写着“人生艺术主唱者江涛，浙江”的几个字，我见了浙江两字，就感觉

着一种亲热的乡情，便问他说：

“江先生也是在大学文科里念书的么？”他又斜视了我一眼，放着他那同猫叫似的喉音说：

“是的是的，我们中国的新文学太不行了。我今天《晨报》上的一篇论文你看见了吗？现在我们非要讲为人生的艺术不可。非要和劳动者贫民表同情不可。他们西洋人在提倡第四阶级的文学，我们若不提倡第五第六阶级的文学，怎么能赶得他们上呢？况且现在中国的青年都在要求有血有泪的文学，我们若不提倡人生的艺术，怕一般青年就要骂我们了。”

明眼人一看便知这是讽刺郑振铎和茅盾的。

《血泪》在1922年8月中旬的上海《时事新报》上发表后，郑振铎、茅盾等人也似乎窥探到作者的意图，但为了刚刚建立起来的友情，故没有再进行以牙还牙的论战。这之后，郁达夫再也没有与文学研究会发生过文学论战，而且关系也日趋好转。

除与胡适等人及文学研究会的诸君子进行激烈论战之外，创造社的自身建设也是郁达夫、郭沫若、成仿吾等人所面临的重大考验。

为创造社的辉煌，郁达夫等人历经艰难险阻和惊涛骇浪，才到达胜利彼岸。

发起创造社的郁达夫、郭沫若、成仿吾、张资平、田汉等人，个个都是时代的顶尖级人物，人人都是满腹经纶、才华横溢。要将他们的思想统一起来，大家步调一致的去开创未来，实在是太难了，稍有不慎，便会引起社团的四分五裂，甚至解体。如田汉，就因《咖啡店之一夜》在排版校对上有误，差一点没和郁达夫闹翻。

《创造季刊》创刊号出版时，由于泰东书局校对员的疏忽，再加上编辑者的经验不足，曾出现不少技术上的错误，尤其是田汉的剧作《咖啡店之一夜》错处更是举不胜举。这样，年轻气盛、自尊心很强的田汉便疑心编者郁达夫改纂了他的原稿，“有意要陷落他，毁伤他在国内的名誉”。严厉地督促郭沫若去替他向郁达夫索回原稿，“要在别的刊物上再行发表”。

事实证明，郁达夫对田汉的《咖啡店之一夜》除为保持杂志的统一，“把那密圈胖点删除了之外，丝毫没有更改”。经过郭沫若的调解，田汉对郁达夫的误会消除，此后两人一直保持着密切友好的关系。

郭沫若在泰东书局查对完《咖啡店之一夜》的原稿，时光已近傍晚，吃过饭，郭沫若便约郁达夫一块儿去四马路泰东书局门市部询问《创造季刊》的发行情况。过足烟瘾的书局老板赵南公听了他俩的问话，不冷不热地答道：“初版二千部，还剩有五百部的光景。”这极平常的一句话，他们二人听后却感到异常的悲哀。悲国内的文艺界像一潭死水样的寂寞、冷清，哀同胞们对新文艺竟是如此的麻木无知，偌大的一个上海市似乎只有他俩的“幽灵”还在回荡、徘徊……禁不住这孤独的悲哀，郁达夫一把拉住郭沫若冲出门市部，直奔街上的酒店。一连在两家酒馆痛饮都没有得到满足，到第三家时，直将喝完的“酒壶摆满了一方桌，顺次移到邻接的空桌上去，终于把邻桌也摆满了”时方才罢休。借着窗外满月的光辉，望着“桌上的酒壶的森林”，他们几乎是同时发出：“我们是孤竹君之二子呀！我们是孤竹君之二子呀！结果是只有在首阳山上饿死……”的呼声。从酒馆出来，两人相互搀扶着，踉踉跄跄地由四马路返回寓所。

郁达夫、郭沫若都是心气很高、希冀很大很远的“精英”。《创造季刊》初版二千部，短短的时间内就卖掉一千五百部，这对出版商家或别的编辑们来说，已是很满足和快活了，然而这在他们心里面却是耻辱和悲哀。

为创造社的宏伟大业，也是为梦寐以求的理想早日实现，郭沫若、成仿吾、郁达夫决定，汇聚黄浦头，重铸理想。

郁、郭、成三人携手泰东书局期间，是创造社最辉煌、最鼎盛时期。除《创造季刊》外，他们还决定出版一种形式更为灵活，周期也较短的新型刊物《创造周报》。

继《创造周报》出版成功，随之《创造日》也诞生。

《创造季刊》《创造周报》《创造日》鼎足而立，遥相呼应，争相生辉，一时间把创造社推向巅峰。陈翔鹤后来回忆说：自从《创造周报》出版以后，青年人对创造社诸人的崇敬和喜爱，不觉便更加强烈起来。这从每到星期日，在上海四马路泰东书局发行部门前成群结队的青年学生来购买《创造周报》的热烈，便可窥得一个梗概。

青年读者的热情欢迎，正是对创造社诸人辛苦劳动的最高报偿。

也许精力过于充沛旺盛的缘故吧，这期间忙是很忙，但他们的创作并没有懈怠，而且欲火也烧得特别的旺。像郁达夫的《还乡记》《苏州烟雨记》等脍炙人口的名篇佳作就是这期间完成的。郭沫若在《创造十年》中深情地回忆说："达夫那时怕是创作欲最旺盛的时候，他的笔调很快，仿着日本式的新闻连载小说的办法，文稿是每天写一段，写好便拿去付排。"

留学归国第一年

1922年7月20日，郁达夫正式结束十年的留学生涯，从日本的神户搭船回国。

与众多学子一样，郁达夫留学归来，是满怀无限期望的，雄心勃勃地想在朝思暮想的故国，干出一番轰轰烈烈的大事业。然而，军阀混战，百业凋敝，民不聊生的祖国，并没有张开双臂去热烈地拥抱郁达夫——这位学贯中西、一肚子救国救民理想的年轻学子。

明清皇都——北京，是发展仕途，平步青云，登高远望的好去处，但朝中无达官贵人可攀附，又没有"爬乌龟"、钻"狗洞"的本领，只有"心仪"仰望，而不敢去涉足。

十里洋场——上海，商贾云集，财源滚滚，若能跻身其间奋力一搏，说不准也能腰缠万贯，骑鹤下扬州，更何况郁达夫在大学读的是经济学。

按道理，他是应该到商界、金融界去问鼎、去发展的。但是，他放弃了这条既能发挥他专长，又能使他发家致富的康庄大道。

出乎所有人的预料，郁达夫选择了教书传薪火、著书育新人的荆棘之路，同时也埋下了他一生颠沛流离、多灾多难的种子。终其一生，他是无怨无悔的。

1923 年 9 月，正是秋高气爽、万物丰收的季节，掸去征尘的郁达夫，携带身怀六甲的妻子孙荃，再度来到安庆法政专门学校任教。

一年前，郁达夫首次到安庆时，那场驱逐反动省长、禁止日货上市的风潮刚刚平息，人们激动的心尚在怦怦跳动，就连大自然里的景物也仿佛弥漫、散发着新鲜的气息。

一年后，郁达夫重新来到这里时，一切又恢复到了过去的老样子，沉寂、郁闷、萧条、冷落，甚至连万古不变的空气里也处处给人以压抑、窒息的感觉。

郁达夫一年前初来这里时，是尚未出茅庐的学子，在文坛上也未露头角。而一年后他再度来这里执教鞭时，摇身一变，已是创造社的中坚，大名鼎鼎的新文学家。

《秋柳》中的一段描写，很真实地道出郁达夫在当时进步学生中的声望和影响。

> 那一天午后，天气忽然开朗起来。悠悠的青天仍复蓝碧得同秋空一样。他看看窗外的和煦的冬日，心里总觉得怎么也不得不出去一次。但是一进城去，意志薄弱的他，又非要到金钱巷去不可。他正在那里想得无聊的时候，忽听见门房传进了几个名片来。他们原来是城内工业学校和第一中学校的学生，正在发行一种文艺旬刊，前几天曾与质夫通过两次信的。质夫一看了他们的名片，觉得现在的无聊，可以消遣了，就叫门房快请他们进来。
>
> 几个青年，都是很有精神，质夫听了他们那些生气横溢的谈话，觉得自家惭愧得很。及看到他们的一种向仰的样子，质夫真

想跪下去，对他们忏悔一番：

“你们这些纯洁的青年呀！你们何苦要上我这里来。你们以为我是你们的指导者么？你们错了。你们错了。我有什么学问。我有什么见识。啊啊，你们若知道了我的内容；若知道了我的下流的性癖，怕大家都要来打杀我呢！我是违反道德的叛逆者，我是戴假面的知识阶级，我是着衣冠的禽兽！”

他心里虽在这样的想，面上却装了一副严正的样子，和他们在那里谈文艺社会各种问题。谈了一个钟头，他们去了。质夫总觉得无聊，所以就换了衣服跑进城去。

原来A城里有两个研究文艺的团体，一个是刚才来过的这几个青年的一团，一个是质夫的几个学生和几个已在学校卒业在社会上干事的人的团体。前者专在研究文艺，后者是带有宣传文化事业的性质的。质夫因为学校的关系和个人的趣味上，与后者的一团人接触的机会比较多些，所以他们的一团人，竟暗暗里把质夫当作了一个指导者。近来质夫因为放荡的结果，许久不把他们一团人摆在心里了，刚才见了那几个工业和一中的青年学生，他心里觉得有些对那一团人不起的地方，所以就打算进城去看看他们。

《秋柳》中的这段描写，与郁达夫的“现实”生活是完全吻合的，原汁原味，没有太多虚构的成分在里面。

在追求进步、倾向革新、热爱自由的青年人眼中，郁达夫是他们顶礼膜拜的偶像，而在封建礼教卫道者们的视野里，郁达夫则是个诲淫诲盗、十恶不赦的教唆犯，其作品则如洪水猛兽，祸害无穷。他们时时处处都在用异样的目光盯着郁达夫，使他感到如芒在背，痛苦万分。

精神上受压抑，生活上处处不如意，很自然地要影响到夫妻之间的关系。“贫贱夫妻百事哀”嘛！

对与孙荃的结合，说起来郁达夫并不十分的乐意，婚前，没有柳荫之下、鲜花丛中送秋波的浪漫情调；婚后，也没有酝酿出恩恩爱爱、如胶似漆的韵味。偶尔鸿雁传书、诗词唱和，多少也能增加点情趣，慰藉一下各自孤独寂寞的心怀。那种因“距离”产生的美，一旦化为乌有，固有的各种矛盾也就随之而出。在小说《茑萝行》中，他对这时期的夫妻情感曾有过记述：

我去年暑假郁郁的在家里和你住了几天，竟不料就会种下一个烦恼的种子的。等我们同到了A地将房屋什器安顿好的时候，你的身体已经不是平常的身体了。吃几口饭就要呕吐。每天只是懒懒的在床上躺着。头一个月我因为不知底细，曾经骂过你几次，到了三四个月上，你的身体一天一天的重起来，我的神经受了种种刺激，也一天一天的粗暴起来了。

第一因为学校里的课程干燥无味，我天天去上课就同上刑具被拷问一样，胸中只感着一种压迫。

第二因为我在杂志上发表了一篇旧作的文字，淘了许多无聊的闲气。更有些忌刻我的恶劣分子，就想以此来作我的葬歌，纷纷的攻击我起来。

第三我平时原是挥霍惯了的，一想到辞了教授的职后，就又不得不同六月间一样，尝那失业的苦味。况且现在又有了家室，又有了未来的儿女，万一再同那时候一样的失起业来，岂不要比曩时更苦。

我前面也已经提起过了，在社会上虽是一个懦弱的受难者的我，在家庭内却是一个凶恶的暴君。在社会上受的虐待，欺凌，侮辱，我都要一一回家来向你发泄的。可怜你自从去年十月以来，竟变了一只无罪的羔羊，日日在那里替社会赎罪，作了供我这无能的暴君的牺牲。我在外面受了气回来，不是说你做的菜不好吃，就骂你是害我吃苦的原因。我一想到了将来失业的时候的苦况，神经激动起来的时候每骂着说：

“你去死！你死了我方有出头的日子。我辛辛苦苦，是为什么人在这里作牛马的呀。要只有我一个人，我何处不可去，我何苦要在这死地方作苦工呢！只知道在家里坐食的你这行尸，你究竟是为了什么目的生存在这世上的呀？……”

你被我骂不过，就暗哭起来。我骂你一场之后，把胸中的怨愤发泄完了，大抵总立时痛责我自家，上前来爱抚你一番，并且每用了柔和的声气，细细的把我的发气的原因——社会对我的虐待——讲给你听。你听了反替我抱着不平，每又哀哀的为我痛哭，到后来，终究到了两人相持对泣而后已。像这样的情景，起初不过间几日一次的，到后来放年假的时候，变了一日一次或一日数次了。

唉唉，这悲剧的发生，不知究竟是结婚的罪恶呢？还是社会的罪恶？若是为结婚错了的原因而起的，那这问题倒还容易解决；若因社会的组织不良，致使我不能得适当的职业，你不能过安乐的日子，因而生出这种家庭的悲剧的，那我们的社会就不得不根本的改革了。

从 1922 年 9 月到翌年的 2 月初，虽然只有短短 5 个月的光阴，但这毕竟是他们婚后相聚最长的一段日子，尽管有诸多矛盾，诸多不尽如人意，总体上来说还是快乐多于哀愁、幸福大于忧伤。

值得欣慰的是，在安庆期间，他们的长子龙儿出世，这为他们阴暗潮湿、多雨多风的夫妻生活增添了许多亮点。

有了龙儿，纤弱多情、孤苦无依的孙荃，总算有了精神寄托，她把满腔的热爱都倾注给这幼小的生命。

也是因为有龙儿，一向郁郁寡欢，并多少有点儿神经质的郁达夫，一改过去嗜烟嗜酒如命的恶习，重新燃起希望的火种，挥鞭跃马，精神抖擞，再度杀向“五四”文学新战场。10 月，独幕剧《孤独的悲哀》完稿，11 月，被郭沫若称之为“拍案惊奇”之作的历史小说《采石矶》一挥而就，又同月小说《春潮》发表。

偏居东南一隅的安庆，无论是经济，还是文化，相对北京、上海而言都落后得多，就连信息也十分闭塞。

郁达夫任教这里时，满清王朝虽已被推翻十年有余，“共和国”的总统、总理也换了许多任，但封建势力、复古暗流，仍此消彼长，循环往复。

满脑子新思想、新观念的郁达夫，自然是看不惯这些污泥浊水的，更不屑于与那些封建遗老遗少们为伍。

无疑，大大小小恶势力的代表，封建残渣余孽也视郁达夫为“异类”，冷嘲热讽，明挤暗兑，千方百计要将他赶出去。

到安庆教书，本不是郁达夫心中所愿，只不过为生活所迫，才不得已而为之。经历了这么多的风风雨雨和无数的磨难，使他更加心灰意冷。学期一结束，便不再续聘。

离开安庆，对郁达夫来说，算是跳出“笼城”，从今往后，再也不受上课下课时间的约束，再也不用看心怀鬼胎者的白眼，如今自由自在，想干什么就干什么。

但有谁会知道，刚从旧的“笼城”跳出，新的“笼城”又张着网在等待他的钻入。

郁达夫 1923 年初辞去安庆的教职后，先是到北京的长兄曼陀先生家小住一阵，紧接着又回故乡侍奉病重的祖母，4 月 3 日料理完祖母的丧事，便携孙荃夫人及龙儿前往上海，与郭沫若一家同住泰东书局编辑所。

郁达夫跳进新“笼城”的起因，郭沫若在《创造十年》中有记载。

不久达夫带着他的夫人和龙儿和一个丫头由安庆回到上海来了，他是因为甚么事情卸了职，我现在已经记不清楚了。因此，那时的达夫要算是失了业的人，我们觉得他很值得同情。说也奇怪，我自有生以来不知道就过甚么业，偏在同情达夫的“失业”。有一天我们三个人聚集在民厚南里，在谈笑之间决定了一个路线，便是过“笼城生活”。仿吾的那封介绍信不投交，我的著译契约也不缔订。可怜的那几个封建余孽！他们竟想把民厚南里当成首阳山；不过那时候已经不止是伯夷、叔齐，而是加上仲雍了。

决定了过笼城生活之后，第二步便决定出《创造周报》。商议地点是在马霍路的楼上，达夫那时是住在那儿的，写出了他那篇不朽的《茑萝行》。那个提议的首倡者是达夫、还是仿吾，我现在不记清了；总之不是我，我是可以断言的。路线一决定之后执行得却很勇猛。达夫在四月下旬回富阳去了，我们没有等他，赶在五月一号便出版了第一期《周报》。所以要赶着在五月一号出版的，与其说是为要纪念劳动节，宁可说是为要纪念创造社的满了一个周年。——《创造季刊》的创刊号千巧万巧地是挨到了一九二二年的劳动节日才出版的，这却成了创造社的意外的一个光荣纪念。特别是仿吾，他把这个日期看得分外有光辉。

“笼城生活”时期，因郭沫若、郁达夫、成仿吾三人都一同在上海拼搏，所以，这个时期是创造社最辉煌和最具影响的黄金岁月。《创造季刊》《创造周报》《创造日》三足鼎立如日中天，一度风靡大江南北，众人争相传阅，纷纷说“创造”。

郁达夫和孙荃在上海“笼城生活”时留下的文字记录不多，但从郁风的《三叔达夫——一个真正的“文人”》中却可寻出一鳞半爪来。

据郁风回忆，新中国成立后，她回故乡省亲时，三婶孙荃曾给她讲了这样一段“笼城生活”时期的故事。

她对我说，有一年她和达夫带着刚两岁的龙儿从安庆法政专校卸了职回到上海，那时郭沫若也刚刚把日本夫人安娜接到上海住，还有成仿吾，都为达夫的失业担心。其实他们都没有职业收入，搞创造社靠泰东书局的赵老板支一点稿费，但是他们三人经常在一起谈得哈哈大笑穷开心。有一天在郭沫若的住所，哈同路民厚南里一间不大的前楼里挤了十来个人，要她帮忙弄饭吃，因为成仿吾从湖南带来一大块腊肉，日本夫人不会做，于是三婶就下了厨房，可是要用盐用油和日本夫人讲不通话，全靠郭沫若跑出跑进当翻译。三婶笑着说："你知道他们吃的是什么菜呀？什么也没有！买来几十个鸡蛋，叫我一个一个煎荷包蛋，那块腊肉蒸熟了，切开来就一人一块的用手抓来吃！"她说她当时心里好笑，长这么大也没见过这样请客的。她一面说一面笑得前仰后合，五十多年前的这一幕就象昨天的事一样，她的清瘦苍白的脸也泛出红晕。

她还说就在他们住在马霍路时，奶奶（我的祖母）也从富阳来上海住了一向，有一天郭沫若来看达夫，谈起四川家里汇过三百块钱给他叫他回去，可他犹豫不定。奶奶竟当面训斥他，说老母亲一定在天天盼望，不回去看看是不应该的。

"笼城生活"开始不久，郁达夫因忙于编刊物、搞创作，及其参与繁重的社会活动，已没有一点儿余暇顾及自己的小"家"了；另外，经济上的捉襟见肘，也不允许孙荃和龙儿在消费昂贵的大上海立足，于是，他痛苦地做出抉择，送她们母子回故乡，孑身一人留在上海，继续他和郭沫若等人的"创造"梦。

《茑萝行》首章表现的就是郁达夫送孙荃母子回故乡时的痛苦、辛酸和无奈。

同居的人全出外去后的这沉寂的午后的空气中独坐着的我，表面上虽则同春天的海面似的平静，然而我胸中的寂寥，我脑里的愁思，什么人能够推想得出来？现在是三点三十分了。外面的马路上大约和暖的阳光夹着了春风，在那里助长青年男女的游春的兴致；但我这房里的透明的空气，何以会这样的沉重呢？龙华附近的桃林草地上，大约有许多穿着时式花样的轻绸绣缎的恋爱者在那里对着苍空发愉乐的清歌；但我的这从玻璃窗里透过来的半角青天，何以总带着一副嘲弄我的形容呢？啊啊，在这样薄寒轻暖的时候，当这样有作为的年纪，我的生命力，我的活动力，何以会同冰雪下的草芽一样，一些儿生长不出来呢？啊啊，我的女人！我的不能爱而又不得不爱的女人！我终觉得对你不起！

计算起来你的列车大约已经好过松江驿了，但你一个人抱了小孩在窗里呆看陌上行人的景状，我好像在你旁边看守着的样子。可怜你一个弱女子，从来没有单独出过门，你此刻呆坐着在车里，大约在那里回忆我们两人同居的时候，我虐待你的一件件的事情了吧！啊啊，我的女人，我的不得不爱的女人，你不要在车中滴下眼泪来，我平时虽则常常虐待你，但我的心中却在哀怜你的，却在痛爱你的，不过我在社会上受来的种种苦楚，压迫，侮辱，若不向你发泄，教我更向谁去发泄呢！啊啊，我的最爱的女人，你若知道我这一层隐衷，你就该饶恕我了。

唉，今天是旧历的二月二十一日，今天正是清明节呀！大约各处的男女都出到郊外去踏青的，你在车窗里见了火车路线两旁郊野里在那里游行的夫妇，你能不怨我的么？你怨我也罢了，你倘能恨我怨我，怨得我望我速死，那就好了。但是办不到的，怎么也办不到的，你一边怨我，一边又必在原谅我的，啊啊，我一想到你这一种优美的灵心，教我如何能忍得过去呢！

《茑萝行》中的这段描写，可看作是郁达夫“笼城生活”时期，生活、工作和思想情感、夫妻关系的全记录。

孙荃夫人携龙儿离开上海回故乡的情景，她在致郁达夫的信里表述得很是清楚。

我从来没有一个人单独出过门，那天晚上，我对你说的让我一个人回去的话，原是激于一时的意气而发，我实不知道抱着一个六个月的孩子的妇人的单独旅行。是如何苦法。那天午后，你送我上车，车开之后，我抱了龙儿，看看车里坐着的男女，觉得都比我快乐。我又探头出来，遥向你住着的上海一望，只见了几家工厂，和屋上排列在那里的一列烟囱。我对龙儿看了一眼，就不知不觉的涌出了两滴眼泪。龙儿看了我这样子，也好像有知识似的对我呆住了。他跳也不跳了，笑也不笑了，默默的尽对我呆看。我看了这种样子，更觉得伤心难耐，就把我的颜面俯上他的脸去，紧紧的吻了他一回。他呆了一会，就在我的怀里睡着了。

“火车行行前进，我看看车窗外的野景，忽而想起去年你带我出来的时候的景象。啊啊！去岁的初秋，你我一路出来上A地去的快乐的旅行，和这一回惨败了回来的情状一比，当时的感慨如何，大约是你所能推想得出的。”

“在江干的旅馆里过了一夜，第二天的早晨，我差茶房送了一个信给住在江干的我的母舅，他就来了。把我的行李送上轮船之后，买了票子，他又来陪我上船去。龙儿硬不要他抱，所以我只能抱着龙儿，跟在他后面，一步一步的走上那骇人的跳板；等跳板走尽的时候，我本想把龙儿交给母舅，纵身一跳，就跳入钱塘江里去的。但是仔细一想，在昏夜的扬子江边还淹不死的我，在白日的这浅渚里，哪里能达到我的目的？弄得半死不活，走回家去，反而要被人家笑话，还不如忍着吧。

“我到家以后，这几天来，简直还没有取过饮食，所以也没有气力写信给你，请你谅我。……”

——郁达夫《还乡后记》

这封信出现在郁达夫作品里时，无疑是经过作者的润色加工，带有明显郁达夫式的腔调，然而其内容和情感应该是写真的。

1923年10月，小说、散文集《茑萝行》作为“辛夷小丛书”第三种由泰东书局出版时，郁达夫作新诗一首赠与孙荃。

风雨晦明之际，
作我的同伴，作我的牺牲，
安慰我，奉献于我的女人。
你这可怜的自由奴隶哟！
请你受了我这卑微的献纳吧！
在这几张纸上流动着的，
不知是你的泪呢？还是我的血？
总之我们是沉沦在
悲苦的地狱之中的受难者，
我们不得不拖了十字架，
在共同的运命底下，
向永远的灭亡前进！
这几张书就算了你我在途中
为减轻苦闷的原因，
偶尔发的一声叹息吧！

——奉献于我的女人

前路迷茫

1923年初，郁达夫从安庆辞去教职，将妻儿安顿在富阳老家后，曾到北京长兄曼陀先生处小住一段。

在北京，他首先拜见了仰慕已久的周氏二兄弟——周作人、鲁迅。周氏二兄弟既是“五四”新文学界的泰斗，又对郁达夫十分友好。1921年10月，郁达夫《沉沦》出版后，来自封建阵营里的“枪林弹雨”，几乎将他彻底摧毁，是周作人的力排众议，大声疾呼，无私援助，才使他从困惑和迷茫中解脱出来。

基于这个原因，郁达夫一到北京，便致信周作人请求到府上拜访，当面聆听教诲。果然如郁达夫所想象的那样，周氏兄弟真的具有一代宗师的风范，温文尔雅，谦谦有礼，学识渊博，道德高尚，思想进步，眼光敏锐。

与周氏兄弟首次相见，便给郁达夫留下极其美好的印象。后来，他向陈翔鹤等青年朋友谈起鲁迅时还对他们初次相见时的感受津津乐道。

与周氏兄弟的北京相见，对郁达夫来说十分重要，它奠定了日后郁达夫来北京谋生求发展的基础，同时也拉开他第一次婚姻悲剧的序幕。

是在北京，郁达夫与孙荃有了真正属于他们自己的“家”，同样也是在北京，郁达夫又亲手毁掉曾一度给他幸福和快乐，也一度使他伤心不已的“家”。

1923 年 10 月初，郁达夫决定离开创造社诸君，北上谋求新的生活。

郁达夫离沪北上的原因很复杂，简单地说主要有两点。一是政治迫害的因素；二是经济困窘的结果。

是啊，他们自揭竿而起以来，真的是太辛苦，太劳累了。先是和胡适等人就余家菊的《人生之意义与价值》一书的“误译”，展开“夕阳楼”大论战，接着是与文学研究会的茅盾、郑振铎等人就“血和泪”的内涵，及其文艺创作观进行激烈辩论。

张东荪等“国家主义派”，吴稚晖等右翼国民党元老，“诗哲”徐志摩，以及“闲话”制造者陈西滢等，也都先后站在胡适一边，齐声呐喊，围攻“创造社”，抨击他们的“浪漫主义”文学观。

山雨欲来风满楼，黑云压城城欲摧。创造社诸君处处感到受压抑，大有四面楚歌之感。

与之政治上受压抑、遭围攻相比，经济上的困窘则更使郁达夫等人痛苦和难以忍受。

据郭沫若的《创造十年》等文章回忆，他们为泰东书局编刊物，出辛夷小丛书之初，老板赵南公并没有事先约定薪水和报酬之类的事，而是凭自己的兴趣、心情以及他们提出的要求，随意“施舍”。

郁达夫在《离散之前》里，对他们经济上的困厄和艰难处境，也有过痛心疾首地描述。

> 他们的杂志著作的发行者，起初是因他们有些可取的地方，所以请他们来，但看到了他们的去路已经塞尽，别无方法好想了，就也待他们苛刻起来。起先是供他们以零用，供他们以衣食住的，后来用了釜底抽薪的法子，把零用去了，衣食去了，现在连住的地方也生问题了。原来这一位发行者的故乡，大旱大水的荒了两年，所以有一大批他的同乡来靠他为活，他平生是以孟尝君自命的人，自然要把曾邝于的三人和他的同乡的许多农工小吏，同排在食客之列，一视同仁的待遇他们。然而一个书籍发行业的收入，究竟有限，而荒年乡民的来投者漫无涯际，所以曾邝于三人的供给，就不得不一日一日地减缩下去。他们三人受了衣食住的节缩，身体都渐渐的衰弱起来了。……

对郁达夫等人脱离泰东书局，另谋出路的原因，郑伯奇在《忆创造社》一文里，也有着和郭沫若、郁达夫相同的说辞。

对郁达夫的孑身一人北上，郭沫若是不赞成的。他认为，“到北大去当讲师，在那儿的分门别户的几种既成的势力之下没有发展他的才力的可能；又因为他是创造社的一根撑天柱，他一走了，《季刊》《周报》《创造日》便很难维持”。（郭沫若《创造十年》）

郭沫若所言自有其道理，然而，郁达夫的北上却也是无奈之举。“北京空气的如何腐劣，都城人士的如何险恶”，他早已领教过，而且还有着入木三分的认识，“上北京来本来是一条死路”。这一点他也是很清楚的，但老住在上海，任其“精神肉体，同时崩溃”，也实在于心不忍，所以，他下了绝大的决心，毅然离开“本来不应该分散而实际上不分散也没有办法”的创造社诸君子，独自北上寻求新路，借此机

会“转换转换空气，振作振作精神”。（郁达夫《一封信》）

20世纪初叶的北京，虽然经济上落后于南方沿海各省，商业上也不像上海那样繁荣灿烂，但它在政治、教育等方面仍不失为全国的中心，在新文化上也是绚丽多姿，领导着全国新潮流。

初来乍到时，郁达夫也的确很是新鲜了一阵子。

首先在这里能经常与周氏兄弟等新朋旧友，交流信息，沟通感情，憧憬未来，前途一片光明。

其次，京城里有一批醉心新文学、积极向上而又对郁达夫十分敬仰的青年学子，很快便聚集在他的身边，彼此相互交流，取长补短，一同前进。

郁达夫对青年学生是很随和的，没有一点架子，随时随地都能侃侃而谈，无拘无束，与学生没有半点儿高低贵贱、尊卑长幼之分，有的全是真诚和坦率。冯至在《相濡与相忘——忆郁达夫在北京》里的回忆是：

> 有时郁达夫和我们不期而遇，便邀我们到任何一个小饭馆里小酌。我难以忘记的是一个晚春的夜里，断断续续地下着迷蒙的小雨，他引导我们在前门外他所熟识的酒馆中间，走出一家又走进一家，这样出入了三四家。酒，实际并没有喝多少，可是他的兴致很高，他愤世嫉俗，谈古论今，吟诵他的旧作“生死中年两不堪，生非容易死非甘。……”直到子夜后，大家才各自散去。

其三，郁达夫到北京后，与兄嫂住在一起，一方面享受着家庭的天伦之乐，另一方面有长兄的耳提面命，他在学问上也是大有长进。他的侄女郁风在《三叔达夫——一个真正的“文人”》一文中的回忆是：

> 一九二三年的秋后，达夫从上海到北京应北大之聘，每周教两小时的统计学。最初三婶没来，他就一个人住在我们家。那时，

我父亲在大理院做推事，住在西城巡捕厅胡同一所四合院里。

算起来那时我只是七岁多的女孩，梳着两条长辫子，开始读小学三年级。我们对三叔的称呼很特别，竟然是用中日文合起来叫“三GIGIA”，也不知最初是父亲还是母亲教的，后来就一直这样叫，但也只限于三叔和二叔“二GIGIA”。

对三“GIGIA”的印象是特别深的。因为他经常喜欢带我去河沿散步。……我记得我是多么喜欢跟三GIGIA出城遛弯儿，过了摆渡一走上了河边一排杨柳堤岸的潮润的硬地上，我撒开他牵着的我的手就飞跑起来，觉得开心极了，自由极了，三GIGIA呢，就喊着我的小名，咯咯的笑，跑来追我，我绕着树来回跑，跑下堤岸的青草斜坡，他嚷着当心掉下河去。被他追上了就捉牢不放，按倒在草地上坐下来，有时还吓唬我要把我推下河去。然后他拿出在路上买的花生米来吃，有时袋里还带一小瓶白干儿酒。河边有附近的农民钓鱼，他就和他们聊起天来，谈今年的收成，问他们家的人口。我才知道他们钓鱼并不是自己吃的，而是去卖点钱换些油盐。有一回我们看到一个老头真的钓起一条鱼来，三GIGIA问他要了带回家去，我不记得他给了多少钱，只记得回到家里，母亲一听说那数目就说：那么贵呀！

直到夕阳挂在柳树梢上，晚霞把河水染红的时候，他才牵了我的手慢慢走回家去。有时他喝过两口酒，脸和眼睛都有些红，用沙哑的嗓子一路摇摆着唱起老生腔的京戏来，那声音凄怆哀痛，我害怕他象是要大声哭出来。

冬天来了，西北风吹得窗纸嗖嗖作响，……三GIGIA仍然带我到河边去，已经用不着摆渡，我们就在冰上走，看着岸上的枯树在冷风里摇晃，看着工人们凿出四方的大冰块，用力猛推一下，冰块滑到岸边，再把它运进冰窖储藏起来。我最喜欢的是坐上冰船儿，其实是一个大木床，下面有两根铁条，人拉着跑几步就坐上来，冰船就飞快的在冰上滑行，这样可以走得好远，直到西直门。

坐上冰船，三 GIGIA 总是把他的大围巾拿下来盖在我腿上。

到北京后，新的生活环境，新的文化氛围，新的亲朋好友，自然为郁达夫的生活增添了许多亮色。

然而，这些“亮色”并没有从根本上改变他那孤独寂寞的内心世界。究其原因是多方面的，但从根本上来说，还是由大的政治社会背景所致。

抛妻别子，远离故乡和战友，孤身一人从上海到北京来任教的郁达夫，本想在这“五四”新文化的发祥地，人才荟萃的故都，与他平素所敬佩的《新青年》的诸编辑和撰稿人，一块儿切磋艺术，探讨人生的真谛，共同肩负起文艺救国的伟大使命，殊不料，等到他满怀希望地从江南赶来时，这里“四海翻腾云水怒，五洲震荡风雷激”的岁月早已成为光荣的历史，他所敬佩的胡适、周作人、刘半农、钱玄同等《新青年》的编辑和撰稿人，也是转向的转向，远遁的远遁。此情此景，使郁达夫陷入了迷茫和悲哀的境地，两个月后他向郭沫若、成仿吾等人报告自己的心情道：“到北京之后，竟完全一刻清新的时间也没有过，只是沉沉落下。”环境的恶劣，心情的不佳，伴随而来的便是无穷无尽的无聊和苦闷。有时为排遣这无聊和苦闷，他想了许多种方法，如把来访的朋友送出门之后，马上跑到屋里把最心爱的东西故意毁成灰烬，使心里不得不起一种惋惜的幽情来，而这种幽情产生起来后，无聊和苦闷也就可以暂时忘却。

时隔不久，他在致郭沫若、成仿吾的另一封信——《一封信》中，曾记述了这样一件事：

到北京之后的第二个礼拜天的晚上，正当我这种苦闷情怀头次起来的时候，我把颜面伏在桌上动也不动的坐了一点多钟。后来我偶尔把头抬起，向桌子上摆著的一面蛋形镜子一照，只见镜子里映出了一个瘦黄奇丑的面形，和倒覆在额上的许多三寸余长、乱蓬蓬的黑发来。我顺手拿起那面镜子向地上一掷，拍的响了一声，镜子竟化成了许多粉末……我呆呆的看了一忽，心里忽起了一种惋惜之情，几刻钟前，那样难过的苦闷，一时竟忘掉了。自从这一回后，我每于感到苦闷的时候，辄用这一种饮鸩止渴的手段图一时的解放……

在这样一种情怀下谋生的郁达夫，哪里还会有什么事业和理想可言，情感、意识、欲望以及生的信念和理想的追求到这时也都“完全消失了”。

记得郭沫若在《创造十年》中曾经这样说过，“创造”时代的郁达夫，其勇猛无畏并不亚于有“黑旋风李逵”之称的成仿吾。炮轰新文坛偶像胡适，鏖战传统的封建文化势力和鸳鸯蝴蝶派，提倡文学上的阶级斗争，郁达夫都是一马当先，冲杀在前的。但到北京大学任教时，昔日的勇气和光荣都被颓废的情感代替了，别说让他披挂上阵向旧世界和封建军阀及文坛上的谬种妖孽进行斗争，就连曾一度被视为终生事业的“文学创作”也开始厌弃，总觉得自己是一个于社会无用，于家无益的“零余者”。1924 年正月十五，他在一篇名为《零余者的自觉》中自我描写道：“——我的确是一个零余者……第一，我对于世界是完全没有用的……我这样生在这里，世界和世界上的人类，也不能受一点儿益处；反之，我死了，世界社会，也没有一点儿损害，这是千真万真的。……第二，且说中国吧！对于这样混乱的中国，我竟不能制造一个炸弹，杀死一个坏人。中国生我养我，有什么用处呢？……第三且说家庭吧！……我对于家庭有什么用处呢？我的女人，我不去娶她，总有人会去娶她的；我的小孩，我不生他，也有人会生他的，我完全是一个无用之人吓，我依旧是一个无用之人吓！”

憎恶污浊的社会现实，深感于被压迫的痛苦，却又无能力去改变它，也没有勇气去与压迫者进行抗争，长此以往，也就很自然地会感觉到自己是一个于社会无用、于家无益的“多余人”。

在令人窒息的恶劣环境的困扰下，在“多余人”的思想情感的支配下，将郁达夫这个只具有朴素爱国主义思想和民主意识的小资产阶级知识分子逼上了消沉、颓废的一途——在生活上放浪形骸，寻求物质的或异性的刺激；在艺术上则玩味“凄切的孤单”的情感，努力去探索“颓废美”的内涵和外在的表现形式。

无论是听郁达夫本人自述，或者是看其他人的回忆文章，似乎都可以得出这样一个结论，即北京时期的郁达夫在个人私生活方面确实是极端放浪自由的，根本没有什么章法可言，悲时则大哭，乐时则大笑，但无论是哭或者是笑，都显露出了无限伤感的情怀。

另外，像逛妓院、谈女人、赌博等被认为有伤风化的荒唐行为，那时的郁达夫也是公然处之，毫不藏奸的。因为他对于“性”之类的事情，历来都是公开的，有时纵然到“妓寮”里去过一夜，他也从不对人隐秘，但他对于女性，“无论在言谈间或行为上，也决无丝毫轻侮或玩弄的态度，当然更说不上蹂躏了。每当他一说起女人或性的行为来，就好像她们可怜，他也可怜，一切人都可怜似的。有时一提起他自己的荒唐行为来，就从他平坦苍白的脸面上马上现出悲伤的表情，在他小小的不大有光的眼内也神经质地滢滢然地转动着泪珠。从这一些，都不能不令人见了要发出一声长叹，和使人觉得郁达夫兄内心的寂寞，以及他对于人世的孤独和悲哀”。（陈翔鹤《郁达夫回忆琐记》）

有关郁达夫在北京逛妓院的风流韵事，他新认识的好朋友吴虞在其日记中有多处记载。

被胡适誉为“只手打孔家店的老英雄”吴虞，在北京大学任教授时，曾因纳妾、写艳诗捧妓女等“情事”闹得满城风雨，路人皆知。

也许彼此都有逛妓院的相同嗜好吧，所以，郁达夫一到北京，很快就和吴虞成了莫逆之交，两人多次相约一同去妓院寻花问柳，演绎出了一幕幕惊世骇俗的人生悲喜剧。

1924 年 5 月 1 日，吴虞的日记记载是：

饭后草一《致晨报副镌书》凡三十纸。谢绍敏来约游公园，四时饭毕同往。晤君毅、白鹏飞、郁达夫诸人，见娇玉向予一笑。达夫言《晨报》稿系玄同之作，未知确否。同诸人游园一周。君毅言予稿勿用，当代予另撰投报馆，予即将稿毁去。又言潘力山阴险。对于北大诸人，当不动声色。胡适之为人，极圆滑而假，不可信。此后凡对人皆宜圆滑慎防，勿说落边际之语。对于娇玉处亦须收敛，勿再动笔墨辩论，予皆赞许。今日见君毅、达夫，心中了然，方有把握……

这则日记所言，大有文章可做。

“娇玉”系春华楼的妓女，深得吴虞的宠爱，他先后作诗数十首相赠，其中也不乏肉麻、香艳之作。如：

碧玉回身怯抱郎，戏抛毛毽粉流光。
久知性爱甜之味，纤手亲兮蜜枣尝。

与之相比，另一首诗作则更是无聊至极，同时也不堪入目。

偶学文园赋美人，肌肤冰雪玉精神。
乍探私处如坟起，杂事还应续秘辛。

吴虞以《赠娇寓》为题，先后作诗数十首，并印成诗单广为散发，意在提高“娇玉”的知名度，招引更多的有钱的嫖客供其选择。更为人所不齿的是，他还以“吴吾”的假名，将这些充满低级趣味的诗作投寄给《顺天时报》《小民声报》以赚取稿费。

对吴虞把无聊当有趣的荒唐行径，在北京教育界、文化界引起很大反响。“接下来，由坚守在北京大学的浙江籍《新青年》旧同人策划组织的道德清算和精神围剿，像狂风暴雨般笼罩在吴虞身上”。（张耀杰《北大教授：政学两界人和事》）

在吴虞遭受钱玄同等人的攻击和全盘否定时，郁达夫仗义执言，给予精神上支持和鼓励。

1924 年 5 月 3 日，吴虞在日记中写道：

打电话询达夫，约下午三时往谈。至三时偕君毅至郁宅，房屋极好，买成二千二百元，现值五、六千元矣。达夫以日本《太阳报》登渠数诗见示，笔轻茜，腴而有骨，美才也。谈至四时，遂同往中央公园。谢绍敏又来，言内幕有暗潮，闪烁其词，予甚恶之。达夫将予八条看过，言不糟，此后勿自答。如有内幕，达夫当为探察，或再有文字，达夫当站出来骂之。予约达夫明日十二日赴君毅，同往春华楼，遂归。

“郁宅”，系郁达夫寄宿的西城巡捕厅胡同的一所四合院，乃长兄曼陀先生购置的房产。

次日，即 1924 年 5 月 4 日，吴虞在日记中又写道：

十二时郁达夫来，遂偕往春华楼，无雅座，乃转至宝华楼午餐，共用洋三元八角二仙，散后夷乘、达夫俱去。

1924 年 7 月 12 日，吴虞的日记是：“郁达夫请会贤堂午餐，予均未归也。”

1924 年 12 月 20 日，吴虞在日记中更是明白无误地记录下他和郁达夫等人，“叫花忆青、金湘娥、小花魁、洪媛媛、挹云、惺惺、如青”诸妓女相聚寻欢的情节。

新年伊始，吴虞的日记即有他和郁达夫有关“性”事的字样出现，1925 年 1 月 11 日，吴虞的日记是：

夜睡不宁，性不耐事，不及郁达夫矣。此后当加静定，不着一字，不发一言，与滥报小人生气也。

郁达夫离京赴武昌大学任教的前夜，仍没忘怀熟悉的妓女“金湘娥”，友人送别的宴席一结束，他马上便前去诉说离别之情。1925年2月2日，吴虞的日记将这一“新闻”给定了格。

> 下午六时至泰丰楼，客三席，予所识者有……郁达夫……刘勉已诸人。席散同达夫、庶华过金湘娥。

吃喝也好，嫖赌也罢，这对郁达夫来说都是为解脱眼前的苦闷情愫所寻求的一种比较拙劣的方法。朋友间的回忆是如此，就连郁达夫本人对他这时期死灰一样的孤寂心情和放浪生活也有过描述：

> 人生是什么？恋爱又是什么？年纪已经到了三十，相貌又奇丑，毅力也不足，名誉、金钱都说不上的这一个可怜的生物，有谁来和你来谈恋爱？在这一种绝望的状态里，醉闷的中间，真想不到会遇着这一个一样飘零的银弟……酒后的一次访问，竟种下了恶根。
>
> ——郁达夫《南行杂记》

很明显地可以看出，《南行杂记》中的郁达夫之所以要去“狎妓”，完全是为恶劣环境和苦闷的情愫所驱使，这一点是与陈翔鹤《郁达夫回忆琐记》中有关郁达夫“狎妓”的起因的描述不谋而合；再者，陈翔鹤在《郁达夫回忆琐记》中说郁达夫到妓院只是玩玩而已，并没有什么有伤“风化”和越轨不道德的行为，而且他对那些身陷囹圄、倍遭不幸的妓女们还寄予了自己的同情和怜悯之意，大有同是天涯沦落人，相逢何必曾相识之感，对于这一点，郁达夫在他的《南行杂记》等文章中也有过类似的记载：“那时候已经是一点多钟了，妓院里特有的那一种艳乱的杂音，早已停歇，窗外的风声，倒反而加起劲来。银弟拉我到火炉旁边去坐下，问我何以不愿意在她那里留宿。我只是对她笑笑，吸着烟，不和她说话。她呆了一会，就把头搁在我的肩上，哭了起来……我的心也被她哭软了。拿出手帕来替她擦干了眼泪，我不由自主的吻了她好半天。换了衣服，洗了身，和她在被里睡好，桌上的摆钟，正敲了四下。这时候她的余哀未去，我也很起了一种悲感，所以两人虽抱在一起，心里却并没有失掉相互尊敬的心思。第二天一直睡到午前的十点钟起床，两人间也不曾有一点猥亵的行为。”总之，北京时期的郁达夫，因希望的破灭和心灵的枯寂，在私生活上曾做出了许多荒唐的事情来。

银弟

郁达夫初到北京时，并没有携带妻儿，只身栖息在长兄曼陀先生家。因在北京大学担任的是统计学讲师，和他热爱的文学事业丝毫不沾边，所以心情很是郁闷，万般无奈之际，便和吴虞等朋友常到妓院里去消遣，打发时光。小说《街灯》中的一段话道出了他当时的心声。

沧海曾经过来的，看这些东西，自然只觉得无聊，又加以当时袋里没有钱，身体萎萎缩缩，几个半红半黑的小窑子，她们不来睬我，我也犯不着睬她们，算什么一回事。去去就去去，揩揩油，坐坐，光着眼看看，也好。一个月不去，不去就不去，在家里坐着，烧烧烟卷，买一点白干喝喝，也好。

以这样的态度，上春浓处去了四五趟，中间来和我攀谈，我也和她随便说些不相干的废话，有时候或许抱一抱，捏一把的，是“度嫁”的银弟。

这里虽然是小说，但可信的程度却是很高的。

“春浓处”应该是《吴虞日记》中多次提到的“春华楼”。

“银弟”虽然不敢断定就是其真实姓名，但这个人却是活生生存在的，有关她身世情况的文字记载，郁达夫的《南行杂记》曾有所披露。

> 她父亲是乡下的裁缝，没出息的裁缝，本来是苏州塘口的一个恶少年；因为姘识了她的娘，他们俩就逃到了上海，在浙江路的荣安里开设了一间裁缝摊。当然是一间裁缝摊，并不是铺子。在这苦中带乐的生涯里，银弟生下了地。过了几时，她父亲又在上海拐了一笔钱和一个女子，大小四人就又从上海逃到了北京。拐来的那个女子，后来当然只好去当娼妓，银弟的娘也因为男人的不德，饮上了酒，渐渐的变成了班子里的龟婆。罪恶贯盈，她父亲竟于一天严寒的晚上在雪窠里醉死了。她的娘以节蓄下来四五百块恶钱,包了一个姑娘,勉强维持她的生活。像这样的日子，过了几年，银弟也长大了。在这中间，她的娘自然不能安分守寡，和一个年轻的琴师又结成了夫妻。循环报应，并不是天理，大约是人事当然的结果,前年春天,银弟也从“度嫁”的身分进了一步，去上捐当作了娼女。

郁达夫初识银弟时，她还是个尚未“度嫁”的雏妓。因一个很微小的细枝末节，让彼此都给对方留下深刻的记忆。

据小说《街灯》言,有一天晚饭时,郁达夫和几个朋友都喝多了酒。乘着酒兴和皎洁的月色，一致同意去“春浓处”消遣。

在妓院闹腾了一阵子，人困马乏，开始作鸟兽散。临走的时候，个个精神又来了，抢着用暴力去和银弟亲嘴。轮到郁达夫时，他却不慌不忙，用软绵绵的江南话征求她的意见——“好不好？”

饱受暴力强行亲吻的银弟，遇到郁达夫这样的谦谦君子，反倒不好意思起来。

正是郁达夫的这份温存，才让银弟记住这个非同一般的嫖客；而银弟的娇羞胆怯之态，则让郁达夫知道这个尚未开苞的小女子的清澈和纯洁。

郁达夫和银弟认识也认识了，相互间的好感也有了，但在当时并没有进一步发生关系，真正使他们心灵交融，肉体结合，则是由几个月后的一件小事引起的。《街灯》记录下了这个具体的过程。

> 有一天晚上，很觉得难过，在长街上跑了一回，就上前门外微雪夜香斋去喝酒。一个人坐着，卓卓的喝，喝到午前一点多钟，才付钱出来。走下台阶，正想雇车，即零零零东边来了一乘包车，坐着一个窑子。举起眼睛来看，觉得有点面熟，洋车接近一步，再看一眼，就想起了是银弟。心里觉得稍微有点奇怪。
>
> 又过了几天，不晓得哪里的钱，皮包里满的很。有一天被朋友邀去吃晚饭，席上遇见了那位善心的钱君，他偶尔提起了银弟的改名柳卿上捐的话。那时候，心里很动，不过不晓为了什么，那一天晚上终究没有去。
>
> 又过了几天，也在被邀的酒后，一个人踱出饭馆来，忽而想起了她。可是班子的名字，和她上捐的名字，全都忘了。想回来，雇车雇不成，上西车站去又喝了几杯酒，打了一个电话到春浓处一问，出来就跑上韩家潭蘼香馆去点名。
>
> 见了，捉住了她的手，就在见客的堂上问她，“你认识我么？”她微笑着，用北京口音，半惊半疑的回答我：
>
> “熟得很，可是名字忘了！”
>
> 那一天晚上很冷。上她房里火炉旁坐下，说到第三句话，她就想起了春浓处，想起了那晚上举起来的嘴，突然的一扑，跳在我的怀里，两手捧了我的脸乱咬起来。

一切都是那样的随“缘”，一切都是那样的顺畅自然，没有一点儿人为雕琢的痕迹。

郁达夫以“真诚”二字对银弟，尊重她的人格，善待她的情感，关心她的生活，同样银弟母女对郁达夫也是很信任的，有什么话都愿意给他说，有什么疑难问题都愿意让他去帮助解决，甚至连往家中写信之类的小事也非得请郁达夫代劳不可。《街灯》中就有一节专门是写郁达夫代银弟的母亲为外祖父写信之事的。如：

> 我就替她写信，是她的娘出名，寄给她的外祖父的。信的内容很简单：
>
> “近来买卖不好，不能寄钱给你老人家。四月里，我包的那个人——名叫翠喜——逃了，没有方法，只好教你外孙女去上捐。等到明年正月，若买卖好一点起来，再寄钱给你。”

银弟把郁达夫看成是福星，是可依托之人，而郁达夫也的确为她做了自己力所能及的事情，解了她许多燃眉之急。“当她身子不净的时候”，是郁达夫无怨无悔前去留宿，增加其收入，弥补无客人的空缺。

一个妓女到庙宇拜神祈福，没有哪一个嫖客愿意去陪同的，而郁达夫则不然，别人不愿为，不屑为的，他却欣然从之。如银弟想去“城外观音潭的王奶奶殿”，他也兴高采烈地和她一同招摇过市。

城外观音潭的王奶奶殿，是胡同里的姑娘们的“圣地灵泉，凡有疑思祈愿，她们都不远千里而来此祷祝的”。

银弟有来此祈祷的夙愿，郁达夫义不容辞地帮助她完成了。

在北京大学任讲师时，郁达夫的经济并不算宽裕，然而东挪西借，几个月时间里，“为银弟开销的账目，总结起来，也有几百块钱的样子。在阔人很多的北京城里，这几百块钱，当然算不得什么一回事，可是由相貌不扬，衣饰不富，经验不足的银弟看来”，（郁达夫《南行杂记》）已经是一个天文数字。

1925 年 2 月，郁达夫去武昌大学任教的前几天，还专门抽出时间陪宿银弟好几天，聊以表达宽慰之情。

实际上，“银弟并不美，也没有什么特别可爱的地方”。她之所以能获得郁达夫的爱怜，全在她的娇小的年纪和尚不十分腐化的童心。

是啊，人一走茶就凉，古今亦然，更何况妓女与嫖客呢？但这一点，在银弟身上却是有点意外，不是吗？她明明知道，郁达夫一旦离开京城，他们的“姻缘”将不复存在，可她还是舍不得，“西车站的她的一场大哭”就是明证。

郁达夫离京时，前往车站送行的人一定很多，但银弟不顾自己身份的尴尬，仍坚持要亲自送他上车，临别时又忍不住地大哭了一场，这真是应了郁达夫“童心未泯”的那一句评语。

无论怎样说，郁达夫和银弟的一段“恶姻缘”，彼此留下的记忆实在太深刻，历久而弥新。

1925 年 4 月，郁达夫南下广州的船上，看到一个小姑娘颇像银弟，便浮想联翩，引出许多陈年往事的回忆。《南行杂记》的描述是：

> ……背后忽儿听见了一种清脆的女人的声音。回头来一看，却是昨天上船的时候看见过一眼的那个广东姑娘。她大约只有十七八岁年纪，衣服的材料虽则十分素朴，然而剪裁的式样，却很时髦。她的微突的两只近视眼，狭长的脸子，曲而且小且薄的嘴唇，梳的一条垂及腰际的辫发，不高不大的身材，并不白洁的皮肤，以及一举一动的姿势，简直和北京的银弟一样。昨天的早晨，在匆忙杂乱的中间，看见了一眼，已经觉得奇怪了，今天在这一个短距离里，又深深地视察了一番，更觉得她和银弟的中间，确有一道相通的气质。在两三年前，或者又要弄出许多把戏来搅扰这一位可怜的姑娘的心意；但当精力消疲的此刻，竟和大病的人看见了丰美的盛馔一样，心里只起了一种怨恨，并不想有什么动作。

除却散文《南行杂记》外，小说《十一月初三》《寒宵》《街灯》

《祈愿》等都是直接或间接地写作者和银弟之间的情感纠葛的。

1925年5月。郁达夫在武昌时写的《寒宵》，有一幕是描绘他和银弟相亲相爱场景的。

没有法子，只好教她先回去一步，再过半个钟头，答应她一定仍复上她那里去。

酒也喝得差不多了。左右几间屋子里的客人早已散去，伙计们把灰黄的电灯都灭黑了。火炉里的红煤也已经七零八落，炉门下的一块透明的小门，本来是烧得红红的，渐渐的带起白色来了。

几天来连夜的不眠，和成日的喝酒，弄得头脑总是昏昏的。和逸生讲话得起劲，又兼她老在边上挨着，所以熬得好久，连小解都不曾出去解。

好容易说服了她答应了她半点钟后必去的条件，把她送出门来的时候，因为迎吸了一阵冷风，忽而打了一个寒痉。房门开后，从屋内射出来的红蒙的电灯光里，看出了许多飞舞的雪片。

“啊！又下雪了，下雪了我可不能来吓！”

一半是说笑，一半真想回家去看看，这一礼拜内有没有重要信札。

“嗯哼！那可不成，那我就不走了。”

把斗篷张开，围抱住我的身体，冰凉地、光腻地、香嫩地贴上来的，是她的脸，柔和的软薄的呼吸和嘴唇，紧紧的贴了我一贴。

“酒气！怪难受的！”

假装似怒的又对我瞧了一眼。第二次又要贴上来的时候，屋内的逸生，却叫了起来。

“不行不行，柳卿！在院子里干这玩意儿！罚十块钱！”

“偏要干，偏要……”

嘴唇又贴上来了，嗤的笑了一声。

和她包在一个斗篷中间，从微滑灰黑的院子里，慢慢走到门口，掌柜的叫了一声“打车”，我才骇了一跳，滚出她的斗篷来，又迎吸了一阵冷风，打了一个寒痉。

她回转头重说了一遍：

“半点钟之后，别忘了！”

便自顾自的去了。

1925年冬，郁达夫游玩杭州时，题写在六和塔旧壁的一首词《蝶恋花》，也应是为思念银弟而作。

客里相思浑似水，似水相思，也带辛酸味。
我本逢场聊作戏，可怜误了多情你。
此去长安千万里，地北天南，后会无期矣。
忍泪劝君君切记，等闲莫负雏年纪。

一九二五年冬杭州

这一首词最早见于1927年6月郁达夫的《客杭日记》。明言“是给前年冬天交结的一位游女的”。

从这首词的词句及所表达的情感等方面来看，无论是时间、地点、年龄、职业、场景等都与北京的银弟相当吻合。

用诗人的孙女郁嘉玲在《说郁达夫笔下的银弟》中的一段话说：“对银弟这个‘娇小的年纪’‘尚不十分腐化的童心’的雏妓，郁达夫始终怀着同情，但又没有力量救助她，只能寄情于文学作品，表达自己那种相思、辛酸、歉疚、惆怅、欲哭无泪、叹惜不已的复杂心理。”

另据郁嘉玲同一篇文章讲，她的富阳老家曾保存过一张银弟的照片，而且郁达夫的结发妻子孙荃是知道丈夫与银弟之间的关系的。

郁嘉玲在《说郁达夫笔下的银弟》一文中，说起“照片”的事情时这样写道：

记得我们家以前有不少的旧照片。一次，我又兴致盎然地翻检它们，看到有张照片上，一个不认得的女人穿着古怪的衣服，和当时我所见惯的式样很不相同，就好奇地问我奶奶："这是哪个？"我奶奶抬起头来，透过老花眼镜漫不经心地瞥了一眼说："这是北京的银弟。"当时我并没意会到"北京的银弟"，与郁达夫小说《寒宵》《街灯》《祈愿》中的女主人公有什么联系，就没有再缠着奶奶追问下去。我奶奶则可能以为一些过去的事情，和我这样的小孩子家是讲不清的，所以也没和我细说。但"北京的银弟"这个几字我听得清清楚楚，肯定不会错。只是照片上的这个女人到底是什么模样，现在却无论如何回忆不起来了。仔细想想，我奶奶是郁达夫的原配夫人孙荃，20年代她曾随我爷爷去北京居住，认得"北京的银弟"应该毫不足怪。

银弟是郁达夫生平中最后出现的一位有文字记载的妓女，这之后，因有杭州美女王映霞的相伴，他再也没有正式涉足过妓院，更没有稀奇古怪的"情事"发生。

一代贤师

1947年，陈翔鹤在《郁达夫回忆琐记》里曾这样写道：

达夫兄初次所与给人的印象，是天真，潇洒，真诚，自然，而微微带点神经质。譬如说，我同他认识不久，有一次他穿了一件新的灰色花绸长衫，从房间里走了出来，草帽微微偏斜地戴在头上，足下穿着一对白帆布鞋。他拍了拍身上的衣服说："这是我的女人从家里寄来的。可怜她对我很好，我却一点也不爱她！"说完之后，就仿佛有点滢滢欲泪的样子。

郁达夫之于陈翔鹤，既有师生之谊，又有朋友之情，所以，他以上的言语是真实可信的。

郁达夫对结发妻子孙荃，虽然没有多深的爱情，但传统的为人夫的责任他还是有的，自觉不自觉地都在承担着这个责任，履行着这个义务。所以，他到北京两个月后便把妻儿接到了北京。

孙荃和龙儿到北京后，先是住在长兄曼陀先生家，而后则搬到什刹海北岸租屋而居。自此始，才算有个真正意义上属于他们自己的家。郁风在《三叔达夫——一个真正的“文人”》中对此事有记载。

> 第二年的春天，三婶带着龙儿也从南方来到北京，在我家住了一个多月后就搬到什刹海北岸一所小房去住了。院里有两棵枣树，一架葡萄。三叔搬走以后，我只有礼拜天要求父亲带我去三叔家。夏天我们和他们全家常常穿过门前柳荫去什刹海，当年那儿是个游乐场，有多种北京传统的吃食：洒白糖的莲藕，荷叶粥，冰冻的柿子酪，凉粉，还有各种江湖艺人在那里卖艺。晚上常常是在三叔家吃过晚饭，搬出凳子在葡萄架下喝茶，父亲和三叔谈诗论画，我哄着龙儿弟弟捉萤火虫。……

由于孙荃的精心侍候和龙儿的膝前承欢，生活上也就自然有了规律，心情相对的开始宁静平和。有这两点做基础，创作的激情也随之光芒四射。

散文《一封信》《北国的微音》《十一月初三》《小春天气》等就是这期间的作品。这些作品的一个显著特色就是表现了艺术上的“颓废美”。

若要探讨郁达夫在北京时期是如何地追求艺术上的“颓废美”的，那么，我们就必须先将“颓废”和“颓废主义”这些最基本的概念搞清楚，然后才有可能条分缕析地寻找出规律性的东西来。若按1979年版的《辞海》讲，“颓废”就是倒塌，荒芜的意思。

依照《辞海》给“颓废”和“颓废主义”所下的定义去与郁达夫的实际生活、思想情感和文学创作进行对照，那么就完全有理由断定，在艺术上不懈地去追求，去表现“颓废美”，的确是郁达夫在北京时期所努力的方向。如在《北国的微音》中谈到他对艺术的见解时，有一段话就很耐人寻味:“我觉得艺术并没有十分可以推崇的地方，她和人生的一切，也没有什么特异有区别的地方。努力于艺术，献身于艺术，也不须有特别的表现。牢牢捉住了这‘孤单’的感觉，细细地玩味，由他写成诗歌小说也好，制成音乐美术品也好，或者竟不写在纸上，不画在布上壁上，不雕在白石上，不奏在乐器上，什么也不表现出来，只教他能够细细的玩味这‘孤单’的感觉，便是绝好的‘创造’。”正是从这种美学观点出发，所以，郁达夫在创作中总是自觉地、有意识地去侧重描写人生的悲苦与不幸，着力去刻画人的精神灾难与心理危机。他不仅不愿意在文学中给生活、给人物涂上点亮色，戴上个光环，进而还将原有的暗处抹得更浓、更悲，更触人眼目。如果将郁达夫在这其间所作的《人妖》《一封信》《北国的微音》《零余者的自觉》《小春天气》等文章通读一遍后就会发现，这里几乎每篇都充满着灰暗的色彩和一味消沉的情调，作者津津乐道的是伤感，咀嚼的是伤感，反复玩味的是孤单，有时还欣赏一些荒唐的行为，自甘于病态，甚至还以“颓废”为荣耀。且看他在《零余者的自觉》中的一段描写：

是日斜的午后，残冬的日影，大约不久也将收敛光辉了，城外一带的空气，仿佛要凝结拢来的样子。视野中散在那里的灰色的城墙，冰冻的河道，沙土的空地荒田，和几丛枯曲的疏树，都披了淡薄的斜阳，在那里伴人的孤独。一直前面大约在半里多路前的几个行人，因为他们和我中间距离太远了，在我脑里竟不发生什么影响。我觉得他们的几个肉体，和散在道旁的几家泥屋及左面远立着的教会堂，都是一类的东西，散漫零乱，中间没有半点联络，也没有半点生气，当然更没有一些儿的情感了。

这里简直可以说是，除掉阴暗的色彩、哀伤的情调、颓废的意念和渺茫的前途之外，几乎找不到一点儿有光亮的地方。

《零余者的自觉》写于1924年之初，所表现的是郁达夫任教北京大学最初三个月的思想情感和社会生活，那么一年之后，当他逐渐适应这个环境后的思想和生活又是如何呢？为了便于说明这个问题，先将他1924年11月的《小春天气》中的一段景色描写抄录如下：

> 道旁的杨柳，颜色也变了，影子也疏了。城河里的浅水，依旧映着晴空，返射着日光，实际上和夏天并没有什么区别，但我觉得总有一种寂寥的感觉，浮在水面。抬头看看对岸，远近一排半凋的林木，纵横交错的列在空中。大地的颜色，也不似夏日的茏葱，地上的浅草都已枯尽，带起浅黄色来了。法国教堂的屋顶，也好像失了势力似的，在半凋的树林中孤立在那里。与夏天一样的，只有一排西山连亘的峰峦。大约是今天空气格外澄鲜的缘故吧，这排明褐色的屏障，觉得是近得多了，的确比平时近得多了。此外弥漫在空际的，只有明蓝澄洁的空气，悠久广大的天空和饱满的阳光，和暖的阳光。

列在空中半凋的树木，地上已枯尽的浅草，不言而喻都是些催人沮丧的字眼。如果不是标明这是《小春天气》中所写，有些人一定会误认为这还是从《零余者的自觉》中所抄。由此可见，在北京时期，郁达夫的思想情感、生活道路和艺术追求前后是一致的。

在京时期，郁达夫对“五四”新文坛的另一个重要贡献——就是扶植和培养一批文学新青年。像后来在文坛上占有重要地位的沈从文、冯至、陈翔鹤、柯仲平、孙席珍、刘开渠都曾受过郁达夫的教诲和提携。特别是沈从文，他的成长与发迹，都和郁达夫有着直接的关系。

郁达夫离沪来京任教的前几个月，沈从文就已从湖南乡下赶到这里，他来京城的目的原是打算投考大学的，后因错过高考的机会，又没有其他谋生之路，就只好借宿在湖南会馆里企图靠卖文度日，以等待翌年的入学考试，但是他写出来的文章，在当时竟没有一家报章杂志肯登载，据说有一位很享盛名的报纸副刊编辑，还“当众说着刻薄讽刺话把署名沈从文的一沓文稿塞进纸篓里去……”具有锲而不舍精神的沈从文，面对严峻冷酷的现实，并没有被眼前的困难所吓倒，也没有气馁，仍饿着肚皮坚持写作，有时实在饿得没有办法了，就到“亲戚家混一顿饭吃……”（郁风《三叔达夫》）冬天来临后，他的日子就更加艰难，会馆里没有火炉子可供取暖，自己又没有钱制作棉衣，为驱寒就用棉被裹住身子坐在桌旁写作。在生活濒于绝境，自己一时又无回转之力的情况下，他大着胆子向慕名已久，可从未见过面，平素也没有一点文字交往的郁达夫写了封求援信，希望他能伸出援助之手，帮助自己从死亡线上挣脱过来。此信寄出后不久的一个下雪天，“正当他坐在桌旁冷得发抖的时候”，郁达夫推门而入。

看到沈从文在冰冷的屋子里冻得发抖的样子，郁达夫心疼得好大一会儿没有说出话来，连忙把自己包得紧紧的毛围巾摘下，拍掉雪花轻轻地披在他的身上，而后又拿出五元钱领他到外边的饭馆里美美地饱餐一顿，并把吃饭剩下的钱全数塞进他的衣袋里。在当时，五元钱是可以买很多东西的。

从沈从文的处境和不幸遭遇里，郁达夫对中国黑暗社会的现实又加深了一层认识，同时他也从沈从文企图考入大学取得文凭，以求解脱贫困、获得新生活的幻想中，隐隐约约地窥视出许多类似沈从文的青年学生思想中将要出现的偏差和误入歧途的征兆。为使这些良心未泯、天性尚存，而又有进取精神的青年，在人生的道路上少摔跟头，或在黑暗势力铸成的铜墙铁壁面前不致碰得头破血流，郁达夫从沈从文寄宿的湖南会馆出来后就一直在苦苦思索这个问题。当天下午挥笔而就的《给一位文学青年的公开状》就是其苦苦思索的结果。这里虽不能说他已给青年们指出了一条充满阳光和希望的大道，但这毕竟是作者半生经验的总结，并且还凝聚着他对人生道路长期探索的心血。

在这份《公开状》里，他用自己的亲身经历和实践告诉青年们，军阀统治下的中国社会，根本就不会有重视知识和人才的环境，想以“大学毕业的资格来糊口”，只不过是一种天真的幻想而已。

于是，他教导沈从文之辈要丢掉幻想，正视现实，勇敢地奋起与压迫者及造成千百万阶级兄弟受苦受难的这个黑暗社会进行抗争，先求取一片生存的基地，然后再披荆斩棘，向着希望的高峰努力攀登。沈从文依据郁达夫的教诲，丢掉考大学的幻想，扎扎实实地进行创作，结果取得很大的成功，短短的几年间便成为蜚声海内外的小说大家和知名教授。

除此之外，一代雕塑大师刘开渠当初之所以选择雕塑这门艺术，也同样是与郁达夫的热情指导和耐心帮助分不开的。

刘开渠是郁达夫在北京艺专任兼课教师时的学生，专攻西洋绘画。因其结识的胡也频、柯仲平、陈翔鹤等朋友都是搞文学创作的，也就渐渐地对文学产生了兴趣。他说：“读了郭沫若的诗集《女神》，使我心潮澎湃，看了郁达夫的小说《沉沦》，使我无比同情作品的主人公。我觉得他们作品中的某些诗句，某些章节，就似乎写我自己一般。”（刘开渠《忆郁达夫先生》）鉴于这种因素，他对郁达夫的来校任教特别高兴，不时地前往寓所拜望请教。而郁达夫对“身体长得很高，满头长发，脸骨很曲折”的刘开渠也很有好感，并且还从他的“衣衫的褴褛，面色的青黄”等方面，一眼就看出“他的埋头苦干，边幅不修的精神来”。（郁达夫《雕刻家刘开渠》）几次闲谈之后，他得悉刘开渠“生活很苦，时常断餐”时，就经常约他到外边吃小馆子，以解他的燃眉之急。

从与刘开渠不太长的一段时间交往里郁达夫发现，刘开渠虽然主攻西洋画，并有《生的折磨》《惨白的湖光》《在长城上》等小说在《晨报副镌》和《现代评论》诸报章杂志上发表，但从他的气质、个性、文化素养及家庭经济等方面来看，这些都并非是他的所长，如果放弃西洋绘画和小说创作，而改为雕刻，这不但于国于民大有好处，就是对他个人来说，也将是前途无量的。

真如郁达夫事前所预言的那样，刘开渠一心专攻雕刻后，成绩卓著，名声大振，成了公认的我国新一代雕塑艺术的奠基人和开拓者。1935 年 1 月，郁达夫在《雕刻家刘开渠》中评价他的艺术成就时道："他的雕刻，完全是他的整个人格的再现，力量是充足的，线条是遒劲的，表情是苦闷的……"继之又云："他的雕刻的遒劲，猛实，粗枝大叶的趣味，尤其在他的 Designs 里，可以看得出来；疏疏落落的几笔之中，真孕育着多少的力量，多少的生意！"

沈从文、刘开渠等是成名的人物，在中华民族灿烂的文学艺术史上留有他们的芳名，所以郁达夫对他们的提携关怀也就成了逸闻佳话，被人们广为传颂记忆。而郁达夫当时呕心沥血培养，后来并没有成大气候，或青史留名的青年，更不知有几多。凌叔华在《回忆郁达夫一些小事情》中曾记载这样一件事。

有一回诗人徐志摩在女作家凌叔华的寓所参加友人的聚会，临别时他告诉女主人说，下次要带她们母女都很钦佩的新小说家郁达夫一块儿来玩儿，可到约定的时间，徐志摩一个人如期而至，就是不见郁达夫的影子，一问才知，原来同事们"集钱合购赠送"给他的棉袍又被无钱购置棉衣的穷学生穿走了，所以不能来赴会。类似这样的事情可能不止发生一次，大伙儿听了徐志摩绘声绘色地描述并没感到很惊奇，也没觉得郁达夫这样做有什么不对，只觉得有趣而已。后来就这件事江采向徐志摩等人提个聪明的建议："我看你们应当到前门估衣铺交涉一下，给他们第一件棉袍的钱，把这件袍子取回，言明万一失掉了，让铺子立刻送第二件来。"

"要是第二件送到也不见了，该怎么办？"丁西林讥讽地往下说，"我看我们应该出钱连做三件，一件不见了，穿第二件，第二件不见了，穿第三件，这样一来，便无问题了。"

"谁出钱呢？"陈西滢问。

“当然是徐志摩啦！”不记得是谁说。

志摩连忙叫道：“你们都来欺负我，我老徐不是傻瓜，惹急了会打人的，知道吗？”

徐志摩的生气，谁也不当作一回事。据说过了一个礼拜，一个大雨的早晨，他一个人又巴巴的跑去前门估衣铺为郁达夫买了一件棉袍，否则达夫连上课都不能上，天气实在还是太冷了。

从凌叔华耳闻目染和亲口诉说的这件鲜为人知的小事情里可以看出，郁达夫对青年学生，尤其是像对沈从文、刘开渠等有着昂扬进取精神的穷学生别有一番特殊的感情，仿佛自己不但对他们学业上的进步和人生道路的选择等方面负有一定的使命，而且对他们的生活也承担着某种应尽的义务，因此，他宁愿自己挨饿受冻，也不愿看到他们缺吃少穿，忍饥受寒去上课。为此，他常常弄得精穷，有时竟发展到像凌叔华所讲的那样，连朋友送的，也是自己唯一的一件棉袍也要被穷学生给穿走，以致自己冷得无法出门。

打一个不太确切的比喻，郁达夫对青年学生来说就像是一团火，只要愿意接近光明，任何人都可以得到他的温暖。沈从文就直接写信相求，刘开渠原属他的门生，因此，郁达夫对他们的关怀也好，帮助也罢，都尚在情理中。而对那些马路上相遇的，也可以说是素无来往和瓜葛的青年学生，郁达夫也同样倾注了自己的满腔热情，如他和孙席珍的最初相识就是在马路上急走相撞时。

据孙席珍写的《怀念郁达夫》一文介绍，1923 年深秋的某一天傍晚，他为赶往报馆上班，匆匆忙忙地在北河沿的衰柳下朝南行走，无意中从一位行人身旁摩肩而过，那人似乎踉跄了一下，而自己一时竟未觉察到。约莫走了一丈多远，忽然意识到自己太无礼，便驻足回过头来向被撞者道歉。此人望他一眼连忙说：“没关系！”随后又很和蔼地说：“你好像有要紧事？还是赶路去吧！”

谁知没相隔几天，孙席珍在路经此地段时，正低头背诵着布莱克和彭斯两个诗集中的一些诗句，几乎又与一位迎面而来的行人相撞。他赶忙站住，抬头一望，不免有点儿发怔，想不到这位行人正是上次所遇见的那位先生。而细细将这位和蔼可亲的先生一打量，大喜过望，两次相撞的行人原是自己心目中仰慕已久的新小说家郁达夫。

孙席珍自我通报姓名后，便就手中所拿的布莱克和彭斯两人的诗集边走边向他请教，而他则是有问必答，并且从布莱克、彭斯一直谈到英国的道生和我国清中叶大诗人黄仲则及民国初年病逝的苏曼殊，同时也一一指出他们各自诗作的特色及名诗佳句。

因二人越谈兴致越浓，竟不知不觉错过回公寓吃晚饭的时间，郁达夫见孙席珍一副穷家子弟打扮，料其也很少去享受美味佳肴，便在这“菊黄蟹肥时节”领着他到正阳楼饱尝了一顿螃蟹。

自这次在路上不期相遇后，孙席珍与郁达夫的来往也就日渐多起来，彼此间相互关怀，互相敬重的友谊一直保持到郁达夫漂泊南洋时。

郁达夫之所以如此地热爱青年学生，无微不至地关心他们的成长，是因为他清醒地认识到，祖国的振兴和将来的希望，全是要仰仗青年们去努力实现的，他们人生道路选择的正确与否，学术造诣上的高和低，都是直接与中国的前途和民族的命运息息相关的，为此，他恨不能将自己平生所学全部传授给他们，并眼见其日益茁壮成长，方感心情舒畅，其乐无穷。

一个人的文学求索

屈指算起来，郁达夫在北京的时间仅一年零四个月。就是在这一年多的时间里，他和孙荃建立了一个实实在在，完全属于他们自己的家。

一个温馨、自由、自在、自主的家，对长年漂泊在外，孤冷寂寞的游子——郁达夫来说，实在是太重要了。

妻子温柔贤惠，龙儿聪明伶俐。在家里，他可以尽情地发泄苦闷，排遣哀愁；在家里，他可以恣意妄为，赤裸裸地表现自我；另外，也许是最重要的一点，在家里，他充分享受到了“天伦”之乐。“夫妻两个，日日和龙儿伴乐，闲时也常在北海的荷花深处，及门前的杨柳荫中带龙儿去走走”。再者，也可以和他敬重的长兄谈诗论画，与他最为亲近的长嫂聊聊家中的琐事和心中的隐私。用郁达夫自己的话说，这一年的暑假，“总算过得最快乐，最闲适”。

郁达夫有篇散文，名曰《一个人在途上》，其中有这样一个情节，很能说明这期间的“天伦”之乐。

> 院子里有一架葡萄，两棵枣树，去年采取葡萄枣子的时候，他站在树下，兜起了大褂，仰头在看树上的我。我摘取一颗，丢入了他的大褂兜里，他的哄笑声，要继续到三五分钟。

生活上的安逸，相对的也稳定了他那多愁善感，常变常新的情绪。

情绪稳定，他又开始雄心勃勃，有所作为了。

这期间，郁达夫计划中的第一件大事，就是振兴一度消沉的“创造社”。

他和郭沫若、成仿吾等人苦心孤诣发起的创造社，因他的北上离去，几乎陷入绝境。

郁达夫是创造社的一根擎天柱，他一走，创造社的天塌了半边，先是《创造日》的停刊——更“增加了创造社的萧条的景象”，而这时的《创造周报》也成强弩之末，“失掉了它从前的刺激性”。（郭沫若《创造十年》）《创造季刊》发到第五期以后便很难再继续。

面对创造社近乎“消亡”的困境，同人们一方面是痛心、悲伤，另一方面也则大有“无可奈何花落去”之无奈，唯一的希望是郁达夫能南下归来，和郭沫若、成仿吾重聚沪上，联袂而行，再振雄风。为此，成仿吾以《江南的春汛》一文相招，呼唤他早日归来。

南方的战友大声疾呼郁达夫早日回归江南，而郁达夫对南方战友的关心，和对即将倾倒的创造社大厦的忧虑也同样是日甚一日。就在这个节骨眼上，太平洋社的加盟请求给即将“消亡”的创造社带来了新的契机。

太平洋社是一群留学欧美的学者组建的学术团体，其主要人物大多是京城诸大学的教授，《太平洋》杂志是其会刊。

郁达夫任教北京大学不久，便与太平洋社的中坚——王世杰、周鲠生、石瑛等人成了朋友。

因王世杰、周鲠生等人大多出身于法学、哲学、政治学诸科，所以，他们的《太平洋》杂志刊载的也多是些政治色彩浓厚，个人倾向十分明显，且又枯燥无味的论文。

官僚和学术气味太重，自然也会影响到它的读者群。读者少，发行量也就少，发行量少，则在社会上的影响甚微。

王世杰等人未与郁达夫结识之前，他们就很欣赏创造社出版、发行的刊物，尤其是十分看好深受广大青年读者欢迎的《创造周报》。

因郁达夫的离沪北上，创造社日见衰微，特别是《创造周报》更是困难重重，停刊已是不可避免，太平洋社的诸君子，认为这是个良机，若能与创造社合作，一南一北两个团体共同经营《创造周报》，无论对谁都会有好处。对创造社来说，《创造周报》起死回生；对太平洋社来说，可借助《创造周报》的发行量和声望，宣传他们的主张，扩大他们的影响。

对太平洋社的提议，郁达夫是乐意接受的。因为当时的创造社的确已到山穷水尽的境地。郁达夫在《给沫若的旧信》中，对创造社的“困境”做了客观描述。

> 上车的第二天半夜里到了上海，下车后，即跑上民厚里你我同住过的那间牢房里去，楼底下的厨房内，只有几根柴纵横的散在那里。那一天厨房里的那个电灯泡，好像特别的灰暗，冰冷的电光——虽则是春风沉醉的晚上，但我只觉得这屋内的电灯光是冰冷的——同褪剩的洪水似的淡淡地凝结在空洞的厨板上，锅盖

上，和几只破残的碗钵上，在这些物事背后拖着的阴影，却是很浓厚的。进了前间起坐室一看，我和你和仿吾婀娜小孩等坐过的几张椅子，都七坍八败的靠叠在墙边，只有你临行时不曾收拾起的许多破书旧籍，这边一堆，那边一捆的占尽了这间纵横不过二丈来方的前室，前楼的两张床上，帐子都已撤去，地板上铺满了些破新闻纸，校稿的无用者和许多信札的废纸废封。光床上堆在那里的是仿吾的不曾拿去洗的旧衣服和破袜汗衫之类。后楼上，你于送你夫人小孩上日本去后，独自一个在那里写成你的《歧路》和《十字架》等篇的后楼上，正如暴风过后的港湾一样，到处只留着些坍败倒坏的痕迹，一阵霉冷的气味，突然侵袭了我的嗅觉，我一个人不知不觉竟在那张破床床沿上失神默坐了几分钟。那一晚仿吾因为等我不到，上别处去消闷去了。空屋里只有N氏一人，睡在那里候我到来。他说，书局要他们搬家，有许多器具，都已搬走了。他又说，仿吾和他，因为料定我一到上海就要找上这里来，所以是死守着不走的。末了他更告诉我说，在这里已经两个礼拜不举火了，他们要吃饭的时候，是锁着门——因为屋内一个底下人也没有了——跑出外边去吃的。

面对此情此景，郁达夫认为，与太平洋社合作是挽救《创造周报》最好的办法，别无选择。当他将这一消息函告给成仿吾时，他没有表示反对意见——因为早在这之前，他已有转换方向的思想和心理准备。

郁达夫离沪北上不久，成仿吾在军界任职的哥哥从广东到上海公干，就奉劝成仿吾、郭沫若等人要把“为艺术而艺术”的方向“转换到政治方面”来，因为“这是当时社会上的一般要求”。（郭沫若《创造十年》）

就在郭沫若感觉创造社应该转换到政治方向上来，而又没有自我转换的能力时，郁达夫带来太平洋社希望加盟《创造周报》的消息。

太平洋社的意思，是先停刊他们的《太平洋》杂志，然后与创造社齐心协力合办《创造周报》。

新复刊的《创造周报》，计划前一半是政治，后一半是文艺。前半的政治稿件由太平洋社诸君子在北京编好寄到上海，后一半的文艺稿件由创造社编好直接加上去付印。

两个社团一家一半，各自宣传各自的主张，相互尊重，相互理解，互不干涉。

对太平洋社的这个提议，郁达夫是极表赞同的，南北牵针引线，力求促成双方的合作。但郭沫若对此却有不同的看法。他认为：

> 太平洋社的那些从英国回来的学者，我们总觉得他们是太绅士了，说坏些便是官僚气味太重，一时好像合作不来。又加以用文艺来做政论的附属品，是我们出马时所最反对的办法，虽然时势变了，也觉得不好立地抛弃。
>
> ——郭沫若《创造十年》

鉴于上述原因，郭沫若提出一个新的合作办法，那就是《创造周报》“由两社的人轮流编辑，一期政治，一期文艺”。

对郭沫若的提议，太平洋社方面没有给予答复。因为郭的提议，完全破坏了太平洋社“想借文艺做调剂以推广政论”的目的。

与太平洋社合作不成，自我转换方向又没有能力，《创造周报》的出版“只是在一种惰性的习惯之下维持着”。《创造季刊》也早已日薄西山，难以为继。这时的成仿吾“已经是意思索然”，准备南下广州，从事实际的革命工作，而郭沫若在“思想上也正感受着一种进退维谷的苦闷”，寻思着去日本与妻儿团聚。

一句话，创造社岌岌可危。

尽管郁达夫离沪北上时曾很“决绝”地说，《创造》等刊物“不停办”，他是“不寄稿的”；但这些刊物真要都停办时，他却惶恐不安了。

与太平洋社合办《创造周报》的计划流产后，郁达夫又在苦苦寻求新的办法。

大约是在1924年4月末或5月初，太平洋社又提出与创造社合作办刊物的意向。不过这个“意向”不是复活业已停刊的《创造周报》，而是另起炉灶，共同创办一个全新的刊物，编辑、出版、发行全在北京。

带着太平洋社与创造社共同创办刊物的“意向”，郁达夫曾专程南下上海与成仿吾等人商议双方合作的事。

对太平洋社的新提议，成仿吾表示赞同，这样，双方合作的事也就基本算敲定。事后，郁达夫曾致函在日本的郭沫若，向他通报与太平洋社的合作事宜。

与太平洋社的合作，虽然称不上是“柳暗花明又一村”，但总比眼看着创造社就此永远陆沉下去要好得多。

郁达夫、成仿吾等就创造社与太平洋社合办刊物的事实达成一致意见后，便由成仿吾撰文《一年的回顾》，对《创造周报》作终刊总结，而郁达夫则以《〈现代评论〉出版预告》宣言创造社与太平洋社的合作成功。

> 国内的空气，近来更觉沉寂了。无论在那一方面，我们觉得非有一番强大的变革不可；本评论就是为成就这种使命而产生的。拟每周出十六开三十页的小志一册，内分政治文学两部，执笔者除太平洋杂志社及创造社同人外，尚有多人，出版期目，决定后再行登报公布。

创造社因郁达夫的《纯文学季刊〈创造〉出版预告》而向世人宣告诞生，同样，第一期的创造社也因郁达夫的《〈现代评论〉出版预告》而宣告结束。

这真不知是历史的巧合，还是事物的必然，总之，结果就是这样。《现代评论》创刊初期，成仿吾、郭沫若等人都有文章在上面发表，后来其关系也就渐淡渐远了。

为创造社与太平洋社合作事宜奔走最力的郁达夫，在《现代评论》

创刊后的一段时间内，仍热情不减，一方面拉郭沫若、成仿吾等创造社元老投稿予以支持，另一方面自己则努力创作，以最快的速度，将最具分量和影响的稿件贡献给《现代评论》。像《薄奠》《十一月初三》等小说就是在《现代评论》上发表的。

正当郁达夫还沉浸在创造社与太平洋社合作成功的喜悦中时，家中的一件不起眼的小事，似乎又影响到他们夫妻间的感情，他所受社会的压迫，及所感受到的种种屈辱同时也不知不觉地迁怒到了孙荃身上。

郁达夫这次南来是携带着孙荃和龙儿的。在上海，他与成仿吾一道完成创造社与太平洋的合作事宜后，便回故乡小憩。

与以前的回故乡不同，郁达夫这次是满怀喜悦的。一是他刚从京城任职归来，乡邻乡亲们都是仰目而视的；二是他刚完成创造社与太平洋社的合作事宜，心情格外舒畅；三是他这次是携妻带儿一同归来的，面子上很有光彩。尤其是老母亲，见到孙儿，更是高兴万分。正因如此，“到家的头两天，总算快乐得很，亲戚朋友，相逢道故，家庭之内，也不少融融之乐……”但这样的好景并不长，第三天，不该发生的事情终于发生了。他在《给沫若的旧信》中是这样描述这件事的：

> 那一天晚上吃夜饭的时候，我在厅前陪母亲多喝了一杯酒，所以母亲与我都是很快乐的在灯前说笑。我的女人在厨下吃完了晚饭，也抱了龙儿——我的三岁的小孩——过来，和我们坐一起。那时候我和母亲手里正捏了一张在北京的我的侄儿的穿洋服的照片在那里看。我的女人看了照片上的侄儿的美丽的小洋服——侄儿也三岁了——赞美得了不得，便顺口对龙儿说了一句笑话说：
>
> “龙！你要不要这样的好洋服穿？”
>
> 早熟的龙儿，虽然话也讲不十分清楚，但虚荣心却已经发达，听了他娘的这句话，便连声的嚷要！要！要！我也同他开玩笑，故意的说了声“没有！”可怜的这小孩，以为我在骂他，就放声

大哭起来。我们三人——母亲和我和我的女人——用尽了种种手段，想骗他不哭，但他却不肯听从。平时非常钟爱他的我的老母，到了后来，也生了气，冷视了他一眼说：

“你这孩子真不听话，穿洋服要前世修来的呀，哪里恶诈就诈得到的呢？你要哭且向你的爸爸去哭，我是没有钱做洋服给你穿！”

讲完了话，母亲就走开了。我因为这孩子脾气不好，心里早已觉得不耐烦；及听了母亲的话，更觉得十分的羞恼，所以马上就涨红了脸，伸出手去狠命的向他的小颊上批了两下。粉白的小脸上立刻即胀出了几个手指红印来，他的哭声，也一时狂叫了起来。母亲听了他的狂叫的哭声，赶进来的时候，我的女人，已经流了一脸眼泪，伏着背把龙儿搂在怀中，在发着颤声的安抚他说：

“宝，心肝肉，乖宝……不哭吧……娘不好，……噢！娘……娘不好……噢！总是娘说了一声不好……”

我的女人抱他上楼去后半天，他睡着了方才不哭。后来我上楼去睡的时候，我的女人还含了眼泪，呆坐在床沿上，在守着他睡觉。我脱下了夹衫摸进床去，抱他到灯下来看时，见他脸上红肿得比被打的时候更厉害。我叫我的女人拿香粉盒来，好在他的伤痕上敷上些香粉，她只默默的含着深怨对我看了一眼。我当时因为余怒未息，并且同时心里又起了一种不可名状的后悔，所以就放大了喉音对我女人喝了一声说：

“你怎么不站起来拿！”

手里的龙儿，被我惊醒，又哭了起来。我的女人，急促的闭了一闭眼睛，洒出了两大颗泪滴，马上把香粉盒拿出来放在桌上，从我手里把龙儿夺了过去，而且细声的对我说：

“我抱着，你敷吧！”

这话还没有说完，她又低了头宝宝心肝的叫起来了。我一边替龙儿擦眼泪敷粉，一边心里却在对他央告：

“宝！别哭吧！爸爸不好，爸爸打得太重了，乖宝，别哭吧，总是爸爸不好，没有能力挣钱做洋服给你穿。”

这心里的央告，正想以轻微的语言说出来的时候，我的咽喉不知怎么的也梗塞住了，同时鼻子也酸了起来。

就在龙儿闹洋服穿的事刚刚过去，接着一件让郁达夫更不痛快的事也随之发生。

郁达夫原有一篇小说寄往上海某书局，该书局老板也答应在书局出版的杂志上登载这篇小说，稿酬一百元。

一百元稿酬，对以教书写作为生的郁达夫来说，的确是一笔很不小的收入。他原计划利用这笔稿酬办许多事情，至少龙儿的洋服钱是要从这里支出的。谁知，就在龙儿闹着要洋服穿的第二天，便接到上海某书局的退稿。其言曰：

已经答应你的稿费一百元，因为这篇小说描写性欲太精细了。不能登载，只好作为罢论，以后还请先生赐以另外的稿子，本社无任欢迎。

郁达夫这里所说的“退稿”，大概系指后来发表在《晨报副镌》上的《秋柳》。

一是《秋柳》创作和发表的时间，与郁达夫致郭沫若信中所说的时间相吻合；二是《秋柳》所描写妓院里的生活与某书局“退稿”信中所言没有大的出入。

正如上海某书局给郁达夫的退稿信中所言，《秋柳》在《晨报副镌》上发表后，一时间招来不少批评和谩骂，就连作者自己也撰文表示这部作品是“失败”了。

郁达夫所遇到的这些不幸，他都一股脑儿地迁怒到孙荃身上——“总之，是我的女人不好”。

郁达夫1923年深秋应聘北京大学统计学讲师时，郭沫若是持反对意见的，事实上也正像他所预料的那样，郁达夫到北京大学后，并没有得到校方当局的重用，直到1925年离开时，仍是个统计学讲师头衔，而名气、才华、学问都远远不如他的几位留日老同学——张凤举、徐祖正等，却早已都是教授了。

再者，郁达夫北上时，已近而立之年，思想成熟，精力充沛，正是成就伟大事业的韶华之春。到京城后，他是有着许多宏伟的，也是很美好的计划的。如组织全国“著作人协会”。

当时的新文坛上，除文学研究会、创造社两大社团，尚有许多规模不大，影响式微的小社团散漫在全国各地，任何社团也没参加的创作者更是不计其数。如果能将全国所有从事创作的人组织起来，有纲领、有计划、有目的进行创作，那么，对“五四”新文学的发展，对新人的培养，都将是大有裨益的。他的这个想法，早在创造社与文学研究会论战正酣的时候就已经开始产生。1922年8月在上海一品香旅社召开的“《女神》纪念会”就是其意图的一次具体体现。同时期发表的《〈女神〉之生日》将他的这种想法阐述得更是分明。

虽然郁达夫提议组织全国“著作人协会”的计划未能成为现实，但这个想法却一直在郁达夫心中盘旋，到北京后，经与周作人、鲁迅等人的接触，更加坚定他的信念。

进一步坚定他信念的动力，首先来自他对鲁迅、周作人等文学研究会中坚的深入认识。

众所周知，创造社中的郭沫若、成仿吾等人对鲁迅、周作人是有“成见”的，这“成见”主要是来自不了解和误会。

到京城，与鲁迅、周作人面对面的接触，郁达夫这才认识到，创造社的“同人”们对周氏兄弟误会了，他们才是真正的“正人君子”，其作品也是一流的。如他曾写信告诉郭沫若，鲁迅的“《故乡》很不坏，《阿Q正传》也很有一读的价值……”又如他和陈翔鹤谈起与周氏兄弟会面后的感想时就充满着无限激情。

从创造社与周氏兄弟的误会里，郁达夫联想到其他文艺团体彼此间的矛盾，也多是由相互间的不了解和误会所造成，因此，愈发感到有组织全国“著作人协会”的必要。

有信念，有动力，郁达夫便四处奔波，多方联络，力求将组织全国“著作人协会”的理想变为现实。

这一次，郁达夫的努力又失败了，而反对者则是在京城声誉卓著的徐志摩、胡适等人。

组织全国“著作人协会”的又一次失败，使郁达夫甚是沮丧。渐渐地，他对京城失望了，对前途和未来也是一片迷茫。

郁达夫在某些方面是有点“神经质”的，情绪化也特别明显。高兴时，天高云淡，风轻日丽；悲伤时，则昏天黑地，飞沙走石。

郁达夫对京城的一切都失望了，所以，他处处感到悲哀，时时都觉凄凉，事事都像青烟——无根无梢，无踪无影。

这样的一种精神状态，无论如何是不可能有所作为的。看来，郁达夫真的该离开北京了，不离京，就要消沉，或将一事无成。

为不虚度光阴，耗费青春，郁达夫自己开始四处寻觅新的谋生之路，探索新的发展机遇。

而新的机遇来临时，却是那么突然。1925 年初，北京大学教授石瑛先生被任命为新组建的武昌大学的校长，武昌大学也就是原来的武昌师范大学，当时许多人还保留着“武昌师大”的叫法。

石瑛与郁达夫的长兄曼陀先生同为“南社”社员，两人常有互动，这一点也影响了郁达夫；加之郁达夫与他既是北京大学的同事，又是《现代评论》的发起人和撰稿人，平素气味相投，思想接近，过从甚密，他的去向，自然也就决定了郁达夫的未来——随他到武昌大学当文科教授。

这一次，郁达夫算真的离开了北京，而且是永远的，以后再也没有来这里从事过文学活动。

武昌大学风波

郁达夫是1925年2月到武昌的。

在北京大学时，他当的是讲师，教的是枯燥无味的统计学。而在武昌大学，他当的是教授，教的是他喜欢和擅长的文艺理论和写作，心情自然是不一样的。

因环境新，心情好，初来乍到武昌时，郁达夫对这里的一切还是乐意接受的，生活还满舒畅闲适。有时和友人爬爬山，游览游览人文景观，有时和爱好文艺的青年学生一同吟吟诗，谈谈文，别有一番情调。他当时的学生李俊民在《落花如雨拌春泥——郁达夫先生殉国四十周年祭》里，曾记录下他在武昌任教时的课余生活。

> 郁达夫是诗人，他爱祖国的山水出于天性，又特别富于感情，一动一静，都可以看到他诗人的气质。武昌以蛇山为脊，长江为襟带，背靠东湖，不乏名胜古迹之地，当风和日丽的假日，大可以徜徉其间。武昌师大的校址在阅马厂（武昌城内的一个广场）之东，东间壁是抱冰堂，即张之洞别墅所在地，堂的四周遍植桃花，每逢花开的季节，游人麇集，热闹异常……
>
> 傍晚出去散步，除抱冰堂外，校舍南面还有一条狭长的长湖，通过沿湖边的一条小街走去，可到达拦在中间的一道短坝，叫长湖堤。每到夕阳西下，男女杂遝，在春风沉醉之中，有时吹来一些箫笛和风琴一类的声音，恍惚间有一点秦淮河的味道，加上郁先生的谈笑风生，因而情趣盎然，感到心境的舒适。
>
> 黄鹤楼是我们必去的地方，但那里游人如织，环境极不宁静，加以占卜、郎中、摊贩等闲杂人群，一片喧闹。上有茶楼，经常是茶客满座，不容我们有一席之地，我们只好站立在黄鹤矶上，下俯大江，看看上下行驶的船只，“孤帆远影碧空尽”的景色，已经看不见了。但是，远瞰着对江龟山之麓的汉阳，倒觉得“晴川

历历汉阳树，芳草萋萋鹦鹉洲”的情景依然在目，名不虚传……

在武昌，山也游了，水也看了，花也欣赏了，但这并没有消磨郁达夫的意志，相反，更坚定了他为社会奋斗，为艺术献身的决心和勇气。

当时，创造社的另一发起人张资平，也在武昌大学任教授，无形中，激发起郁达夫重振创造社的雄心。

对郁达夫的计划，张资平极表赞同，恰巧成仿吾也因事路过这里。三人聚首，重谈创造，都感慨万千，推杯换盏之间，一幅“创造”新蓝图便已绘就——脱离泰东书局，自行筹办“创造社出版部”，并就地印刷章程，筹措股金。

他们三人在武昌商议筹办“创造社出版部”的事，郁达夫在《送仿吾的行》一文里有过约略反映。

> 以年纪而论，仿吾还比我大。可怜的赋性愚直的这仿吾，到如今还是一个童男。去年他哥哥客死在广东。千里长途，搬丧回籍，一直弄到现在，他才能出来。一家老的老，小的小，侄儿侄女，十多个人，责任全负在他的肩上。而现在，我们因为想重把“创造”兴起，叫他丢去了一切，来干这前途渺茫的创造社出版部的大事业。不怕你是一块石，不怕你是一个鱼，当这样的微温的晚上，在这样的高危的楼上，看看前后左右，想想过去未来，叫他怎么能够坦然无介于怀？怎么能够不黯然落泪呢。

由郁达夫这番话里可以看出，他们当时是推举成仿吾专职领衔“创造社出版部”的，而且成仿吾也表示“同意”。

成仿吾离开武昌后，郁达夫、张资平二人便按照三人当时商定的方案，积极进行筹备工作，先是印刷“创造社出版部”的章程，接着是向亲朋好友募集股金。

后终因所需股金缺口太大，未能将“创造社出版部”的牌子挂出。

武昌时期的“创造社出版部”夭折了，但它却为上海时期“创造社出版部”的成立和发展奠定了基础。

军阀混战的旧中国是多灾多难的，而她的子民郁达夫，也和祖国母亲一样，经常遭受灾难的折磨。

来武昌时，他是抱有很大希望的。

在这一个新的环境里，新人新事，没有那么多的个人恩怨和历史旧账的纠葛，总可以甩开膀子，随心所欲地做点自己想做的事。

因时机和经济条件不成熟，“创造社出版部”未能成立起来，虽然有点遗憾，但它并没有刺痛郁达夫那纤弱的心，而真正使他痛心疾首、厌恶至极的则是学校内部保守势力的胡作非为。

石瑛先生是清末民初著名“南社”的社员，以诗文著称，后追随孙中山先生，反清排满，奔走呼号，颇有声名。他执掌武昌大学后，很想有一番作为，先是引进一批像郁达夫这样思想解放、敢于革新创新的年轻教授，继之是对学校里的陈规陋习进行改革。但不料，他的这些有利于学校发展和人才培养的举措，竟遭到学校保守势力的百般阻挠和反对，甚至发展到双方水火不容的境地。郁达夫是坚定地站在以石瑛为代表的进步势力一边，维护正义，蔑视强权，坚持改革，抨击保守，豪气凛然，光明磊落。

以黄侃等人为代表的封建保守势力却将郁达夫视为眼中钉、绊脚石，千方百计进行污蔑攻击，必欲除之而后快。

对石瑛执掌校政后，武昌大学发生的风波，李俊民在他的《落花如雨拌春泥——郁达夫先生殉国四十周年祭》里有记载。

> 武大新校长石瑛就职不到一个月，就发生了一场不算很小的风波。“新官到任三把火”，石瑛这个人是很有“火气”的，他很想引进一批思想比较进步的教师如郁达夫等，对学校的现状也企图有所革新，但一召开校务会议，他提出的打算很少有人响应，而且立即爆发了激烈的反对。老教师中如黄侃（季刚），既是一个

学术名流，也是学生心目中的一个权威，他恃才傲物，性情怪僻，是任何人碰不得的。而石瑛为人又是刚鲠粗暴，不甘忍让的。这样，一经接触，始则大声争辩，继而破口大骂，以至拍桌揎拳，誓不相下，其他教师从中拉劝，也无人分辨是非曲直，结果弄成僵局，会也开不成了。最后石瑛以校长名义，宣称对黄侃解聘，但黄侃不予理睬，既不辞职，也不上课，一部分学生反对石瑛的决定，坚持挽留黄侃，甚至有少数暴徒把石瑛捆绑起来，以武力相威胁。当时武大学生中旧势力比较大，这是因为各系的老教师思想比较陈旧，他们各有一批亲近的学生，都不愿意看到学校的变革，所以都站在黄侃一边，石瑛的处境相当孤立……郁先生也曾在校务会议中仗义发言，但听的人不置可否，落后的学生认为他是石瑛请来的，表面敷衍，实际上对郁达夫并无好感，国文系特别是如此……

正像李俊民先生所言，当时的武昌大学，无论是在教师队伍里，或是学生中间，保守落后顽固势力都占绝对优势。

他们本能地对新生事物反感，为保住那一星半点儿的既得利益，对所有的改革都持反对态度，并千方百计进行抵制。

郁达夫任教这里时，白话和文言之争已经过去七八年，孰输孰赢，孰优孰劣，早已成为不争的事实。而在武昌大学，这却是个新鲜话题，似乎才刚刚开始，“五四”新文学在这里并没有立足之地。

被鲁迅先生讥讽为连文言都没读懂的章士钊，在这里讲演大受欢迎，而“文学革命”主将之一的胡适到这里讲学却受冷落，甚至还遭到诘难和诽谤。由此可见，这里的封建保守势力是多么的根深蒂固。

郁达夫的《咒〈甲寅〉十四号的评新文学运动》就是由此而发的。

据郁达夫讲，胡适来武昌大学讲演那天他也在场。

胡适在讲演中，并没有发什么惊天动地的宏论，也没有什么新鲜之举。其开宗明义的第一句话便是：“真正的文学，本无所谓新旧，不过我们用以表示思想的工具有新旧而已。”

应该说，这本是一场很普通的讲演，若在京津沪等地，根本不会引起什么波澜,但在武昌就不同了,一些封建卫道者,一些“桐城谬种”，一些“选学妖孽”，却把他的这次讲演视为洪水猛兽，祸害无穷，必欲消除影响而后快。

除武昌大学的封建遗老遗少，对胡适的讲演群起而攻之外，就连被他们一向视为“同道”和后盾的章士钊也亲自披甲上阵进行声援。

对武昌大学一些封建遗老遗少们早就窝着一肚子火的郁达夫，也借此机会大大发泄一通。

郁达夫的《咒〈甲寅〉十四号的评新文学运动》，名义是在逐条逐段批驳章士钊的评胡适的“新文学运动”讲演，实际上针对的则是仍奉“文言”为圭臬的“桐城谬种”、“选学妖孽”之流，并告诫那些尚未清醒者，“白话”、“新文学”，都是时代潮流发展的必然结果，任何人想阻挡是阻挡不了的，如果硬要逆历史潮流而动，其结果必将是蚍蜉撼树，螳臂挡车，自取灭亡。

当时武昌大学的风潮，就像是大海的波涛，此起彼伏，一浪高过一浪。

因胡适的讲演，一场新旧文学之争的风浪刚过，另一场更为激烈的风浪迅即又起。

有一位笔名叫“剑公”的，激于义愤和对学校前途命运的关心，写了篇通讯《教授耶抑流氓耶》，揭发武昌大学学潮的真相，痛斥黄侃等人的流氓无赖行为，对校长石瑛的改革表示赞赏和支持。

《教授耶抑流氓耶》在《现代评论》上发表后，一时在武昌大学掀起轩然大波，其中个别人以武大国文系的名义上书湖北督军萧耀南，请他出面干涉学校内政，并尽快促使黄侃复职。言外之意是指责石瑛的改革，肯定黄侃等人的复古倒退行为的。

自幼就不畏强权，一身正气的郁达夫，对这种卑鄙行为，更是怒不可遏，遂撰文怒斥。这就是1925年10月发表在《现代评论》上的《说几句话》。

对武昌大学个别人上书军阀，要他“左右”学校的校长，郁达夫甚是气愤，他认为这是“最不体面的事情”，令人难以容忍，假若这样，那么“我们还要喊叫什么‘打倒军阀’，‘教育神圣’？”与其如此，还倒不如把我们“娶媳妇儿，生小孩，大便小便等神圣的自由权，一齐交给了军阀吧！”

对个人上书军阀，假借集体的名，郁达夫也认为是“最不体面的事情”，为正人君子所不齿。

也许是太义愤填膺吧，郁达夫在《说几句话》中，竟毫不留情面地骂武昌大学为“狗洞”。不料，这“狗洞”又引起一阵波浪。

武大国文系有位名叫蒋鉴章的学生，是黄侃的忠实信徒，尾随其师，亦步亦趋。因其师与石瑛、郁达夫等进步人士和革新者有矛盾，他也唯恐落后得不到恩师的赏识，便抓住“狗洞”二字大做文章，企图煽动其他学生一同反对郁达夫，以达到将进步教师撵出学校的目的。

蒋鉴章的《武昌师大国文系的真相》，在《现代评论》上发表后，不但得到黄侃等保守势力的赞赏，而且还引起该校“国家主义派”分子的共鸣，真可谓是一箭双雕。

“国家主义派”在当时的武昌大学有一定的影响，他们也是不能容忍以郁达夫为代表的进步势力的。蒋鉴章的文章，无意中代他们发了言。而这时主编《现代评论》的大人先生们又是“国家主义派”的，所以大家齐声欢呼，惊堂木一拍，竟以蒋的《武昌师大国文系的真相》为结论，宣称在这场没有法庭的官司中，郁达夫“败诉”。

说郁达夫“败诉”，也的确含有几分真情，因为从这之后，郁达夫算是看清武昌大学的真面目，所有的希望全部破灭，不久也就顺江东下，与它彻底脱离关系。

再一点，郁达夫与太平洋社的合作也算走到尽头。《现代评论》是创造社与太平洋社两家合作共同创办的，郁达夫是为双方合作奔走最力的一个。假若当初没有他的努力，就不可能有《现代评论》的诞生和发展。而今天,《现代评论》却站在反对者的立场上来对自己进行评判诋毁，实在令郁达夫既痛心又伤感。

道不同不相为谋。就此为止，郁达夫也算看清太平洋社诸君葫芦里卖的什么药,从此一刀两断,与《现代评论》再也没有发生任何关系。

郁达夫在武昌大学将近一年的时间。

时间虽短，但它给郁达夫留下的记忆却是刻骨铭心的，终生难以忘怀。此后的岁月里,每逢谈起这段经历时,他总是愤愤然,心潮难平。

1927 年 3 月，郁达夫在《创造社出版部的第一周年》里，回顾这段历史时写道：

> 武昌的改设大学，是我们去了以后的事情，当时我和校长石先生，是主张聘沫若去当文科学长的，哪里知道一位卑污狗贱的李什么蛋和一位同样的什么什么，从中捣鬼，硬想把师大改国立大学的计划打破，并且因为饭碗问题，就暗中阻止沫若的来武昌就职。我们在武昌，又和这些狗仔苦战了半载，终于被他们咬走。

郁达夫对武昌大学的怨气，即使十年后还仍未消除。1935 年 2 月，他在《追怀洪雪帆先生》一文里，论说起这段经历时，还激情难抑，悲愤难遣，言语壮烈。

> 十几年前，我在武昌大学教书。当时有几个湖北的学棍，同几位在大学里教《东莱博议》、《唐诗三百首》的本地末科秀才，结合在一道，日日在寻仇想法，想把当我们去后，重新争得的每月几万元学款，侵占去分肥私用。这几位先生的把持学校，压迫和贿买学生的卑鄙丑恶，简直同目下在我们近旁的一家学店，差仿不多。我的所以要把学府叫作学店者，就因为当事诸公，实在是明目张胆，在把学校当作升官发财的钱庄看的缘故。我看得气起来了，觉得同这一种禽兽在一笼，同事下去，一定会把我的人

性也染成兽色。因而在有一次开会的席上，先当面对它们——那些禽兽——加了一场训斥；然后又做了一篇通讯，把它们的内幕揭了揭穿，至于我自己哩，自然是袱被渡江，顺流东下了。

要而言之，1925 年，是郁达夫创作史和生命史上最黑暗、最悲惨的一年。

在这一年里，他不但创作上没有多少光辉可言，就是夫妻生活方面，也是平淡如水，没有一点细波微澜。唯一可记的是，他辞职前夕曾回北京小住数天，享受了一下夫妻团聚、父子相见的天伦之乐。

同年，长女文儿出生。

痛失爱子

郁达夫从武昌辞职后，因心力交瘁，不久胃病复发，口吐鲜血，形势十分危急，不得已，只好到杭州近郊的一个疗养院治病休息，以俟康复后再去上海，与郭沫若等人一道重新启动“创造社出版部”计划。

没有自己独立的出版机关，将其所出杂志报纸依附别的书局，是要受“继母式的虐待”的，经济上则要受层层盘剥。郁达夫当年义无反顾地脱离泰东书局，恐怕这是其中的一个主要原因。

可以这样说，郁达夫是创造社诸君中最早意识到书局对他们的剥削和压迫的，所以觉悟得也早，离开得也早。一旦有机会振兴创造社，复活《创造》诸刊物时，他首先提议便是自起炉灶，成立自己的发行机构，不再看任何人的眼色行事，无拘无束。另外，成立“创造社出版部”，不仅是郁达夫一个人的意见，郭沫若、张资平、成仿吾等人也有同感，而且这也是时代的必然，大势所趋。郭沫若在《创造十年》中就曾指出这一点。

出版部的组织，在《洪水》创刊后不久，曾经酝酿过一次。

那时是达夫来上海，他主张得最积极。他说，自己没有独立的机关，处处都要受人继母式的虐待。言之不胜其悲愤。

那是有点难怪的。

在被定性为半封建的中国社会里，大抵的人都跳不出个人崇拜或行帮意识的那个圈子。所谓文化人——其实是尤其厉害的：因为文化便是意识的表现也。

在武昌时，因郁达夫、张资平都身兼公职，成仿吾又不能亲来专职，那次筹备"创造社出版部"，尽管章程也印了，招募股金的函也四处散发了，但终因时机未到，条件不成熟而流产了。

郁达夫从武昌辞职后，再度提议成立"创造社出版部"，客观条件已发生根本性的变化。一是他本人有充足的时间，可以全身心的投入；二是郭沫若已从日本回来，无牵无挂，也可以专心于"创造"。

有了成立"创造社出版部"的基本要素，所以，郁达夫病情一有好转，即从杭州赶到上海，与郭沫若一道，再度携手共商大计，共谋"创造"之事。

吸取上一次失败的教训，他们制定了一个新的募股计划——把单位降低，规模缩小，手续简单，程序明了，亲疏不限。"五元一小股，五十元一大股。股东除应享的权利外，还规定有种种的便宜。这计划又因手头有《洪水》作为宣传机关，一发表了出去，便俨如刺中了时代的神经，远近的青年便都翕然响应了"。(郭沫若《创造十年》)

印章程，招募股金，只是"创造社出版部"工作的一部分，重要的还在"文化"的创造。郁达夫到上海后，除将《洪水》的出版权收回来以外，还创办了《创造月刊》作为《创造季刊》的继续。

《创造月刊》的发刊词是郁达夫亲自执笔撰写的。其中有一段话很能代表他们当时的思想。

> 我们的志不在大，消极的就想以我们无力的同情，来安慰安慰那些正直的惨败的人生的战士，积极的就想以我们的微弱的呼声，来促进改革这不合理的目下的社会的组成。至于创造社的脱离各资本家的淫威而独立，本月刊为大家公开的园地等等可以不必再说，想早已为诸君所察及。以后每期的稿子如何，执笔者何人，更不必自吹自捧，预先来引诱诸君。不过有一点我们可以请诸君安心的，就是"我们所持的，是忠实的真率的态度！"《创造月刊》，从今日起，又得每月与爱护创造社的诸君相见了！

《创造月刊》发刊词，实际上就是第二期创造社登场宣言。

第二期创造社，由郁达夫、郭沫若二人再度相聚上海，再加上周全平等"小伙计"们的鼎力相助，很快以崭新的面貌亮相于中国文化界和出版界，备受世人的注目和青睐。

创造社恢复活动之时，正是全国人民准备声讨北洋军阀的紧要时刻。各地群众纷纷起来反抗军阀的专横统治，广东省已成为革命的发源地，在为即将开展的北伐战争做最后部署。北洋军阀政府，为挽救摇摇欲坠的反动政权，也在做垂死挣扎。

在这样一种大动荡、大分化的形势下，郁达夫怀着满腔热情，想以实际行动，为革命做一番贡献。因此，当郭沫若邀请他同到广东大学任教时，他欣然同意前往。

随同郭沫若南下广州的途中，郁达夫的心情是格外的激荡和喜悦的，对未来、对生活、对前途又都重新充满着希望和信心，暗暗地下定决心，要彻底地"改变旧习，把满腔热忱，满腹悲愤，都投向革命中去……"（郁达夫《鸡肋集·题辞》）

说来也巧，郁达夫、郭沫若一行刚抵达广州，"创造"时代的同人成仿吾、穆木天、郑伯奇等人也不约而同地从四面八方汇聚到了这里。

因创造社的主要成员大多都集中在广州的盛景和诸多有利条件，他们自觉不自觉地又开始沉浸在"创造"时代的幻景美梦中。一方面热情洋溢的服务于广东大学，为行将爆发的第二次国内大革命培养输送人才；另一方面则积极地筹备创造社出版部广州分部，为现在和未来的民族解放事业做些精神及舆论上的准备工作，同时也意在进一步促进南方新兴文艺的繁荣昌盛。

但不幸的是，正当郁达夫准备在这革命的策源地改造思想、磨炼意志、大展宏图和抱负的时候，却突然从北京传来儿子病危的消息，等到他历尽千辛万苦，辗转赶到北京的家中时，掌上明珠的龙儿已经埋葬四天。

龙儿是郁达夫和孙荃的长子，也是他们二人的希望和寄托。龙儿聪明乖巧，活泼可爱，他的出生，曾给这个布满阴霾气氛的家带来许多亮色，同时也为父母亲带来从来没有过的欢乐和欣喜。

只要有龙儿在，再大的困难，再严重的悲哀，都会化为乌有。用郁达夫自己的话说：

> 想起来，龙儿实在是一个填债的儿子，是当乱离困厄的这几年中间，特来安慰我和他娘的愁闷的使者！
>
> 自从他在安庆生落地以来，我自己没有一天脱离过苦闷，没有一处安住到五个月以上。我的女人，也和我分担着十字架的重负，只是东南西北的奔波飘泊。然当日夜难安，悲苦得不了的时候，只教他的笑脸一开，女人和我，就可以把一切穷愁，丢在脑后。
>
> ——郁达夫《一个人在途上》

天公从不作美，它也从不怜惜不幸的人们。对郁达夫和孙荃夫妇尤其是如此。

可以说，龙儿是郁达夫夫妻相亲相爱的纽带，是他们婚姻大厦能够长久矗立的唯一支柱，也是滋生他们欢声笑语的主要源泉。就是这样的“唯一”，天公也不允许它的存在，非要把它给生生的夺去不可，而且手段也是异常的残忍。

龙儿患的是绝症"脑膜炎"。在当时的医疗条件下，患这种病，必死无疑。就是华佗再世，也不可能起死回生。

更让人心痛的是，小小年纪的龙儿，为医好自己的病，竟是那样的忍耐，那样的百般配合，直到生命的最后一息。

说到龙儿的病和他生命的最后阶段，郁达夫在悼念之作《一个人在途上》里是这样写的。

> 他的病，说是脑膜炎，自从得病之日起，一直到旧历端午节的午时绝命的时候止，中间经过有一个多月的光景。平时被我们宠坏了的他，听说此番病里，却乖顺得非常。叫他吃药，他就大口的吃，叫他用冰枕，他就很柔顺的躺上。病后还能说话的时候，只问他的娘："爸爸几时回来？""爸爸在上海为我定做的小皮鞋，已经做好了没有？"我的女人，于惑乱之余，每幽幽的问他："龙！你晓得你这一场病，会不会死的？"他老是很不愿意的回答说："哪儿会死的哩？"据女人含泪的告诉我说，他的谈吐，绝不似一个五岁的小儿。
>
> ……
>
> 我女人说，濒死的前五天，在病院里，叫了几夜的爸爸！她问他："叫爸爸干什么？"他又不响了，停一会儿，就又再叫起来；到了旧历五月初三日，他已入了昏迷状态，医师替他抽骨髓，他只会直叫一声："干吗？"喉头的气管，咯咯在抽咽，眼睛只往上吊送，口头流些白沫，然而一口气总不肯断。他娘哭叫几声"龙！龙！"他的眼角上，就会迸流些眼泪出来，后来他娘看他苦得难过，倒对他说：
>
> "龙，你若是没有命的，就好好的去吧！你是不是想等爸爸回来？就是你爸爸回来，也不过是这样的替你医治罢了。龙！你有什么不了的心愿呢？龙！与其这样的抽咽受苦，你还不如快快的去吧！"

> 他听了这一段话，眼角上的眼泪，更是涌流得厉害。到了旧历端午前的午时，他竟等不着我的回来，终于断气了。

可怜的龙儿，终于未能等到他的爸爸——郁达夫回来，便咽下了最后一口气，永远地离开了人世间。

龙儿的夭折，对他的母亲——孙荃打击太大了，她几乎要发病发狂。有一次夫妇俩正睡午觉，“她骤然从床上坐了起来，鞋也不拖，光着袜子，跑上了上房起坐室里，并且更掀帘跑上外面院子里去……只见她在那里四面找寻什么。找寻不着，呆立了一会儿，她忽然放声哭了起来”，尔后是抱住郁达夫急急地追问说：“你听不听见？你听不听见？”接着又是一阵大哭，并说，听见了龙儿叫娘的声音，还十分肯定地说：“的确是龙儿回来了。”

因龙儿的死，妻子悲伤得几近崩溃，作为父亲的郁达夫，同样悲伤得痛不欲生。他在《一个人在途上》中的记忆是：

> 到家之夜，一见了门上的白纸条儿，心里已经是跳得忙乱，从苍茫的暮色里赶到哥哥家中，见了衰病的她，因为在大众之前，勉强将感情压住。草草吃了夜饭，上床就寝，把电灯一灭，两人只有紧抱的痛哭，痛哭，痛哭，只是痛哭，气也换不过来，更哪里有说一句话的余裕？
>
> 受苦的时间，的确脱煞过去得太悠徐，今年的夏季，只是悲叹的连续。晚上上床，两口儿，哪敢提一句话？可怜这两个迷散的灵心，在电灯灭黑的黝暗里，所摸走的荒路，每会凑集在一条线上；这路的交叉点里，只有一块小小的墓碑，墓碑上只有“龙儿之墓”的四个红字。

因思念爱子心切，郁达夫到北京后的第二天，就和妻子孙荃一道到龙儿的墓地去祭奠。他说：

到京的第二日，和女人去看他的坟墓。先在一家南纸铺里买了许多冥府的钞票，预备去烧送给他。直到了妙光阁的广谊园茔地门前，她方从呜咽里清醒过来，说："这是钞票，他一个小孩如何用得呢？"就又回车转来，到琉璃厂去买了些有孔的纸钱。她在坟前哭了一阵，把纸钱钞票烧化的时候，却叫着说：

"龙！这一堆是钞票，你收在那里，待长大了的时候再用，要买什么，你先拿这一堆钱去用吧！"

这一天在他的坟上坐着，我们直到午后七点，太阳平西的时候，才回家来。临走的时候，他娘还哭叫着说："龙！龙！你一个人在这里不怕冷静的么？龙！人家若来欺你，你晚上来告诉娘吧！你怎么不想回来了呢？你怎么梦也不来托一个呢？"

——郁达夫《一个人在途上》

为安慰因龙儿夭折而悲伤过度的妻子，郁达夫这一次竟例外地陪伴她度过了一百多个日夜。用他的话说，"今年的一个暑假，就是这样的，在悲叹和幻梦的中间消逝了"。

因离别南方时匆匆忙忙，再加上离去的时间太长，那边催促快回去的信是一封接着一封。无奈，他只有忍痛离去。"现在去北京远了，去龙儿更远了，自家只一个人，只是孤零丁的一个人。在这里继续此生中大约是完不了的飘泊。"

或许是谶语，或许是不幸而言中，这之后，郁达夫真的老是在没完没了的"飘泊"，直到生命的晚期，还仍在海浪滔滔、丛林莽莽的南洋诸岛"飘泊"，甚至连尸骨也不知"飘泊"到了何处。

纵观郁达夫与孙荃六七年的夫妻生活，离多聚少。相聚时又多与哀愁相伴，吵闹相随，这一次郁达夫却表现出了少有的温柔体贴，然而，这是仅有的一次，也是最后的一次。他们的龙儿去了，二人的情缘也仿佛到了尽头，等到夫妻二人再相见时，已是数年后的事情。

郁达夫离京而去，他们的这个家也随着他的远去，渐渐地开始消亡，这之后，他再也没有回到北京这个家。

是在这一年，郁达夫和孙荃的第三个孩子阿熊出生。

最后的温情

长子龙儿之殇，给郁达夫和孙荃带来无限的伤感，“暑假中的三个月，完全沉浸在悲哀里”。然而，也因龙儿的不幸夭折，改变了他们家中曾经不太和谐的气氛，弥合了他们夫妻间的种种裂痕，一度将他们的“爱”推向巅峰。

郁达夫离京南下广州之初的《劳生日记》《病因日记》就清清楚楚地记录下他和孙荃千里相思的足迹和斑斑泪痕。

1926年的11月3日，郁达夫在日记中写道：

> 今天是礼拜三，到广州是前前礼拜的星期五，脚踏广州地后，又是十二三天了，我这一回真悔来此，真悔来这一个百越文身的蛮地。北京的女人前几天有信来，悲伤得很，我看了也不能不为她落泪，今天又作了两封信去安慰她去了。
>
> 天气晴朗，好个秋天的风色，可惜我日暮途穷，不能细玩岭表的秋景，愧煞恨煞。
>
> 搬来此地，本也为穷愁所逼，想著译一点新书，弄几个钱寄回家去，想不到远遁到此，还依旧有俗人来袭，托我修书作荐，唉唉，我是何人？我哪有这样的权力？真教人气死、真教人愤死！
>
> 是旧历的九月廿八，离北京已经有一个多月了。我真不晓得荃君是如何的在那里度日，我更不知道今年三月里新生的熊儿亦安好否？

这则日记内容丰富，透露出他们夫妻间的很多情感信息。

京城离别后，郁达夫和孙荃相互思念、牵挂之情，日甚一日，仿佛“初恋”一般。

一个多月的时间里，孙荃有两封信致郁达夫，而郁达夫因这段时间太匆忙太劳累，未能及时通报音讯，一再表示内疚和自责。“真悔来此，真悔来这一个百越文身的蛮地”。

在这一个多月的时间里，郁达夫先是“在上海耽延了两星期之久，其间编了一期第五期的《创造月刊》，做了一篇《一个人在途上》的杂文”，仓皇赶到广州后，又因学校里闹“风潮”等原因，无暇顾及北京的妻儿，而一旦坐下来，他便一天写两封信给孙荃，以示“安慰”。

长子龙儿过早地离开人间，新生的“熊儿”也就成了郁达夫所有的牵挂。1926 年 11 月 4 日，他的日记是：

> 三点多钟去中山大学会计课，领到了一月薪水。回来作信与荃君，打算明早就去汇一百六十块钱寄北京。唉唉！贫贱夫妻，相思千里，我和她究竟不识要哪一年哪一日才能合住在一块儿。
>
> 晚上上东山去，《迷羊》作成后，想写一篇《喀拉衣儿和他的批评态度》寄给《东方杂志》，去卖几个钱……

往日里，郁达夫钱一到手，不是去逛书店，买一堆书回来自得其乐，就是约几个好朋友到酒楼喝个天昏地暗。现在却不同，有了钱他首先想到的是妻儿，这是他观念和情感的一大转折，很有意义，值得纪念。

次日，即 1926 年 11 月 5 日，郁达夫在日记中又谈起往北京家中汇款的事。

> 昨晚上因为领到了一月薪水，心里很是不安。怕汇到了北京，又要使荃君失望，说：“只有这一点钱。”实在我所受的社会的报酬，也太微薄了。上床以后，看了半天书，一直到十二点钟才睡着，所以今天一早醒来，觉得有点头痛。天气很晴爽，出去出恭的时候，

太阳刚从东方小屋顶上起来，一阵北风，吹得我打了两个冷痉。

九点钟的时候，去邮局汇钱……

郁达夫所汇的一百六十块大洋，在当时已是很大的一笔款项，足够一个普通的三口之家半年的费用，一次往家中汇去这么多，应该说不少了，但在此时郁达夫的眼里却是“微薄”得很，唯恐妻子“失望”。由此可以看出，“家”在郁达夫心中的地位逐渐上升，日益重要。

1926年11月10日以后，郁达夫在日记中所记，愈发显得夫妻情深。

午前去监考，一直到午后四点钟。到创造社分部去坐了一忽。回来吃晚饭，喝了一瓶啤酒，想起北京的荃君和小孩，又哭了一阵。晚上入浴，好像伤了风，作北京的家信。

俗语说的好，男儿有泪不轻弹，只是未到伤心处。隔了一天，郁达夫在日记中又写道：“我自离家之后，已有一个半月，这七八天内，没有接到荃君的来信，心里很是不快。”

北京、广州，两地相隔几千公里，一封普通信在途中行走七八天尚属正常。郁达夫七八天内，没有接到孙荃的来信，心中便感到不安和不快，其惦念之情可见一斑。因此，第二天一早醒来，即“作了一封北京的家信”。

1926年11月15日，郁达夫的日记是：

午前起来，换上棉衣，又想起了荃君和熊儿。儿时故乡的寒宵景状，也在脑里萦回了好久，唉，我是有家归未得！

这真是应了文人常用的那句老话，触景生情，感慨万端。1926年11月17日他的日记是：

盼北京的信不来，心里颇为焦急。早晨到学校去看报，想把中山大学内的编辑委员会组织案来考虑一下，终于没有写成功。

因等候孙荃夫人的信函，心神不宁，坐卧不安，以至到了什么事情也不想做，什么事情也做不成的境地，这就是广州时期的郁达夫。

11月4日，郁达夫在中山大学会计课领了一个月的薪水，第二天的九点钟便给北京的孙荃夫人汇去了一百六十块。同月17日的下午，“领了八、九两月份的残余薪水，合计起来，只有一百余元而已”。

下午领的“残余薪水”，第二天“早晨就跑到西关邮政局去汇了一百块钱给北京的荃君”。

半月之内，先后汇回家中二百六十块大洋，郁达夫仍感到“微薄”，隔了两天，又托朋友买了二十多元的燕窝带回北京。

1926年11月21日，郁达夫的日记是：

午前写了一封信给北京的荃君，告诉伊已有二十余元钱的燕窝，托唐有壬带上了。自搬到法科学院住后，已有二十天左右，发回去的家信，还没有覆书，不晓得究竟已送达了没有。

孙荃生龙儿时，郁达夫在上海“买了一枝参”，托人捎回去，意在让她“好好的保养身体”，而孙荃生熊儿后，郁达夫买的是“燕窝”，同属补品，目的和意义完全相同。

1926年11月25日，郁达夫在日记中写道：“今天气力疏懈，无聊之至，想写信至北京，又不果。”次日的日记是：

午后五时约学生数人在聚丰园吃饭。饭后到创造社分部，晤仿吾，决定于五日后启行，到上海去整理出版部的事情，广州是不来了，再也不来了。见了周某骂我的信，气得不了，就写了一封快信去北京，告诉家中，于五日后动身的事情。

不言自明，郁达夫的这封家书，是向孙荃夫人报告他辞去广州的教职，回上海专做创造社出版部事情的。

1926年12月1日，郁达夫的日记里：

> 接了荃君的来信，伤感之至，大约三数日后，要上船去上海，打算在上海住一月，即返北京去接家眷南来。

这则日记说得很明白，郁达夫打算在上海将创造社出版部的事情理出个眉目后，“即返北京去接家眷南来”，全家团圆，彻底消除那两地相思之苦。

1926年12月4日，郁达夫的日记是：“午后四点多钟，和仿吾去学校。好容易领到了十一月份的薪水，赶往沙面银行，想汇一点钱至北京，时候已太迟了。”

当天没有将款汇成，第三天的一大早便“跑上邮局去汇了一百四十元大洋至北京”。

这是郁达夫在广州最后一次汇款给孙荃，九天后，他正式宣告结束广州的革命生涯，回上海开始新的“创造”梦。

到上海伊始，郁达夫还是很思念孙荃母子的。1927年1月8日的《村居日记》是：

> 晨七时即醒，听窗外雨滴声，倍觉得凄楚。半生事业，空如轻气，至今垂老无家，栖托在友人处，起居饮食，又多感不便，啊，我的荃君，我的儿女，我的老母！

1927年1月10日的《村居日记》是：

> 出去约华林上创造社出版部去。看了许多信札，又看了我女人的来书，伤心极了。她责备我没有信给她，她说在雪里去前门

寄皮袍子来给我，她又说要我买些东西送归北京去。我打算于《创造》六期编完后，再复她的信。

孙荃在信中对郁达夫的“责备”不是没有道理的。

郁达夫在写《劳生日记》和《病因日记》时，几乎每天都有“孙荃”和“北京”的字样出现，到上海后，她们母子已很少上郁达夫的心头；再者，在广州时，郁达夫对孙荃的来信都及时回复的，到了上海，则怠慢多了，而且是时有时无。

1927 年 1 月 13 日的《村居日记》是：

昨晚上接到邮局的通知书，告我皮袍子已由北京寄到，我心里真十分的感激荃君。除发信告以衷心感谢外，还想做一篇小说，卖几个钱寄回家去，为她做过年的开销。

中午云散天晴，和暖得很，我一个人从邮局的包裹处出来，夹了那件旧皮袍子，心里只在想法子，如何的报答我这位可怜的女奴隶。想来想去，终究想不出好法子来。我想顶好还是早日赶回北京去，去和她抱头痛哭一场。

这则日记，是郁达夫最后一次在日记中正面表述他和孙荃之间“爱恋”情感的文字。之后，“孙荃”二字已很少在郁达夫笔下出现。

危机的序曲

郁达夫在北京处理完长子龙儿的丧事，第二次光临广州时，险些因女作家白薇的出现，导致他们家庭的破裂。

居无定所，行无踪迹，天然成趣，任意东西，一切皆随缘。这就是郁达夫真实性情的写照。

长子龙儿的夭折，使郁达夫太过于悲伤了，所以，他在京城里一待就是三月有余，至于在广州的任职和所承担的教学任务，似乎已经忘却。等到他从丧子的悲哀中解脱出来，风尘仆仆地赶到广州时，这里的形势已发生了巨大的变化。他初来时任教的广东大学已更名为中山大学。校长一职也由著名的教育家、国民党元老经亨颐先生改为国民党右派主帅、理论权威的戴季陶担任。

不言而喻，因校方主要人事权的更迭，再加上时不待人，郁达夫的文科教授一职也就顺理成章地移位给了他人。

郭沫若、阳翰生、李一氓等人投笔从戎，参加实际的革命斗争去了，成仿吾、郑伯奇等人也应邀到黄埔军校当了教官。

物是人非。此情此景，令郁达夫不胜悲凉。再加上诸多不快和不顺心，所以，他在日记中牢骚满腹，颇多愤言。1926 年 11 月 3 日的日记是：

> 仓皇赶到广州，学校里又起了风潮，我的几文薄俸，又被那些政客们抢去了。
>
> 在文科学院闷住了十余天，昨日始搬来天官里法科学院居住，把上半年寄存在学校里的书箱打开来一看，天呀天呀，你何以播弄得我如此的厉害，竟把我这贫文士的最宝贵的财产，糟蹋尽了。啊啊！儿子死了，女人病了，薪金被人家抢了，最后连我顶爱的这几箱书都不能保存，我真不晓得这世上真的有没有天理的，我真不知道做人的余味，还存在哪里？我想哭，我想咒诅，我想杀人。

旧的悲哀尚未完全离去，一股新的伤感又悄悄地袭上心头。而且，这新的伤感，较之前面的旧悲哀，从层次和意义上来说，又有着质的不同。

旧的悲哀，由丧子引起的，是属一家一己的不幸；而这新的伤感，则是由为国家、为民族的前途和命运的担忧所滋生起来的，伤的是国家的不幸，感的是民族的悲哀。

郁达夫虽然是以小说、诗歌、散文等文艺作品名扬于世，但他在骨子里有着强烈的参政意念，而且他也具备这方面的才干和气质。

对郁达夫治国平天下的才干，他的老同学、老朋友郭沫若曾有过充分的肯定和赞赏。

正是因为郁达夫具有强烈的参政意识和干练通达的治国才能，再加上他那浓厚的诗人气质和文学家超前的敏锐性，所以，他对事物的认识往往是入木三分，洞悉一切。正像他在《鲁迅的伟大》一文中对鲁迅的评价那样——“当我们见到局部时，他见到的却是全面。当我们热衷去掌握现实时，他已把握了古今未来”。

1926年国共两党领导的北伐战争，在正确的方针路线指引下，经过两党同志的共同努力和广大将士们的浴血备战，横扫北洋军阀，荡涤污泥浊水的大革命，就像滚滚东流的长江水，一泻千里，锐不可当。南北一统，山河一片的大好局面，瞬间就可能成为现实。

而就在前方将士凯歌高奏，后方人民欢欣鼓舞的时候，一股反革命的暗流已悄然涌动。

郁达夫从京城回到南方，一踏上广州这块热土就已闻到了这股不平常的气息，同时也敏感地意识到了这股“暗流”的反动性，及其巨大的破坏性。不由得忧心忡忡，寝食难安。1927年1月6日的《广州事情》就是他这种心情的自然流露。

> 广州情形，从表面上看来，已经可以使我们喜欢了。宽广的马路，高大的洋房，新建设的公园，威严的衙门，凡初到广州的人，见了这些表面的建设，总没有一个不眉飞色舞的，以为我们中国人，也有这一种能力，我们中国人，也有比各处工部局更有希望的经营才具。然而我们再仔细一问，才知道这一条宽广的马路底下，曾经牺牲了多少民众的脂血。这些脂血，若完全洒在马路上面，倒也是可通的话，但是这些脂血，却被一个政府中的人吸收去了。

他一个人肥胖得厉害，戴上了眼镜，坐起汽车来了，而广州的路上，便添了许多无立锥之地的穷民。

郁达夫对广东新政府的失望、愤懑之情，在这个时期的《劳生日记》《病闲日记》里时常有所流露。如1926年11月11日的日记是："一种孤冷的情怀，笼罩着我，很想脱离这个污浊吐不出气来的广州……"

因不满广东新政府的腐败堕落，自然也对中国革命的前景发生怀疑，由怀疑而失望，由失望而愤懑，再至消极，表现在行动上便是醇酒妇人，醉生梦死，得过且过。1926年11月21日的日记是：

现在我的思想，已经濒于一个危机了，此后若不自振作，恐怕要成一个时代的落伍者，我以后想在思想的方面，修养修养。年纪到了中年，身体也日就衰老，若再醉生梦死的过去一二年，则从前的努力，将等于零，老残之躯，恐归无用，振作的事情，当自戒酒戒烟，保修身体做起。

除了用醉酒来麻痹自己，企图逃避不堪入目的社会现实和政治赌场，再一点就是希望从酒场醒来，再到温柔乡里去梦死一回。1926年12月3日的日记是：

这时候天又开始在下微雨，回学校终究是不成了，不得已就坐了洋车上陈塘的妓窟里去。午前一点多钟到了陈塘，穿来穿去走了许多狭斜的巷陌，下等的妓馆，都已闭门睡了。各处酒楼上，弦歌和打麻雀声争喧，真是好个销金的不夜之城。我隔雨望红楼，话既不通，钱又没有，只得在闹热的这一角腐颓空气里，闲跑瞎走，走了半个多钟头，觉得像这样的雨中飘泊，终究挨不到天明，所以就摸出了一条小巷，坐洋车奔上东堤的船上去。

夜已经深了，路上只有些未曾卖去的私娼和白天不能露面的同胞在走着。到了东堤岸上，向一家小艇借了宿，和两个年轻的疍妇，隔着一重门同睡。她们要我叫一个老举来伴睡，我这时候精神已经被耗蚀尽了，只是摇头不应。

在江上的第一次寄生，心里终究是怕的……一边只在对了横陈着的两疍妇发抖，一点一滴的数着钟声，吸了几枝烟卷，打死了几个蚊子，在黑黝黝的洋灯底下，在朱红漆的画艇中间，在微雨的江上，在车声脚步声都已死寂了的岸头，我只好长吁短叹，叹我半生恋爱的不成，叹我年来事业的空虚，叹我父母生我的时辰不佳，叹着，怨着，偷眼把疍妇的睡态看着，不知不觉，也于午前五点多钟的时候入睡了。

虽然郁达夫借酒消愁，到温柔乡里去寻求梦幻，但在骨子里，他还是渴望有所作为，有所追求，同时也希望得到真的爱情。这期间，几乎要撞出点爱情火花的是他和白薇的一段邂逅相遇。

白薇是一位多情善感、妙笔生花，而又桀骜不驯、永不向恶势力和命运屈服的年轻知识女性。

她姓黄，名彰，白薇是其笔名。1894 年，出生在湖南资兴县一个没落的封建地主大家庭里，嫡亲祖母赵翠兰——“原是太平天国王府里的宫女，女将洪宣娇的部属。天京被曾国藩的湘军攻破后，她和一些姐妹，舞双刀，跨战马，跟着太平军余部，冲杀出来，流散到资兴的清江一带”。（白舒荣、何由《白薇评传》）

当时身为湘军军官的黄秋芳，见赵翠兰穿着绿衣红裙，生得娇小玲珑，优雅娴静，走路的风韵，像是天神踏着白云，有不能形容的清高飘逸，心里非常喜爱，遂纳之为妾。

正是因为在骨子里流淌着“造反者”的血液，白薇天生具有不畏强权，不怕艰险，敢于只身闯天下的胆略。

又因其父黄达人曾留学日本，参加过同盟会，创办过新式学堂，所以，在白薇的脑海里又注入革命、民主、自由的新概念。

特殊的生长环境，特殊的家庭教育，为她以后的成长，以及逃出资兴，漂洋过海到异邦寻求新知打下了坚实的基础。

1926年，受国内轰轰烈烈大革命的影响，年轻的白薇毅然放弃仅剩两年的研究生学业，投身广州，参加实际的革命运动。

因为在日本时，白薇就和创造社的郑伯奇、李初梨、朱镜我等人有来往，所以到广州后，她便受到创造社诸作家的热烈欢迎。请她看戏、划游艇、逛公园，一同畅谈“国事、时局”和彼此的风险经历，以及个人生活，仿佛回到了家中。

白薇——一个封建婚姻的牺牲品，受尽折磨和侮辱，累累伤痕，斑斑血泪；郁达夫同样是封建婚姻的受害者，满腹怨曲，几多伤感。

两个天涯沦落人，为了共同的革命理想和生存需求，同一时间都出现在广州城，自然会引起朋友们的关注。郑伯奇、王独清等创造社元老，当时是热烈地希望郁达夫和白薇多接触接触，使二人孤寂的心灵能得到些安慰。1926年11月15日，郁达夫的日记是：

> 在学校的宿舍里，遇见伯奇，他告诉我说：“白薇来广州了”；他的意思，是教我去和她接近接近，可以发生一点新的情趣，但是我又哪里有这一种闲情呢？老了，太老了，我的心里，竟比中国的六十余岁的老人，还要干枯落寞。

对老朋友们的良苦用心和热切期待，郁达夫是心存感激之情的，然而表现在行动上，则可谓是犹豫彷徨，疑虑重重，举步维艰。这其中的一个主要原因是为家庭婚姻所困，使他失去追求爱情的勇气。

1926年的郁达夫，除长子龙儿夭折外，尚有一对儿女在襁褓中。有了儿女就要承担抚养教育的责任，否则便要受到社会舆论的谴责，自己的良心也会因此感到内疚和不安。

但是，郁达夫的心境实在是太孤独太郁闷了，迫切需要有新的刺激方能使其振作，重新焕发革命斗志和创作的青春。

十分熟知郁达夫生活和性情的郑伯奇等人，很自然地想起了女性。他们是想用女性的温柔和爱情的力量，来刺激郁达夫那已近乎麻木沉沦的神经，恰逢其时年轻貌美、又充满活力的知识女性白薇来到了广州，于是他们便极力怂恿郁达夫和白薇多多接触，以期碰撞出点爱的火花。

郁达夫虽然没有和白薇谋过面，但对她还是有所了解的，一是白薇在东京时，曾和创造社的老将郑伯奇、新秀李初梨、朱镜我等人有着密切来往；二是白薇的文名在当时已是响彻大江南北，不可能不引起郁达夫的注意。

白薇的成名作是诗剧《琳丽》，它一经发表，便不同凡响。陈西滢在《现代评论》上撰文予以高度评价，称她是"新文坛的一个明星"。

从陈西滢对白薇诗剧《琳丽》的高度赞扬声里，便可知悉白薇在当时文坛上的名声是多么响亮了。

郁达夫对白薇的态度尽管是如此的复杂矛盾，但在内心深处他还是想和她见上一面，以睹芳容，聊慰心愿。于是乎，就在郑伯奇等人提议让他和白薇多接触的第二天，他们便在朋友间聚会的宴席上相见了。1926年11月16日，郁达夫的日记是：

> 午前在家中不出，读小说《望乡》。午后赴分部晤仿吾，因即至酒馆饮酒，在席上见了白薇女士。她瘦得很，说话的时候，带着鼻音，憔悴的样子，写在她的身上脸上。在公园的黄昏细雨里，和她及独清仿吾走了半天，就上西关的大新天台去看戏，到半夜才回来。

初次相见，郁达夫和白薇虽然都没有明确表示什么，更没有碰撞出什么灿烂的火花，但彼此在心中总算留下一道深深的印痕，尤其是郁达夫，他对白薇的观察是细致入微的。这之后的相见却日渐多了起来。其中的蛛丝马迹从郁达夫当时的日记里都可以找得到，如1926年11月18日，他的日记是：

午后遇见王独清穆木天，吃了酒。当夕阳下山的时候，登粤秀山的残垒，看了四野的风光。晚上月亮很大，和木天白薇去游河，又在陆园饮茶，胸中不快，真闷死人了。

次日的日记是：“午后就在创造社分部楼上遇见了独清。他要我和白薇女士上东山去，我因为中山大学开会的原因，没有答应他，和他们在马路上分别了。”

再隔一天的日记是：“晚上同白薇上刘家去，见了一位新结婚的L太太，说是军长T的女儿，相貌很好。同她们打了四圈牌，走回家来，天又潇潇地下起雨来了。”

同月29日的日记又写道：“夜和白薇及其他诸人去逛公园，饮茶，到十一点钟才回来，天闷热。”

十多天来的数次接触，使郁达夫对白薇的情感也日益浓烈起来，甚至一度要跨越“雷池”。1926年12月3日，他的日记是这样写的：

晚上又有许多年轻的学生及慕我者，设饯筵于市上……白薇女士也在座，我一人喝酒独多，醉了。十点多钟，和石君洪君白薇女士及陈震君又上电影馆去看《三剑客》，到十二点散戏出来，酒还未醒。路上起了危险的幻想，因为时候太迟了，所以送白薇到门口的一段路上，紧张到了万分，是决定一出大悲喜剧的楔子，总算还好。送她到家，只在门口迟疑了一会，终于扬声别去。

从这则日记里可以看出，经过短暂十数天的接触，郁达夫对白薇的情已发展得如此浓烈，再进一步的结果，无疑便是床笫之欢了。

但道德的束缚、家庭的困惑、理智的作用，终于使郁达夫未能在“雷池”边上再向前迈一步，否则，郁达夫和白薇后半生的生活将是另一番景象，历史也将重写。

郁达夫对白薇的好感、爱恋，从他的日记里可窥知一二，而白薇对郁达夫的态度因其没有文字记载，不好武断地说出个子丑寅卯来，但这也并不是说没有一点迹象可循。如郁达夫1926年12月10日的日记云：“晚上十点钟睡觉，白薇送我照相一张，很灵敏可爱。”

向男性赠送照片，虽然不能说是爱的表示，或含有别的深意，但至少可以断定这是友好的象征。

郁达夫与白薇的关系，因白薇突然要回湖南省亲，二人没有再进一步发展下去，但彼此间留下的印象却是很好的，其温馨美妙也常驻心头。

白薇的突然离去，在郁达夫的心里添上了淡淡的哀愁，白薇离粤返湘的前一天，郁达夫在日记中写道：

> 在清一色午膳，膳后返家，遇白薇女士于创造社楼上。伊明日起身，将行返湖南，托我转交伊在杭州之妹的礼物两件。
>
> 晚上日本联合通信社记者川上政义君宴我于妙奇奇酒楼，散后又去游河，我先返，与白薇谈了半宵，很想和她清谈一晚，因为身体支撑不住，终于在午前二点钟的时候别去。
>
> 返寓已将三点钟了。唉，异地的寒宵，流人的身世，我俩都是人类中的渣滓。

在白薇离开广州后，郁达夫又发出一声长长的叹息：“白薇去了，想起来和她这几日的同游，也有点伤感。可怜她也已经白过了青春，此后已不晓得她将如何结局。”

一样的命运，同样的苦难，相似的情感炼狱，使郁达夫和白薇的情感悄然拉近了许多。

也因同样的理由，使他们的爱成了没有音符的歌。

对郁达夫的那种时明时暗、亦真亦幻的情感，白薇虽没有明言表示接受，但在心灵深处却是铭记的。几十年后，她还撰文纪念郁达夫，深切缅怀他的这番情谊。

1984年，白薇在《回忆郁达夫先生》一文中，开宗明义的第一句话便是：“郁达夫先生是个好人啊！”

多少情感，多少年的思念，一句话便说了个透彻。

在谈到郁达夫对她的关心爱护和帮助时，白薇写道：

> 郁达夫像个老朋友，一点架子也没有，也没有陌生的感觉，可是很有礼貌，他关心我的前途去向，他力劝我这次回家无论如何要正式结束与李家的罪恶婚姻关系，鼓励我坚定地走文学的道路，而且要打开眼界，看到国家民族，使我深受感动。他们鼓励我到武汉去参加北伐革命工作。这是我一生中投入革命大洪流的开始。
>
> 郁达夫先生当时已是中山大学的教授，身边比较有几个钱，但他为人很慷慨，常请大家吃饭，酒喝得半醉便作诗抒怀。因为他要回上海工作，便辞去了中山大学的教职。十二月七号，是他的生日，我也和大家一起参加了他的三十生辰庆祝会。当时我想：三十岁还不能算寿辰，为什么要庆祝呢？很久以后，我才理解：那是革命的聚会，文思勃发的聚会，所以到会的朋友都作诗一首以志这一难忘的聚会。这次会上，话题很多，话锋激荡，对社会时弊切中要害，我虽尚不敢高谈阔论，但深有同感。席间，我尤其佩服郁达夫先生的态度，有人说我的创作思想受创造社的影响很深，这不是没有根据的。

对郁达夫追求、暗恋她一事，白薇也直言不讳。其言曰：“当时不知是谁偷偷告诉我，说是郁达夫有意追求我，使我吓了一跳。我深心尊敬他是文学先驱，是长辈！这话我几乎不敢听，也不相信。但我从此不敢单独接近他。”

广州分别后，郁达夫和白薇再度相聚上海时，因时过境迁，彼此相爱的情愫消失了，但纯真的友情却在日益向前发展。这在白薇

《回忆郁达夫先生》里有记载。

> 一九二七年，汪精卫叛变，大革命失败，我辞去了武昌中山大学教职，愤然离开国际编译局跑到了文化人集中的上海。我身边无钱，住不起旅馆，就借住在创造社的食堂里，后来写了些小文章，收到了很少的稿费，才租了一席之地的小亭子间住下，但仍在创造社食堂吃饭。因为食堂收费便宜，所以有许多当时靠写文章吃饭的人在那里搭食，郁达夫等大文人大作家常去和这些文笔战友谈天，联络感情。郁达夫非常平易近人，爱广交朋友，无论对谁都有话说，他一来到食堂，总是从这桌走到那桌和青年朋友谈笑风生，无拘无束地和他们握手，亲切地拍拍肩臂，青年人都爱接近他，有些人常到他寓所谈天求教，他都是来者不拒。他一有了稿费便约朋友去玩，去吃饭，可是他自己的衣着却是从不讲究，因此有人说他“散漫”、“浪漫”、“不修边幅”。

对世人所谓的郁达夫的“散漫”、“浪漫”，白薇是不敢苟同的，她始终有着自己的看法，即“郁达夫先生是个好人啊”，一点儿也不浪漫风流，更不是“采花的浪漫公子”。回忆起她和郁达夫在上海的友情时她说：

> 这时我和他可说是老朋友了，只因在广州时曾听说他有意追求我，而他在文学上是先生，是长者，我心中仍然是以叔辈看待他，尊敬他，敬而远之。他仿佛也知道我的顾虑，有一次曾对我说：“有人认为我很浪漫，其实我的内心是很正直的，别看我常常和女孩子们也握握手，拍拍肩，我认为这是友爱，不是邪爱。你不信？即使有那个女孩子在我家过夜，我决不会触犯她。”他邀我去他寓所做客，我始终不敢。

白薇不愧为郁达夫的红颜知己。在当时对郁达夫的生活性情能理解、认识、宽容到这种境界的人实在不是很多。又如在对郁达夫和王映霞的结合这一点上，白薇的态度也是与众不同的。

因郁达夫是当时进步文学青年崇拜的偶像、学习的楷模，所以，对他和没有一点儿文名的王映霞相爱，不少朋友是持反对态度的，并设法阻挠，而白薇的态度则不然，尽管她不认为王映霞是郁达夫最佳的伴侣，但对郁达夫和她的结合还是赞赏和肯定的。她说：

> 不知什么时候他爱上了王映霞，有一次，我们三四个女青年坐在一桌吃完饭，郁达夫走过来没有说话，便拉了王映霞的手走出去了。第二天王映霞穿起了漂亮的旗袍和高跟鞋来到食堂，大家叫她“达夫太太”，真是“特别快车”。王映霞并不是文人，也不十分美俏，只是会安排生活，这说明郁达夫先生是个实在的人，他生活上确实需要一个能干、会过日子的内助，他并不是采花的浪漫公子。

理解、宽容、认同，这就是白薇对郁达夫的基本态度。正因如此，不管政治风云如何变幻，他们的友谊都是始终如一的。

1927 年，郁达夫因与郭沫若等人在对国民新政府的意见上发生分歧，遂脱离创造社，与仰慕已久的鲁迅结成统一战线。对此，创造社的新老朋友纷纷表示不满，并撰文进行人身攻击，诋毁他的文学成就和革命功绩。

在这一问题上，白薇的态度是比较鲜明的，见地也是独到的，她认为，郁达夫的“文锋犀利，为当时的当局所忌，他怕这样会对创造社不利，便自动宣布退出了创造社”。

郁达夫与鲁迅合编《奔流》月刊期间，主动将白薇引荐给鲁迅，并鼓励她向《奔流》投稿。

由于白薇认识鲁迅，是郁达夫推荐的，所以鲁迅对她格外器重，并热心培养，使其得到“很大的鼓舞和教益”。

在晚年，白薇曾再三讲：

> 郁达夫先生是个好人啊！
>
> 我每一想起达夫先生就怀念他那平易近人的风度，和那浓烈的革命激情！他蒙难了，牺牲在日本帝国主义者的阴谋暗害中！他死得太早了！太可惜了！
>
> 郁达夫先生真是个好人啊！是个好人……
>
> ——白薇《回忆郁达夫先生》

互道珍重

白薇的出现，虽然在郁达夫和孙荃的情感生活里引起了微波浪花，但并没有能毁掉他们苦心经营起来的四口之“家”，而杭州大美女王映霞的介入，则彻底地将他们这个曾经很温馨、幸福的“家”送到了天涯海角。

郁达夫与王映霞热恋时，孙荃也曾极力反对过，而且还以“殉死”相抗争，但终因和他十年相濡以沫的情感模糊了双眼，为了维护他的尊严，保全他的面子便以牺牲自己，成全了他和王映霞的“爱”。

郁达夫与孙荃的分离，看似偶然，实则有着深层的悲剧因素，早已埋下祸根——“父母之命，媒妁之言”。没有“爱”的怨恨，无“情”的痛苦，像一座大山，常常压得他喘不过气来。

1927 年 3 月 6 日，他在致王映霞信中的一段话，道出了他对和孙荃婚姻的看法。

> 我和我女人的订婚，是完全由父母作主，在我三岁的时候定下的。后来我长大了，有了知识，觉得两人中间，终不能发生出

情爱来，所以几次想离婚，几次受了家庭的责备，结果我的对抗方法，就只是长年的避居在日本，无论如何，总不愿意回国。后来因为祖母的病，我于暑假中回来了一次——那一年我已经有二十五岁了——殊不知母亲、祖母及女家的长者，硬的把我捉住，要我结婚。我逃得无可再逃，避得无可再避，就只好想一个恶毒法子出来刁难女家，就是不要行结婚礼，不要用花轿，不要种种仪式。我以为对于头脑很旧的人，这一个法子是很有效力的。哪里知道女家竟承认了我，还是要我结婚，到了七十二变变完的时候，我才走投无路，只能由他们摆布了，所以就糊里糊涂的结了婚。但我对于我的女人，终是没有热烈的爱情的，所以结婚之后，到如今将满六载，而我和她同住的时候，积起来还不上半年。因为我对我的女人，终是没有热烈的爱情的……

以上所言，尽管并非字字句句都准确无误，但基本事实是存在的。

春来一帘幽梦，像雨、像雾、又像风，秋去一场空，无缘各西东，这就是郁达夫和孙荃婚姻的必然结局。

郁达夫与王映霞“牵手”步入爱的殿堂后，在名义上并没有与孙荃离婚，只能算作分居。按口头协议，他每月要为孙荃母子支付50元的生活费，富阳老宅及其他田产则完全归她们母子享用，郁达夫和王映霞不再染指。

孙荃与郁达夫分居后，完全还原成了一个传统的、本质的中国妇女。

“相夫教子”是旧时代中国已婚妇女的天职；“忍辱负重”是旧时代中国女性的传统美德。天职和美德在孙荃身上都得到具体体现。

郁达夫和孙荃分居时，这个不幸的弱女子身边尚有三个嗷嗷待哺的幼儿——文儿两岁多，熊儿一岁多，胖妞几个月。

为了三个不懂事的孩子，也是为顾全郁达夫的名声，孙荃承受了巨大的痛苦，含泪默认了他和王映霞的婚姻事实，自此，吃斋念佛，含辛茹苦地抚育三个孩子。

郁达夫的长女黎民在《我的母亲——孙荃》中，曾这样记录孙荃带领三个孩子艰难度日的辛酸。

自小妹正民出生以后，父亲因受到政治迫害，东奔西逃，同时，由于第三者的闯入，这个幸福家庭起了根本的变化。从此，她和儿女们相依为命，作了旧式婚姻的牺牲者！她是一个深明大义的女子，为了顾全父亲的事业、名誉和前途，为了把儿女们抚育成人，她默默地忍受着一切痛苦。漫漫长夜中，她只得从精神上去寻求寄托，断荤茹素，成了虔诚的佛教徒。当我想起小时候一觉睡醒，还听到隔壁小佛堂里传来母亲喃喃的诵经声和一下一下清晰的木鱼声，心里总会涌起一阵凄凉的感觉。她一方面自怨命苦，青灯礼佛，另一方面则把全副精神放在三个孩子身上，特别是唯一的儿子天民身上。

一九三七年暑假，十二岁的天民弟得了慢性盲肠炎，高烧不退，已到下脓血的程度。这种病现在是微不足道的，即使开刀也只是一次小手术。然而在五十多年前的富阳县城却是非常严重的疾病。当时医生说是伤寒加痢疾，很危险。母亲急得没有办法，只得带着我把弟弟送到杭州铁路医院就医。当把弟弟推进手术室的时候，她真恨不得以身替代，两眼满含泪水，双手合十，口中念叨大慈大悲救苦救难的观音菩萨。那种孤苦无告的悲凉情状，那种虔诚求救的悲戚声音，深深地印入我童稚的心灵。

不久卢沟桥事变爆发了，我们在风声鹤唳中护着尚未痊愈的弟弟从杭州回到富阳。

我们家里的用度一向很紧，经过弟弟病后就更苦了。用母亲的话说："赚不来钱就应当特别节约。"平日规定我们只在星期日吃一餐荤，有时到面馆去买一角钱一碗的肉丝面，大家吃得津津有味。我虽然生长在富春江畔，然而在我的记忆里，富春江的鲥鱼我们只吃过一次，那还是舅舅来家作为招待客人才吃到的。那时，我们姐妹三个特别欢迎祖母来，每个月祖母都要从鹳山到城里来二三次，来了就在我家休息，吃中饭，睡午觉。她喜欢吃满舟弄口的汤包、馄饨和聚丰园的爆鳝丝。无论如何困难，每次祖母来，母亲总要买点她爱吃的菜孝敬老人家。冬天的夜晚，我们有时吃玉米糊，有时吃红薯粥，吃多了，觉得难以咽下，母亲就教育我们说:“做人要知足，有这样热乎乎的玉米糊吃，就算是幸福的了，现在时难年荒，有多少人离乡背井，流落天涯，想弄到玉米糊吃而不可得呢！”我们听了悚然而惧，从此再也不敢挑食了。

在生活上，孙荃是竭尽全力，为子女们创造一个好的环境，使他们有衣穿、有饭吃;而在他们读书受教育问题上，孙荃则使出浑身解数，倾注全部心血，使他们三人都学有所成。据郁黎民回忆说：“母亲对儿女要求很严。我们读小学了，每天放学回家都必须得到她那里去报到，不准乱走人家。做完作业也只能在家里看儿童画报，或在家踢毽子，打乒乓球玩……”

即使在逃亡途中，缺衣少食，没有学校可读的情况下，孙荃也一刻没放松孩子们的学习。没有老师就自己教，没有教材就选读古文古诗和郁达夫的作品。郁黎民在《我的母亲——孙荃》一文里，对这段生活描述的比较详细。她说：

在八年抗日战争的艰难岁月里，富阳县城沦陷，母亲为了不做顺民，带着我们三个未成年的孩子逃到离城三十里的乡下宵井外婆家去避难。生活当然更加困苦，在没有学校，没有教师的困难条件下，母亲也未放松我们的学习，她亲自教我们读书，教材是在逃难时随身带着的部分旧书，如《唐诗三百首》《古文观止》《活叶文选》及其他小说和父亲的作品与新编杂志等，并要求我们每读一篇就要能背诵出来。就在那一年，我们初次读到“人生自古谁无死，留取丹心照汗青”的名句。也就在那一年，她教我们读了不少唐诗和《古文观止》中的名篇，当她讲到“先天下之忧而忧，后天下之乐而乐”时，是那样的慷慨激昂，当讲到“烽火连三月，家书抵万金”时，又是那样的低回感叹！可惜我和弟妹都还年幼，根本不能体会她当时辛酸孤寂的情怀。

我们逃难住在贝山寺那一年多的时间里，母子四人日夕相处，在她不断的督教之下，我们的语文知识增长不少，也培养了喜欢文学的兴趣。我家至今还保留着一张父亲在日本留学时题为《阴符夜读图》的照片。从读小学起，我们就养成了每晚自习的习惯。在一张小方桌上，点着一盏煤油灯，母亲和我们各占一方，我们或阅读、或习作，她则一面给我们做鞋，一面督促我们自学，不到九点是不准就寝的。后来我读到蒋士铨的《鸣机夜课图记》，才稍稍理解母亲灯前课读的苦心……

记得有一次，母亲在病中，我和弟妹们围坐在她的床前。她拥被而坐,讲《岳传》中的故事给我们听,如“岳母刺字”呀！“梁红玉击鼓战金山”呀！最后又教我们读岳飞的《满江红》词。这是她的乐趣，也是我们的乐趣。在她的耐心诱导下，我读完了第一部中国古典小说《说岳全传》，使我知道了做人的基本道德和要忠于自己的国家民族。我们读书的兴趣也从此引起了。等到由上海、杭州等沦陷区流亡到浙西来的学校合并成立浙西一中时，她变卖随身携带的东西，甚至赖以生活的几亩薄田，供给我们姐弟三人上学。

一九三七年十二月三十一日，祖母因年老不愿离开家园而被困饿死。一九三九年十一月二十三日在上海任职的大伯父郁华(曼陀)以不为敌伪所屈而惨遭杀害。噩耗传来，母亲在悲痛之余，更激励我们要牢记国恨家仇。我那时已能知道做亡国奴的切肤之痛，因而痛恨日本帝国主义侵略者，是我国最凶恶的敌人，也是我家不共戴天的仇人。

抗战八年是中国人民最苦难、最艰辛的日子，尤其对一个失去依靠还要抚养三个孩子的旧中国妇女来说，更是艰难漫长的岁月！母亲把破布编成草鞋给我们穿，她把过去穿旧的衣服尽改制成我们合身的新装，还把每天的两粥一饭改为一粥一饭；有时实在揭不开锅了，不得不靠外婆家的接济才勉强渡过难关。这其中的辛酸啊，常只有她一个人在默默体味。她常常对我们说："要立志做人"，要懂得"国家兴亡，匹夫有责"的道理，她的教育，她的为人，一直影响我的一生……

孙荃就是这样忍辱负重，默默奉献的旧时代的杰出女性。她和郁达夫分居时，三个孩子都不谙人事，特别是在郁达夫流亡南洋后，经济上已没有一点外援。平时的衣食住行及孩子们的学习费用，全靠以前的积蓄和自己的双手劳动所得，就这样，在国破家亡的境遇里，她硬是把三个孩子拉扯大，而且都受过高等教育，这其中的"辛酸"，真是常人难以理解的。

无尽的思念

孙荃和郁达夫分居之初，曾一度对他十分怨恨，怨他不顾多年的夫妻情分另觅新欢，恨他丢下三个孩子不管，只图自己的幸福。

1931 年，为逃避国民党反动派的迫害，郁达夫曾回故乡小住了一段。陆氏老太太怕执拗倔强的媳妇会给小儿子过于难堪，一再劝抚她要忍耐点。

既然回家来，至少要以客人相待。孙荃遵照婆婆的嘱咐，白天准备好酒饭以礼相待，到了晚上则把达夫的床铺安顿在楼下厢房里，顾自带着儿女上楼去睡了。郁母见状又来劝慰媳妇，并把跟着孙荃睡的孙女领去跟她一道睡，又叫儿子上楼。一待达夫进房，刚烈的孙荃便移至原来是女佣（养女）睡的一张单人小床上，不去理她丈夫。最后终于吵开。孙荃责备他只顾王映霞而抛却家里妻儿老小。

“儿女总是你养出来的。”当达夫辩解后孙荃说。

“我知道是谁养的？”达夫说了气话。

“是我跟畜生养的。”孙荃决不相让。

争吵不休，郁母闯入房中，拉着孙荃和孙女儿，婆媳俩竟欲双双出走，理了一些衣服，卷起了被子，说当晚就要到庵堂里去削发作尼姑。儿女们见状跪在娘和奶奶面前啼哭，达夫也只好跪在母亲面前求饶。

——蒋增福《郁达夫家族及其女性》

孙荃对郁达夫的怨气和憎恨之情，随着岁月的流逝，越来越淡，尔后便是无尽的思念和回忆。

抗日战争八年，孙荃带着三个孩子在外流亡八年，受尽了屈辱和磨难，酸甜苦辣，腥风血雨，真是百感交汇，难以诉说。孙荃对郁达夫的爱是真挚、纯洁、无私的，也是永久的。抗战胜利后，郁达夫与王映霞的第二个儿子郁云，被其二哥养吾从福建接回富阳后，孙荃执意要由她抚养。

与孙荃一样，对郁达夫情深义重的养吾，怜其深明大义，贞洁如玉，婉言谢绝了她的好意。“你一个妇道人家要养活三个孩子，已经不容易了。我家反正孩子多，每人少吃一口就能养活他。”

孙荃深深地感到二哥养吾的情意，但她心里却一直感到不安。她有一次告诉女儿说：

有一夜，她梦见父亲交给她一把韭菜，要她好好保管。据她解释，“韭”的谐音是“九”，表示多数，那是父亲要她把遗下来的所有儿女带好。她自恨力不从心，没有能力把所有的孩子都带

> 回身边抚养，心里常常感到不安。“悠悠生死别经年，魂魄翩然来入梦。”这真是日有所思，夜有所梦，可怜的母亲啊！我当时只感到她对父亲思念的深切，想不出一句可以安慰她的话，她已经到了真痴的地步。父亲在日本寄给她的诗中有句云“怜君亦是多情种，瘦似南朝李易安”，真是她此时的真实写照。
>
> ——郁黎民《我的母亲——孙荃》

20世纪40年代末期，孙荃看到胡愈之写给全国文艺界的报告《郁达夫的流亡和失踪》，这才知道，已分居多年，杳如黄鹤的夫君早已为国捐躯，血染异国土地。顿时，泪如泉涌，浮想联翩。在她家的堂屋里，始终挂着郁达夫的照片，每逢旧历的七月十五（富阳乡俗中的“鬼节”），她总要向南天遥望祈祷，希望夫君的“魂兮归来，反故乡些”，以此来表达自己的祭奠和哀思。

郁达夫和孙荃的孙女——郁嘉玲在谈到奶奶祭奠爷爷的情景时，有一段文字写得很传神。

> 每逢清明、夏历七月十五（富阳乡俗中的鬼节）、过年这三个节，奶奶总要把平日不用的大八仙桌抬出到堂屋门口。终年吃素的奶奶这时也会破例去买回一些荤腥，烹烧就绪后放到八仙桌上祭奠。她在一个蒲团上深深地跪拜下去，口中默默无声的说个没完，那种认真专注的神情，仿佛正在向魂兮归来的爷爷倾诉着什么。

思念夫君，悲悼亡灵，伴随着孙荃度过了她多灾多难的后半生。愈是到晚年，这种情感愈是突出，愈是强烈。

郁嘉玲在《怀念我奶奶——孙荃》中，是这样描述听奶奶讲爷爷——郁达夫的。

> 有时候我们和奶奶围坐在桌旁剥豆剥笋，小孩子闲不住，嚷

> 着要奶奶讲故事。她饶有兴味地给我们讲得最多的，就是年轻时跟我爷爷一起到北京、上海、安庆去的那段生活。有的事讲一遍、二遍……，我们都听得耳熟能详了，但只要她愿意讲，我们还是爱听。好多回，她说着说着，会停下手中的活，凝神地望着远方，好像在思索着什么，整个身心都沉浸在一种美好的记忆之中。
>
> 她的叙说，我印象最深的，要数她曾在上海和郭沫若、成仿吾会面的事。

新中国成立后，孙荃最关心的就是郁达夫作品的整理和出版，并坚信，“等到政治清明时，自然有人会去从事郁达夫研究，去研究他的作品，使他在中国文学史上有一个公允的地位”。(郁黎民《我的母亲——孙荃》)

据郁嘉玲的《怀念我奶奶——孙荃》一文记载，其父编订的《郁达夫诗词抄》及其所著《郁达夫风雨说》，就饱含着奶奶的心血。

> 我爸爸从五十年代开始，就利用业余时间从事郁达夫研究工作，收集研究资料，编订国内第一本郁达夫的诗词汇集——《郁达夫诗词抄》。一九六二年，我爸爸由杭州调回富阳以后，就和我奶奶生活在一起。两人茶余饭后，常常喜欢坐在那间——以前是我爷爷的书房，后来成了我奶奶的卧室——从窗口可以远远望见美丽的富春江的房里闲谈。谈得最多的话题自然是我爷爷，无尽的思念，就像我家门前日夜流淌的富春江水。我爸爸从奶奶的谈话中了解到不少鲜为人知的史实，并把这些史实写入自己的研究文章。在我爸爸被人称道的文章中，也包含着我奶奶的一份功劳。

孙荃老人一直盼着国家政治清明，郁达夫的著作重新被人们记起。

她老人家所盼的这一天终于来了，可惜她未能看到。1978 年 3 月 29 日，孙荃与世长辞，终年 81 岁。弥留之际，她不无自豪地说：“回忆我的一生，我是会心安理得地升入天堂的。”

追思孙荃老人的一生，无愧于乡邻乡亲，无愧于子孙儿女，无愧于天地。她的一生实在是艰苦辛酸的一生。

> 对国家，她是一个爱国的公民，对丈夫，她是一个柔顺而识大体的妻子；对儿女，她是严厉而又慈祥的母亲。她受着封建礼教的束缚，是贤妻良母的典型，更是一个旧式婚姻制度下的牺牲者！但她不甘自弃，努力自学，想跟上时代。劳苦一生，默默以死。这固然是她个人的悲哀，也是时代的悲哀。
>
> ——郁黎民《我的母亲——孙荃》

对孙荃与郁达夫分居后的生活和情感，郁风在《三叔达夫——一个真正的“文人”》中有明确记载。

> 三婶自从和三叔分居以后就吃长素，还念佛诵经。解放后虽已破除迷信，但她已习惯素食，不再开荤，身体也还好，还很健谈。只是腿关节有病，不大走动，每天下了楼就会在那里剥笋剥豆，我和她谈起这老屋和阿太，她是比我更记怀深刻的。我们都记起阿太常说的在我们家阁楼上住过一条一二丈长的大蟒蛇的故事，她是把它当作不可侵犯的家神看待的。可是三叔小的时候最顽皮，他属猴，阿太说他就像个小猢狲，跳上跳下老想找出那条大蟒蛇来看个究竟，阿太说因此就冒犯了它，以后再也没有出现了。
>
> 说到三叔，她已经没有过去对他的那种怨恨，而是饶有兴味的像谈起老朋友似的沉浸在她一生中最美好的记忆里。……

从郁风的语气里，可以看出，经过岁月的洗练，孙荃对当初郁达夫与王映霞结合的怨恨，早抛到九霄云外。剩下的全是美好的回忆和思念。

是啊，一日夫妻百日恩。何况，孙荃和郁达夫一同生活了六七年呢？在这两千多个日日夜夜里，除却不和谐的音符外，总还有许多美妙的乐章可供回味。重要的还是，郁达夫是为民族的解放和祖国的振兴而英勇捐躯的，这一点恐怕也是孙荃悼念追忆他的一个不可忽略的因素。

用郁黎民《我的母亲——孙荃》中的一段话作为本章的结束语是最恰当不过了。

> 所幸的是，母亲去世后祖国发生了巨大变化。母亲生前未了的心愿都一一变成了美好的现实。儿女们的冤假错案都得到平反昭雪，《郁达夫诗词抄》已于一九八一年出版问世。一九八五年八月二十九日，全国作协、侨联、记协在北京联合举行郁达夫殉难四十周年座谈会，我们八个兄弟姐妹第一次高兴地见了面。九月十七日故乡富阳举行了郁达夫研究学术讨论会，来自全国各地和日本、新加坡的郁达夫研究专家、学者齐集一堂，肯定了父亲的爱国主义精神和在中国现代文学史上应有的地位。日本学者铃木正夫先生花了二十多年时间去调查，终于使父亲殉难的真相大白于天下。母亲如地下有知，是可以引以为慰的。

最好的季节

再度来到京城，郁达夫的心情是十分复杂微妙的。既有携娇妻风光回旧地以炫耀之意，又有寻求往日不再的美梦之怀，而对这一切，王映霞都是茫然不知的……

也许是历史的巧合吧！

1911年，郁达夫告别初恋的故乡少女赵莲仙时，曾有一缕“水样的春愁”在心中荡漾，但伴随着岁月的流逝，这缕春愁很快就湮灭在杭州的湖光山色之中，之后便是与第一任妻子孙荃的洞房花烛。15年之后，当他在广州依依惜别文坛新星、“红颜知己”白薇时，也有一缕淡淡的哀愁在心头缠绕。巧合的是，这缕哀愁，随着大上海灯红酒绿的闪烁，同样很快就消散得无影无踪，紧接着便是与第二任妻子王映霞的喜结良缘。

真爱

郁达夫与王映霞相识在他辞去中山大学的教职，回上海专做文学生涯后的第21天，即1927年1月14日。

初到上海时，虽为整顿创造社出版部的事弄得焦头烂额，苦不堪言，但在稍微闲暇之时，他仍忘不了到书店去转悠转悠，苦中寻乐，借机消愁。所去的书店，除四马路上的中国古旧书铺和专卖新文化书籍的小店外，最多的则是日本友人内山完造经营的内山书店。在这里，郁达夫遇上了他和王映霞的红线牵引者——孙百刚。

孙百刚，杭州人氏，1921年东京留学时与郁达夫相识。二人相处虽仅一年有余,却十分相知,来往也很密切。后来随着各自的回国谋生,关系也就渐渐疏远,但相互都没有忘怀,也不时地留心于对方的行踪。

1927年初,孙百刚暂住上海期间,为编一部书稿的事,常到北四川路底的内山书店去买书或看书,就这样,与多年不见的老朋友不期而遇。

在内山书店相见大约一个星期后,郁达夫的身影便出现在马浪路尚贤坊孙百刚夫妇下榻的寓所。在这里,他发现了自己梦中追求多年的理想佳人——王映霞,并踏上苦苦追求的漫漫征程。

王映霞,原姓金,名宝琴。1907年出生在杭州城内一家破落的盐商大家庭里。祖父金沛珊,一生既未做过官,又没干过幕僚,也没有到商场里去驰骋过,坐享祖上遗留下来的丰厚资产。在他手里,上几代人辛辛苦苦挣下来的庞大家业,日渐衰微,几近破产。父亲金冰孙,虽"是个很有气度的男子汉,一直想自立门户,不依靠爹娘"。但终因资质平平和诸多条件所限,学问、事业、仕途都未能有所成就,更没有带领风雨飘摇的大家族走出颓败、衰亡的困境。

因家境富裕,又是世代书香,王映霞自幼便受到良好的家庭和学校教育。七八岁读私塾,两年后开始正规的、新式的小学教育,直至师范毕业。

在十余年的求学生涯中,对王映霞影响最大的,恐怕还是那三年的女师生活。

1923年秋季高小毕业后,根据家里的经济状况及其学校的教学质量、校风和毕业后的去向等方面的因素综合考量,征得外祖父的同意,她决定投考浙江省立女子师范学校,并以较高的分数被录取。

浙江女师是经过改造的一座极大的旧式花园,假山流水、亭台楼阁,处处呈现出古色古香的味道。在这里,她接触到"五四"新文学,知道鲁迅、郭沫若、郁达夫等新文学的拓荒者,耳目为之一新,思想感情、人生观、价值观也随之发生质的变化,并为她以后人生道路的选择打下坚实的基础。

私塾也好，新式学堂也罢，这只是接受教育的一个方面，与之相比，家庭教育对她的影响，也同样是至关重要的。就她的记忆所及，家庭教育对她的影响，主要来自外祖父王二南。

王二南，杭州的硕儒名士。清咸丰三年生，自幼聪慧，博闻强识。12 岁时为宁德县主官汤四如所赏识；16 岁为浙江省学政史徐寿蘅所拔擢；19 岁时补廪生，可谓是少年得志，前途不可限量也。就在他春风得意、心高气盛、踌躇满志时，却因 21 岁科考那年母亲的一场大病，陡然间改变了命运，一生的潦倒从此开始。十年之内，先是丧母丧父，继之是托人经营的数家钱庄同时倒闭破产，“更因给嫁海宁查氏以四妹之故而倾家，甚至于弄得饘粥不继，不得不依敷文，崇文，紫阳，诂经精舍，学海堂等五个书院的膏火收入以自活……”（郁达夫《王二南先生传》）

尽管苍天不佑忠良，将一连串的灾难、祸患都降临到少年才俊王二南的身上，但他仍不改青云之志。“先生的技艺，样样都能和专家比甲乙；自写字，刻金石，仿谜语，唱道情起，一直到缝衣补袜，制印泥，种花木，为小孩子们做玩意儿止，总件件都做得非常出色”。（郁达夫《王二南先生传》）

王映霞有这样一个外祖父在身边朝夕相处，耳提面命，自然是既幸福，又受益。据她在《自传》中回忆说，童年时到外祖父家走亲戚，是一生中最快乐、最惬意的时光。

也许是王二南太钟爱王映霞了，就在她快要初级小学毕业的时候，突然向她的父亲提议，希望将其宝贝女儿过继到王家。自此，她便由金宝琴改名为“王映霞”。

在外祖父的精心呵护下，她像一棵小树苗要风有风、要雨有雨，一天天茁壮成长起来。至 19 岁浙江省立女子师范毕业时，已出落成了一株大树。

1926 年盛夏来临之际，经过十多年的寒窗苦读，终于学业有成。从浙江省立女子师范毕业后，在外祖父和母亲的默认下，她孑身去温州教书，开始新的人生旅程。

在温州教书期间，她结识了郁达夫的留日同学孙百刚，并一同逃难到上海。

郁达夫在上海首次登门拜访孙百刚，是 1927 年 1 月 14 日。这一天是一个难得的好天气，风轻云淡，阳光明媚，“晴暖如春”。

为整顿创造社出版部的事，他与一班“小伙计”闹得一直不痛快，其心情也同当时的天气一样，沉沉如阴，郁闷非常。遇到“晴暖如春”的艳阳天，心情也自然舒畅了许多。办完几件应办的急事，稍得空闲，便想到数日前在内山书店碰到的留日同学孙百刚来，两只脚也随之迈向他寓居的马浪路尚贤坊 40 号。

因孙百刚已视王映霞为自家人，所以，向郁达夫介绍完夫人掌华后，极其自然地便将王映霞也一同做了介绍。

郁达夫是经过风雨，见过大世面的人。尤其是对女性的熟知和认识程度，在同时代的作家中是无人可比的。无论是雍容华贵的大家闺秀，抑或是锦心绣口的小家碧玉，再或是行云于庙堂之上的知识女性，或出入里巷旷野的乡村少女，他都不陌生，甚至与许多女性曾相爱过。然而，无论是哪个层次的女性，让他一见就怦然心动、情不自禁的还未曾有过。是王映霞，唯有王映霞才有这么大的魅力。

与王映霞相识后的三言两语，他的心中似乎已激烈地冲动起来，同时一个理念也清晰地在脑海里形成，眼前的这位少女将是他生命历程中的一个重要驿站，自己后半生的命运将与她紧紧相连，幸福也好，悲苦也罢，恐怕在很大的程度上将取决于这位少女的态度和情感。

年过而立，声名显赫的郁达夫，这时仿佛又回到了少年时代，怎么也不能控制住胸中奔腾的热流激浪。

按常理讲，初次登门拜访老朋友，理应由朋友做东小酌几杯，以叙旧情，孙百刚有家眷在此，更应该是这样，而孙氏夫妇也执意如此。但郁达夫却一反常态和常理，无论如何要由他来做东，而且一定要在大饭馆里请他们三人。

对他这次请吃饭的前后过程，孙百刚在《郁达夫外传》里描述得很是细微。

随便谈了一阵，我看已快到吃中饭的时候，关照掌华去预备酒菜。不料达夫站起来拦住掌华：

“孙太太，你不必客气，我今天特诚来邀你们出去吃饭的。在上海，我比百刚熟些，应该让我来做个东道主。”达夫一只手拿着呢帽，做着手势，要和我们一起同去吃饭。

“既来之，则安之，今天就在此地便饭吧。附近有家宁波馆子，烧的菜还不错，去喊几样很便当的。”我要达夫重新坐下。

“不行不行，今天我是诚心诚意来请你们两位及王小姐的，我现在去打电话，喊汽车去。”达夫边说边向门外跑去。

“达夫，等一等。即使要去也要让她们换换衣裳。”我看上去没有方法拒绝了，只好这样说。

“好好好好，反正辰光还早，请孙太太王小姐慢慢地收拾起来。”达夫回身走到隔壁的韵逸的房间去和韵逸招呼了。

等达夫走后，掌华和映霞同时对我说：

“我们不去，还是请郁先生在此地吃便饭算了。”

“我们要是一定不去，他要不开心了。大家是老朋友，没有关系的。你们赶快打扮起来吧。”我反而代达夫邀她们了。

“有什么打扮呢？就这样去好了。”掌华随便地说。

“孙先生，我想不去了。你和孙太太两人去吧，我觉得不好意思的。”映霞从来没有这种忸怩的样子。

“有什么不好意思呢？你莫非还怕难为情吗？不要耽搁时间了，快些换衣裳吧。”映霞被我一催，预备化妆。我也到韵逸房中去谈天。

不久，她们衣裳换好了。今天映霞似乎特别出色，一件颜色鲜艳的大花纹旗袍，衬托出发育丰满的匀称身材，像是夏天晨光熹微中一朵盛开的荷花，在娇艳之中，具清新之气。

“嚇！王小姐，真漂亮！”那时才十四、五岁的韵逸的弟弟，对她开玩笑。

“喔唷，小弟弟！你真调皮啊！”映霞旋转了头，向各人扫了一眼，似嗔非嗔地说。

“你们等一等，让我去喊汽车。”达夫的神情特别兴奋。又向着韵逸说：“赵先生，你和令弟也一同去，大家都是熟人，不必客气。”

“我下午还有课，谢谢！”韵逸推辞着。

达夫那天不但很开心，而且特别周到，还拿出一张名片插在剑华锁着的房门上，就匆匆跑向楼下去。

“何必如此忙，为什么一定要喊汽车？你预备到什么大饭店请我们这班贵客吗？即使要坐汽车，也只要大家一起走出去，弄口不就是汽车行吗。何必一定喊到公馆门口，排场十足呢！”我追出去，在扶梯口朝下对达夫边笑边说。同时，招呼映霞、掌华，别了韵逸一同下楼。

从上述的一系列举动来看，郁达夫确实是处在十分亢奋的状态之中。他不但在南京路上有名的“新雅”饭店请孙氏夫妇和王映霞享用了佳肴，而且余兴未尽，又用黄包车拉他们到“卡尔登”电影院看了场电影。

电影之后，他仍是兴致勃勃，没有一点要分别的意思。见此情，孙百刚也来了精神，一不做，二不休，索性爽快一回吧！提议大家伙儿到南京路上转一圈后，共同到三马路的“陶乐村”吃夜饭，一醉方休。

孙百刚的提议，正中郁达夫的心怀，他正希望这样的“局面不散”哩，二话没讲，欣然表示同意。

从“陶乐村”吃完夜饭出来，已是华灯灿烂、夜色正浓的时分了。郁达夫差不多已有六七分的酒意了，醉眼蒙眬，憨态可掬，坐在汽车上只有他一人海阔天空，东南西北的闲言碎语，而且越说兴致越浓。“大伙”也不打断他的话，任其自由地叙说，而听的却是蛮有滋味。不知什么时候，他忽然用日语对孙百刚说道：

> 老孙！近来我寂寞得和一个人在沙漠中行路一样，满目黄沙，风尘蔽日，前无去路，后失归程，只希望有一个奇迹来临，有一片绿洲出现。老孙，你看这奇迹会来临吗？绿洲会出现吗？请你告诉我！
>
> ——孙百刚《郁达夫外传》

这里用的虽是小说家的语言，但它却道出了郁达夫当时真实的心境和意向。

听其言，观其行，孙百刚已很明了他所谓“沙漠”和“绿洲”的真实含义了。瞬间发生的这一切，实在是太突然、太猛烈了，他一下子既转不过弯来，又不能马上接受，只希望老朋友是在“做小说”，所表白的都是小说中的故事和情节。

不管孙百刚如何去想，怎样去理解，眼前发生的这一切都是真实的。

与孙氏夫妇和王映霞分别后，看着满街阑珊的灯火，郁达夫忽然感到自己仿佛是在回顾生命的历程。过去的岁月，都如同在漫漫黑夜的长途跋涉，虽然也有微光亮点的慰藉和温暖，但他真正企盼和渴望的那璀璨闪烁的灯火，却从没有真正地出现过。此时，瞬间出现了他企盼、希冀已久的那盏明灯，禁不住热血沸腾，心潮澎湃。在当晚所写的日记里，已明白无误地宣布了他对王映霞的钟情和热“爱”。

> 从光华出来，就上法界尚贤里一位同乡孙君那里去。在那里遇见了杭州的王映霞女士，我的心又被她搅乱了，此事当竭力的进行，求得和她做一个永久的朋友。
>
> 中午我请客，请她们痛饮了一场，我也醉了，醉了，啊啊，

可爱的映霞，我在这里想她，不知她可能也在那里忆我？

……晚上在出版部吃晚饭，酒还没有醒。月亮好极了，回来之后，又和华林上野路上去走了一回，南风大，天气却温和，月明风暖，我真想煞了霞君。

应该说，此时此刻在他的心里，是有一股熊熊的恋火在燃烧。虽然已经是结婚过的中年人了，但他并没有真正尝过恋爱的滋味，封建的旧式婚姻给他带来的是精神上的痛苦和折磨，而那些用金钱买来的肉体只能满足一时的性欲，暂时麻醉其苦闷的心灵。王映霞的出现，正像久旱逢甘霖，沙漠现绿洲，他怎么能不激动，不欢呼雀跃？

郁达夫一见王映霞便倾心拜倒在了她的石榴裙下，而他也同样给王映霞留下了美好的印象。

1927 年，与王映霞在沪上相遇时，他已在新文坛上驰骋了七八年，虽然不是执牛耳者，但其地位和声誉也是没有几个人可以比肩的。

故乡出了个新文学大家，一班热爱文艺的少男少女们，自然是十分关注的。事实也正是这样，早在他们相识之前，“郁达夫”三个字就已在王映霞的脑海里扎下了根。在晚年写的回忆录《自传》里，她曾生动地记述下了他们首次相见时的情景。

一九二七年一月十四日（农历十二月十一日）午前十时前后，这是一个我无法忘却的日子和时刻。

从楼梯上突然传来了几声标准的杭州口音，随声喊着“百刚”，这就令我这个杭州人格外地注意起来。等到这一位来访者出现在我们的房门口时，孙先生一边招呼，一边给孙师母和我介绍见面。彼此坐定后，我就和平时一样，去后面倒了一杯茶出来，先端给了孙先生，然后再由孙先生端给这一位来客。刹那间想起刚才孙先生给我介绍的，是一个好熟悉的姓名啊。这样一转念，我倒自然而然地在注意起他们的谈话内容来了。从什么稿子、什么书店的这些词句里，我又忽然回忆到在学生时代，曾看过一本小说名叫《沉沦》的，这一本书的作者，似乎就是刚才孙先生给我介绍的郁——达——夫。

他身材并不高大，乍看有一些潇洒的风度。一件灰色的布面的羊皮袍子，脚上穿了一双白丝袜和黑直贡呢鞋子。从留得较长而略向后倒的头发看上去，大约总也因为过分的忙碌而有好久未剪了。他前额开阔，配上一双细小的眼睛，颧骨以下，显得格外瘦削。我很快打量了他一番之后，便又留心着他们的谈话，才听出他是孙先生在日本读书时的浙江同学，新从广州来上海的……过了一会，我到隔壁房间去了。不几分钟，听见孙先生在招呼我，说郁先生邀我们一同出去吃午饭。我就很习惯地和他们一同去了。

年轻的女性们，大多都有崇仰名人的心理，王映霞自然也不会例外。

在血刃塞途，兵戈四起的年代，一人漂泊在外，王映霞的心情应该是很孤独寂寞的，也需要安慰和与外界的交流。于不经意间认识了既是新文学界的名流，又是杭州同乡的郁达夫，其激动和兴奋是不言而喻的。但这时，她对郁达夫还仅仅停留在“好感”和仰慕上面，其“情”意还尚未产生。而郁达夫则不然了，他与王映霞四目相对的一瞬间，就像触电了一般，马上便产生了热流，浑身激荡，情不自禁。晚上刚刚分手，第二天就迫不及待地再次登门相见。

郁达夫第二次与王映霞相见，还是在孙百刚的寓所。

因没有初次相见时的拘束，再加上王映霞“生性活泼，爱说爱笑”，第二次再相见时都没有了陌生感。酒桌上推杯换盏，猜拳行令，闹得不亦乐乎。郁达夫乘着酒兴，当场吟诗两首，以博大家的欢欣。

一

朝来风色暗高楼，偕隐名山誓白头。

好事只愁天妒我，为君先买五湖舟。

二

笼鹅家世旧门庭，鸦凤追随愧秽形。

欲撰西泠才女传，苦无椽笔写兰亭。

郁达夫出口成章，即兴赋诗的才情，风流倜傥的名士气质，也真的博得了王映霞的佩服。在酒桌上除不时地和他逗乐取笑外，还不断地给他斟酒添菜，殷勤有加。真的是让他心旌飞扬，热血沸腾，想入非非。

这次宴会有一点对郁达夫很重要，那就是得知了王映霞的生日，而且她的生日距那天只有十日的时间，无疑，这又给他创造了一个与王映霞相接近的机会。另外一点也不容忽视，那就是王映霞愉快地接受了在她生日那天送美酒一樽的请求。

这一切都是美好的开端。

王映霞斟酒添菜的举止，以及答应郁达夫在她生日那天送美酒，欢聚一堂的请求，似乎在向他有所暗示，而他也仿佛从中读懂了一些什么，所以才在诗中感慨良多。

生辰是人生最隐私的东西，尤其是未婚的年轻女子更不能随便示人，能将自己的生辰报告给相识未久的男性，其“好感”的意味是不言自明的。对这一切，素有情场剑客英名的郁达夫焉有不知不明的道理？所以，在当天的日记里，他就重墨浓彩地记下了当时的感受和对未来美好前景的瞻望。

> 晚上至杭州同乡孙君处，还以《出家及其弟子》译本一册，复得见王映霞女子。因即邀伊至天韵楼游，人多不得畅玩，遂出至四马路豫丰泰酒馆痛饮。王女士已了解我的意思，席间颇殷勤，以后当每日去看她。王女士生日为旧历十二月廿二，我已答应她送酒一樽去。今天是十二月十二，此后只有十日了，我希望廿二这一天，早一点到来。……荃君信来，嘱我谨慎为人，殊不知我

又在为女士颠倒。

今天一天，应酬忙碌，《洪水》廿六期，仍旧没有编成功，明日总要把它编好。

王映霞女士，为我斟酒斟茶，我今晚真快乐极了。我只希望这一回的事情能够成功。

自1927年1月14日与王映霞相识之后，以后的数日内，郁达夫几乎天天都要去孙百刚处，不是邀请他们出去逛公园，就是请他们到外边吃饭饮酒。

一向粗犷豪放、不拘小节的郁达夫，这期间的心却特别的细微，处处留意，事事谨慎，唯恐一不留神引起王映霞的不满，招来终身后悔。孙百刚在《郁达夫外传》中记述的一件小事就很能说明这一点。

郁达夫与王映霞相识后的第四天将近黄昏的时候，孙氏夫妇和王映霞正准备吃夜饭，郁达夫突然来了，而且手里还提着两瓶“王宝和”牌的太雕酒，气喘吁吁的，进门便喊道：“你们没有吃过饭吧？我已经在弄口那家宁波馆子喊好几样菜，马上就可以送过来。孙太太！这两瓶酒请烫一烫。”

老朋友来访，自带酒菜，既不合情，也不合理，作为主妇的掌华不得不嗔怪道：“喔唷！郁先生，这是什么话，你来吃饭请尽管过来好了，何必买酒叫菜，蜻蜓咬尾巴，自吃自呢？我们无论怎样穷，也不至于来个客人无肴无酒吧！”

一见掌华有点不高兴，郁达夫马上自我辩解道：“孙太太，你这样说使我难为情了。我因为时候不早，恐怕你们吃过饭，急急赶来，为简便起见，走过酒店就沽了酒，走过菜馆就喊了菜。我和老孙是老朋友，不拘任何痕迹的，请孙太太千万莫要介意。”

聪明伶俐，又善解人意的王映霞，见此景遂上前打圆场，替他解围。“郁先生恐怕在此地买不到好酒，所以特诚地到王宝和去买了酒来。”

从这个偶然间的小举动来看，王映霞似乎已对郁达夫有“意思”了，从情感上开始向他这方倾斜，自觉不自觉地维护他的“面子”和尊严。

在家中吃饭和上馆子去吃，气氛截然不同。这一餐吃下来，使郁达夫和王映霞更加热络和亲切了。

孙百刚的判断不错，经过几次接触，郁达夫似乎已把握住了王映霞的脉搏，爱的力量也时时在增长。1927 年 1 月 16 日，他在日记中写道：

> 昨晚上醉了回来，做了许多梦。在酒席上，也曾听到了一些双关的隐语，并且王女士待我特别的殷勤，我想这一回，若再把机会放过，即我此生就永远不再能尝到这一种滋味了，干下去，放出勇气来干下去吧！
>
> 窗外面在下雪，耳畔传来了许多檐滴之声。我的钱，已经花完了，今天午前，就在此地做它半天小说，去卖钱去吧！我若能得到王女士的爱，那么恐怕此后的创作力更要强些。啊，人生还是值得的，还是可以得到一点意义的。写小说，快写小说，写好一篇来去换钱去，换了钱来为王女士买一点生辰的礼物。

初出茅庐的王映霞，在郁达夫的眼里，既像一株出水的芙蓉，清纯且苍翠欲滴，给人以精神，给人以力量；同时，她又像一朵春雨后盛开的牡丹，美艳绝伦、国色天香、令人陶醉，使人无限遐想。

郁达夫醉了，真的醉了。

为了这株芙蓉，为了这朵牡丹，他开始勤奋起来了，开始拼命了。

爱情是人生飞速旋转车轮的润滑剂，是永不枯竭的力量源泉。这一点在郁达夫的身上得到了充分体现。正是因为他对王映霞的爱，和王映霞对他“爱”的暗示，他又仿佛回到了少年时代，精神饱满，活力充沛。这期间，除紧锣密鼓地处理创造社出版部的事务外，还写了一系列的论文。如 1927 年 1 月 17 日的日记云：“午前即去创造社出版部。编《洪水》第二十六期，做了一篇《无产阶级专政和无产阶级的文学》，共有两千多字。编到午后，才编毕。”即使在如此忙碌的工作中，他的心仍在王映霞那里。“天又下微雨了，出至四马路洗澡，又向酒馆买小樽黄酒二，送至周勤豪家，差佣人去邀王女士来同饮，饮到九时，醉了，送她还家，心里觉得总不愿意和她别去。坐到十点左右，才回家来。”

周勤豪系著名画家刘海粟的妹夫，上海艺术大学的校长，和郁达夫是很好的朋友，其夫人是个很爽直的女性，待人热情和蔼，甚是招人喜爱。郁达夫从广州回沪后，是他家的常客。

能邀王映霞到周家去饮酒，而王映霞又真的去周家赴约，彼此又都喝了个痛快，可见他们的关系又较前进了一程。

郁达夫一日不见王映霞，真的像隔了三秋，心里空荡荡没有一点着落，而见了面又不想离去，难舍难分。1927 年 1 月 18 日的日记便反映了他这种心态。

> 三四点钟，又至尚贤坊四十号楼上访王女士，不在。等半点多钟，方见她回来，醉态可爱，因有旁人在，竟不能和她通一语，即别去。
>
> 晚上在周家吃饭，谈到十点多钟方出来。又到尚贤坊门外徘徊了半天，终究不敢进去。夜奇寒。

相见时难别亦难，郁达夫活得辛苦。1927 年 1 月 19 日的日记，仍旧重复的是这种复杂的情感。

> 今晚上月亮很大，我一个人在客楼上，终究睡不着。看看千里的月华，想想人生不得意的琐事，又想到了王女士临去的那几眼回盼，心里只觉得如麻的紊乱，似火的中烧，啊啊，这一回的恋爱，又从此告终了，可怜我孤冷的半生，可怜我不得志的一世。
>
> 茫茫来日，大难正多，我老了，但我还不愿意就此而死。要活，要活，要活着奋斗，我且把我的爱情放大，变作了对世界，对人类的博爱吧！

满天的阴霾，一脸的不快，又因第二天与王映霞的相见，便一扫而光，真的又是一个风和日丽的晴朗天空。

郁达夫也好，王映霞也罢，短短的五六天时间里，都为一个“情”字困扰得六神无主。

首先是郁达夫神魂颠倒，乾坤错乱，见人就想诉说“对于王女士的私情”，其心神也像初恋的少年一样“恍惚”不定。如当他听到王映霞将要回杭州的消息，顿时便觉天昏地暗，日月无光。“心里真沉闷极了。想放声高哭，眼泪又只从心坎儿上流，眼睛里却只好装作微笑。”

心里有所思，而在表情和行动上又不能有所显示，这实在是太难为人了。

而这时的王映霞，其心情也和郁达夫一样不好受。

她这次到上海，纯粹是为逃避战乱而来的，与郁达夫等人的相识也完全属于偶然。转眼间，春节将至，而沪杭之间的交通也渐渐开始恢复秩序，客观上已迫使她不得不离沪返杭与家人团聚。

这一别，不知何时才能与上海的这一班子朋友相见，想到此，一种难言的苦衷禁不住涌上心来。当大家正“围炉喝酒”、欢声笑语时，她却一个人躲在被窝里暗暗抽泣。是郁达夫的到来，她才转涕为笑。

当郁达夫得知王映霞是因不愿和他分别而哭泣时，心里顿时感到十分的快乐，两三个钟头以前那一种抑郁的情怀，顷刻间烟消云散。心里充满了爱的欢乐，脸上洋溢着爱的笑容，双脚敲打着爱的音符。一句话，爱占领了他整个的精神世界和生活领域。1927 年 1 月 20 日的日记就是如是说：

> 啊啊！我真快乐，我真希望这一回的恋爱能够成功，窗外北风很大，明天——否否——今天怕要下雪，我到了这三点多钟，还不能入睡。我只在幻想将来我与她的恋爱成就后的事情。老天爷老天爷，我情愿牺牲一切，但我不愿就此失掉了我的王女士，失掉了我这可爱的王女士。努力努力，奋斗奋斗！我还是

有希望的呀！

在这之前，无论是与富阳的少女赵莲仙，还是与日本的美貌女郎隆儿等，所谓的谈情说爱，恐怕都是青春呓语，唯有这一回与王映霞的相恋，他才真正找到了“爱”的感觉，甚至说已坠入情网不可自拔。

郁达夫热烈追求王映霞时，早已是儿女绕膝承欢，且已届中年，长王映霞十多岁。

从家庭，从年龄，从责任和义务，从道德，从社会舆论……总之，无论是从哪一方面，在常人看来，他和王映霞的这场恋爱都是为社会所不容的，也是极不应该的，所以，反对和阻碍此事的人特别多。而他们双方共同的好朋友孙百刚夫妇就是其中最激烈的反对者之一。

孙氏夫妇认为，郁达夫早已是有家有室，儿女好几个的中年人，其妻孙荃女士虽没有进过什么新式学堂，也不洋派，但却知书达理，亦诗亦文，相夫教子，十分贤惠，是乡间罕见的才女。若是将其弃之如履，真是太不公平了。再者，站在王映霞的角度来讲，她正值豆蔻年华，刚踏入社会，不谙世事，不辨真伪，什么是友情，什么是爱情，尚分不清楚，硬要她去介入别人的婚姻生活，充当可耻的第三者，于情于理于义，都是难以让人接受的，更何况以她的年龄、学识、容貌以及家庭地位，完全可以找一个比郁达夫更为合适和优秀的夫婿。

他们对郁达夫痴迷王映霞的举动很是反感和不理解，甚至在其初露端倪时就有所警觉。

正处于痴迷阶段的郁达夫，对孙氏夫妇的警示，仿佛一点也没有感觉到，仍我行我素，不请自到，从不隔天。有时还找个理由进行搪塞，实在无理由可寻时，便以“出门无知友，动即到君家”的唐诗来自慰。

郁达夫苦恋王映霞，身心交瘁，而王映霞也同样陷入了艰难抉择的境地。

王映霞自幼生长在文化氛围十分浓厚的杭州，祖父王二南又是通古达今的一代硕儒，耳闻目染，环境熏陶，骨子里就透着文化人的灵性。

对有文化、有知识、有名气者的崇拜之意也较同时代的其他女性更为浓烈，再加上读师范时又曾接触过郁达夫的作品，对其《沉沦》所表现的反封建意思和赤裸裸的性自由呐喊，虽不敢苟同，但却很强烈地震动过心灵深处的潜意识，深有感触，颇有启迪。

经过与郁达夫的几次接触，已由对他的好奇变为好感，而当她从对方的眼神和举止里已读懂他的“追求”时，便茫然不知所措。

实话讲，这时，她对婚姻、对爱情、对未来的生活还毫无思想准备，更谈不上有什么理性的认识。

从小学到师范，她都是在家门口上的，老师们的关怀、家长的呵护、同学们之间的友情，使她始终处在温馨的港湾，没有风雨，没有波浪，一切都是那样的宁静祥和。

生活充实，无忧无虑，再加上读的是女子师范，很少与同龄的男性相接触，所以能引起少女怀春的外因就很少。

没有外部力量的促使，内心的情愫一时也就难以迸发。

离开故乡到温州谋职期间，教席未暖，就碰上轰轰烈烈的大革命，幸好，在温州又巧遇世交孙百刚。

孙百刚的父亲与王二南是好朋友，王映霞视孙为世伯。

孙百刚的妻子掌华与她年龄相差无几，相处融洽，甚是谈得来，以姐妹视之。

安逸的生活，易使人的感情趋于淡泊平和。

王映霞就是在这样一种生活状态里，漫度她的青春年华，郁达夫的陡然出现，一下子打破她生活和心灵的宁静。

从好奇到好感，王映霞是欢乐的，所以，郁达夫每次相邀，她都欣然而去。然而一旦有“爱”的萌芽产生，便立刻陷入困惑和痛苦的泥潭。

未遇郁达夫之前，她对爱情的理解还是一片空白，将来的夫婿是个什么样子，更是模糊不清。

郁达夫的闯入，使她平静的生活起了波澜。

论学识、论才华、论社会地位和名望，郁达夫是未来夫婿的上乘人选，但一涉及家庭和年龄等问题，则又令她不寒而栗。

1927年，郁达夫已过而立之年，而她则是刚至20岁，两者相差10岁有余，这一点倒还是次要的，重要的是郁达夫早已有家室之累，儿女好几个，大的已到入学受教育的年龄。

若作为第三者插足别人的家庭，这是要受良心、道德和社会舆论谴责的。

不破坏他们现有的家庭，作为偏室而存在，这在当时社会上层和知识界虽是司空见惯的，但身为名门望族之后裔，且为有知识有文化的新女性无论如何是于心不甘的。

这真是让她左右为难。除心灵的痛苦之外，社会外界的压力，也令她不敢有所造次。

首先，孙百刚夫妇就对她和郁达夫的恋爱持强烈的反对态度。并多次进行劝说和阻挠。

经过近一个月来的冷静观察和思考，特别是沪杭间十数次的书信沟通交流，王映霞对郁达夫开始有新的，更深层次的认识和了解。

在王映霞的心目中，郁达夫已从著名作家、社会名流，渐渐变为一个重情义、负责任、可信赖、能依托的男性伴侣形象。她也仿佛要下定决心来摈弃世俗的观念，破除一切障碍和阻力，与他做一个永久的朋友，“让自己在生活中增加些丰富的养料”，若有可能，干脆与他结为秦晋之好，白头偕老。这一点，恐怕是王映霞当时的真实想法。但郁达夫却不完全认同这一看法。他认为，男女一旦相爱，就像干柴遇到火焰，不可能不熊熊燃烧，哪里还会有什么冷静沉着可言，更不可能长期分离，人为的天涯海角不复相见。“爱情的保持，是要日日见面，日日谈心，才可以使它成长，使它洁化，使它长存于天地之间”。正因如此，他很不赞成王映霞“爱情”分阶段进行的主张。他要的是两颗心紧紧地联系在一起，彼此像鸳鸯一样，形影相随，朝夕相伴，共度青春岁月，同享爱情的琼浆玉液。

看着郁达夫在信中所表现的痛苦和失望的情绪日益加深，王映霞实在不忍心，更怕他走极端，造成终生遗憾。由往日的冷静渐变为感动，再迅速升温为激动，最后，干脆一不做，二不休，元宵节一过，便匆匆赶回上海。

就在郁达夫对这次“恋爱”旅程近乎于绝望时，王映霞却突然出现了，这真是山重水复疑无路，柳暗花明又一村。顿时，他又惊又喜，手忙脚乱，不知如何是好。

王映霞能从杭州专门到上海来看望郁达夫，这就是爱的表示，幸福旅程的美好开端，他不会看不出这一点。再度相逢，两人相对无言，唯有泪千行。此时王映霞又给他一个新的联系地址，并嘱咐他以后要经常与她通信。很显然，王映霞对他的认识，已从朦胧到清醒，并且还向前迈出坚实的一步。

王映霞与郁达夫分别后首次相见的情景，她在《自传》中也有自白：“2月25日，是我与郁达夫分别后的第一次见面。两人在房间里坐了几个小时，竟然说不出一句话来。和一个月前的初识相比，在彼此的心灵里，都有着不同的感觉。我和他一起散步，一起谈笑，我仿佛把他当作一个大人。向他问这问那的；而他也降低了年龄，压住了原来的个性，凑合上我好动好玩的脾气，和我谈笑。”

由陌生到认识是一个过程，由认识到钟情是一个过程，而由钟情到相知相爱又是一个过程。王映霞与郁达夫这次沪上相会，是第三个过程正在实现的有力表现。

她这次回沪是有备而来的，为与郁达夫相见方便，没有再去尚贤坊孙百刚夫妇那里住宿，而是搬到同学陈锡贤任教的小学里。

1927年2月25日的这次相见，无论是对郁达夫而言，还是对王映霞来讲，都是具有纪念意义的，也可以说是他们“恋爱”路程上的一个重要“里程碑”。这之后，他们的恋爱进程明显地加速加快。

过去极力反对他们恋爱的孙氏夫妇，见他们二人主意已定，生米即将做成熟饭，也由过去的“反对”变为支持。1927年2月26日，郁达夫的日记是：“心绪不宁，就又跑到尚贤坊去，见了孙夫人，她把映霞的心迹，完全对我说出。我也觉得很为难，但是无论如何，这一回的事情，总要使它成功。和她们打牌喝酒，说闲话，一直说到天明，午前三点钟，才在那一张王女士曾经睡过的床上睡着。”

所谓“映霞的心迹”，就是指郁达夫如何处理与孙荃的婚姻问题。

王映霞已明确表示，她和郁达夫的恋爱关系已经确立，并信誓旦旦，海枯石烂，永不变。如果再继续发展下去的话，那就势必得先解决郁达夫和孙荃的婚姻问题。

虽然郁达夫和孙荃的婚姻是“父母之命，媒妁之言”促成的，缺少爱情和幸福，但毕竟一同生活许多年，而且有了儿女，一旦将她们母子抛弃，于情于理于义都是站不住脚的，就是自己的良心也会很不安的。想到这里，他又左右为难了。与王映霞的“恋爱”关系没有确立之前，郁达夫痛苦的是她的态度不明了，不知道她究竟想的是什么，今天不知明天的事，走完这一程不知下一站的方向在哪里，就像行驶在茫茫大海上的航船，既没有路标指引，又无灯火可寻，一切全凭感觉。而有了她的明确答复，解除后顾之忧，紧接而来的痛苦便是孙荃及其子女如何安置等问题。

如果与孙荃解除婚姻，那么，与王映霞的结合也就顺理成章，无大障碍，但这对结婚六载的孙荃太不公平了，对儿女们也太不负责任了。再者，年迈的母亲也不会同意，两位疼爱他的兄长同样会反对的。

为一己的幸福，伤及无辜的妻子儿女，以及疼爱自己的老母亲和兄长，似乎是太残忍了。每想到这些，他都不寒而栗，寝食难安。是啊，这的确是让他太为难了。

如果不和孙荃解除婚姻关系，那么，与王映霞好不容易建立起来的恋爱关系就会告吹，自己也将再次跌入痛苦的海洋。

表面上，王映霞是个文文静静的弱女子，需要呵护，需要关怀，而在骨子里却充溢着男子汉大丈夫的豪迈气概，敢作敢当。所遇之事“前景”不明了时，忸怩造作，瞻前顾后，小心翼翼，给人以没主见之感。而一旦认清事情真相，看好“前景”时，就会不顾一切，直至达到胜利的彼岸。

上海二度相会后，她已认准郁达夫，锁定未来的夫婿就是他，便不再顾虑什么，义无反顾地向“爱”的前方迈出新的一步。

多年的追求，多年的理想，终于有了希望，这怎么能不令郁达夫欣喜若狂？在他的眼里，天比以往更蓝，空气也比以前更清新芳香，就连大马路上匆匆行走的市井俗人，也个个都面带春风，笑容可掬。

这一次，似乎真的得到了爱情的力量。

人们常说，恋爱中的人最傻最痴，这句话用在郁达夫身上是再合适不过了。他的生命已离不开王映霞了，有她在身边时就欣喜，天高地阔；一会儿见不到她，马上就沮丧，痛苦欲绝。而且他嫉妒心异常的强烈，容不得任何男人和王映霞谈笑。

因王映霞这次从杭州来上海，是专门为抚慰郁达夫的感情饥渴有备而来的，所以，对他发动的一次比一次激烈的“爱”的进攻，也都默然地接受，甚至还有点乐此不疲的意味。1927年3月5日的傍晚时分，王映霞信誓旦旦地向他表示，从今以后，只爱郁达夫一个人，至死不变。

王映霞的誓言，如平地惊雷，一下子令郁达夫激动万分，以前对她的种种怨恨和不满全抛到九霄之外，剩下的只是满足和安宁。从此以后，再也不会为得到她亲口允诺的爱而上下奔波，死去活来了。

王映霞终于下决心和郁达夫相爱，“之死靡他”。和王映霞尘埃落定，梦想成真，多日紧绷的神经一下子松开了，所以，1927年3月5日之夜是郁达夫两三年来“睡得很舒服”，也是“觉得最满足的一夜”。

1927年3月5日，王映霞明确表示与郁达夫生死相爱后，仅隔一天，便允许他亲吻拥抱，进度之快真是令人难以置信。郁达夫这天的日记记下了这庄严神圣的一幕。

1927年3月10日结伴到郊外踏青，又将他们浪漫的爱情推向一个新的高峰。郁达夫认为，这一天是他和王映霞恋爱以来，过得最有意义的一天，也将是他们恋爱史上“最美满的一页”。

得到王映霞爱的允诺，赢得她的芳心，抱得佳人归，对郁达夫来说，一切都新生了。他决心从此开始，就戒酒戒烟，努力工作，先是计划于两个月内把但丁的《新生》译出来，好作为结婚的纪念，自编的《达夫全集》也正进一步抓紧落实。

那个时代，男婚女嫁，势必要先征得男女双方各自家庭的认可和同意，否则，会被认为不合法度，于家庭、于社会、于道德都是不能容忍的。

一说到“家庭”这个问题，他们二人都是一筹莫展，实在是想不出有什么好的解决办法。

他们认为，王映霞的外祖父和老母亲将是他们婚姻道路上的主要障碍，根据二位老人的禀性和传统的伦理观念及封建意识，是不会同意王映霞嫁给已有妻室的郁达夫的。

这道门槛虽然难越，但必须要越，如果飞越不过去，先前的努力都将化为泡影。思之再三，他们决定先由王映霞回杭州去做工作，视情况的发展再决定下一步的计划。

王映霞回到杭州后，将她与郁达夫谈恋爱的事一讲出口，老母亲死活不同意，并要求她立刻断绝和郁达夫的来往。

王映霞的母亲出生时，虽然王氏大家族衰败了，但凭其父亲王二南先生的学识、才华和名士身份，锦衣美食还是不愁的，年长嫁到富甲一邑的大盐商金家之后，更是拥金戴银，享不完的荣华富贵。

存在决定意识，环境造就性格。在这样一种氛围里成长和生活的王氏老太太，使她在骨子里看不起文人。

郁达夫不但是文人，而且已有家室，拖儿带女，年龄也比自己的女儿大许多，这一切，都是王氏老太太所不能容忍的。

郁达夫绝对不是她理想中的乘龙快婿，而且条件相差太远太远，没有一点可商量的余地。

面对母亲的强烈反对，王映霞沉默了。

她是个孝顺懂事的女子，特别是在父亲去世之后，母亲含辛茹苦地把她抚养大，送她去学校读书，让她接受良好的文化教育，这些都深深地镂刻在她的记忆里，对母亲的话她是不敢违拗的，况且母亲也是为自己的前途着想呢。

王映霞左右为难。

那边——郁达夫热烈地追求，热情似火，轰轰烈烈，任何一个姑娘都不会无动于衷；而这边——老母亲的殷殷教诲，语重心长，作为儿女的不能不为此动容。眼见一筹莫展，不得已，她只好向远在上海的郁达夫求助。

尽管郁达夫对王映霞家长的态度早有所料，也有足够的心理准备，但接到她的报告，矛盾凸现在面前时，仍旧是手忙脚乱，焦虑不安，这时，他一方面准备亲自去杭州向王的家长做说服工作，另一方面则急忙回信王映霞将其母所关心的问题一一做解答。

有了郁达夫铮铮誓言的保证，王映霞做通母亲工作的信心也就有了底气。

王映霞聪明机智，再加上伶牙俐齿，能言善辩，对母亲晓之以理，动之以情，几个回合下来，母亲终于心软了，表面上虽没有同意什么，但在言语和行动上却不再是那么固执。

至于外祖父王二南先生，他老人家惜才、怜才、爱才是远近闻名的。有郁达夫这样的大作家当外孙女婿，和他谈诗说文，论古道今，他高兴还来不及，哪里还会去反对。

郁达夫未到杭州之前，王映霞已凭着三寸不烂之舌，将其吹嘘得天花乱坠了，其绝世才华，赫赫大名，早已如雷贯耳，深入家人心中，所以他一到王府，便有了回家的感觉。

受到王映霞母亲的盛情款待，郁达夫已感到“恋爱”道路上最大的障碍已经清除，心情格外的激动，以后在杭州的几天里，天天陪王氏亲人游山玩水，请客吃饭，似神仙一般洒脱自在。

1927 年 4 月 16 日，与王映霞的一日单独游玩，更把他们的爱推向了巅峰，两人都仿佛成了不食人间烟火的神仙，置身云端，俯瞰大地，一切都是那么渺小，一切都是那么虚无，唯有他们二人才是真实的，幸福的，他这一天的日记是：

和她出来，先到湖滨坐公共汽车到灵隐，在一家素饭馆里吃了面，又转坐了黄包车上九溪十八涧去。

路过于坟，石屋洞，烟霞洞等旧迹，都一一下车去看了一趟。

这一天天气又好，人又只有我们两个，走的地方，又是西湖最清净的一块，我们两人真把世事都忘尽了。两人坐在理安寺前的涧桥上，上头看着晴天的碧绿，下面听着滴沥的泉声，拥抱着，狂吻着，觉得世界上最快乐，最尊贵的经验，就在这一刻中间得到了，我对她说：

“我好像在这里做专制皇帝。我好像在这里做天上的玉皇。我觉得世界上比我更快乐,更如意的生物是没有了,你觉得怎么样？”

她也说：

“我就是皇后，我就是玉皇前殿的掌书仙，我只觉得身体意识，都融化在快乐的中间，我连一句话也说不出来。”

在游山玩水间，无意中碰见了孙百刚的夫人，郁达夫和王映霞又惊又喜。

惊的是，在他们最快乐最得意的时候，在这美丽的西子湖畔，却碰上了他们的“月下红娘”，这不是天意又是什么？

喜的是，故乡遇故人，别有一番情趣。另一点，通过孙夫人耳闻目睹的现身说法，也可将他们恋爱成真的喜讯传播开去，让关心、爱护他们的亲朋好友一同分享幸福，也让反对、阻挠过他们“恋爱”的朋友缄默其口，不再说三道四。

总之，孙百刚夫人杨掌华在西子湖畔的突然出现，为郁达夫、王映霞千古绝唱的恋爱乐章，又增添了几多美丽音符。

幸福啊，幸福，郁达夫感受到从来没有过的幸福。这幸福全都洋溢在郁达夫和王映霞的脸上。

1927年4月17日，是一个很值得纪念的日子。是在这一天，郁达夫和王映霞第一次合影留念，郁达夫还与王映霞的全家合拍了张全家福；也是在这一天，郁达夫与王映霞的外祖父饮酒论诗，相谈甚欢。郁达夫这天的日记是：

早晨起来，因为天气太好，又和她的全家上灵隐去。在灵隐前面的雅园里吃中饭，午后在老虎洞口照了两张照相，一张是我和映霞两人的合照，一张是我和她的全家照的，照片上只少了那位老祖父。

晚上回来还早，又去玉泉，灵峰等处，坐到将晚，才回城里来。今天的一天春游，饱尝了些家庭团圞的乐味，和昨天的滋味又不同，总算也是我平生的赏心乐事之一。

晚饭时和老祖父喝了许多酒，月亮很好，和映霞出去，上城站附近去看月亮。走到十二点钟，才回来睡觉。

与王映霞的“合影”，说明了两人已心心相印，不可分离。与王氏全家的“合影”，说明了他已融入王氏大家庭里，成了他们之中的一员。与王二南先生饮酒论诗，说明了王老先生很欣赏他的才华，引为同道，并为王映霞找了个风流倜傥的大作家而自豪。到这时，这次来杭的目的已经全部达到。

郁达夫这次由沪来杭，本打算看看王映霞的家人后，很快就要走的。因为创造社出版部里有许多事情都等着他去处理，王氏一家的热情挽留，却让他在这里一再耽搁。1927年4月18日的日记里说：

午前和映霞坐着谈天，本来想于今天回上海，因为她和她母亲弟弟等坚决留我，所以又留了一天。

中午喝酒，吃肥鸭，又和她母亲谈了些关于映霞和我的将来的话。中饭后，和保童映霞又上灵隐去取照相，一直到将晚前的五点多钟，才回到岳坟来赶船。

在湖船里遇了雨，又看了些西湖的雨景，因为和映霞挨坐在一块，所以不觉得船摇得慢。

晚上早睡了，因为几天来游倦的原因。临睡之前，映霞换了睡衣上床前来和我谈心，抱了她吻了半天，是我和她相识后最亲爱的一个长嘴。

对郁达夫这次杭州之行所取得的丰硕成果，王映霞在《自传》里也有记载："四月十三日郁达夫坐车急急地到杭州来了，他想直接跟我外祖父、母亲谈谈。母亲是个极其善良的人，心中再怎么不愿意，但看到郁达夫来了，还是把他当成客人，以礼相待。而外祖父自己是读书人，与郁达夫谈诗论文，边喝酒边聊天，大有酒逢知己千杯少的气势。"

就连郁达夫自己，对这次杭州之行也是很满意的。这从他返沪后致王映霞的信中可以看得出。

……此番来杭州，我们的事情，总算已经定夺了一半，以后是我这一方面的问题了，请你放心，我总至死不变，照初定的计划做去。

你们的一家人，自老祖父起，一直到双庆为止，对我都十分的要好，我心里真感激到了万分，此信到后，先请你递给他们看一看，好表明我的谢意。

人逢喜事精神爽，有精神，自然就有活力、有激情、有干劲。自从杭州回来后，他就像换了个人似的，一改过去懒惰散漫的生活习性，起早贪黑，拼命地工作，力图将创造社出版部来个翻天覆地的变化，挣更多的钱，以此来报答王映霞及全家对他的厚爱。1927 年 4 月 22 日给王映霞写信的目的，就是想表达他的决心和意志。

……我此番来上海后，精神百倍，心里也安定得多了。以后，请你不要再为我担心思，我以后要拼命的去干，好早日完成我们的心愿。……以后想不天天写信了，因为我要翻译书，还想做一点文章……

从杭州回沪后，的确如他在信中所说，精神抖擞、意气风发，除料理创造社出版部的业务外，同时还兼任法科大学的德文课，周勤豪的艺术大学他也时常去光顾，著书、译书更是勤奋，仿佛身上有用不完的力量，只嫌时光过得太快，无法将计划中的所有事情都按时完成。

也许这就是爱情的力量吧！

当时有个传统的风俗习惯，那就是男女结婚之前，必须先有个订婚仪式，以告知亲朋好友。郁达夫和王映霞生活在现实社会里，尤其生活在颇注重礼仪的江南世家，这个礼节也自然是少不得的。

郁达夫和王映霞的订婚仪式，选在了他在杭州养病期间，时间是1927年6月。

一连几个月的辛劳，又加上饮食不周，睡眠不足，身体也就出了大毛病，医生诊断为“黄疸病”。

为了早日恢复健康，王映霞及其外祖父一再敦促他离沪来杭，一边医病一边疗养，而杭州的环境气候也利于病人的康复。

郁达夫患“黄疸病”的原因，及其到杭州来医病的过程，王映霞在《自传》里有记载。

郁达夫在为自己第二次婚姻奔波时，还忙于创造社的事务，到法科大学教德文课，到上海艺术大学去帮周勤豪解围等社会活动，生活没有规律，疲劳过度，终于得了肝炎，当时叫黄疸病，这是五月的事情，其实在这之前已有预兆，但他不注意。我五月十三日到上海发现他的眼睛发黄。要他去看病，郁才勉强到自己的留日同学钱潮那儿去，看后果然是黄疸病。……

我看郁那副病态，不知怎么的，心里非常可怜他，临走前嘱咐他一定要去住院。五月十七日，郁在王独清和画家陈君陪同下，在法租界金神父路（今瑞金二路）上的广慈医院进了二等病房。这所医院是法国人开的，在上海挺有名气。

经王映霞的劝说，郁达夫勉强住进了医院，而病情稍有好转时，又接受王映霞的建议，到杭州去看中医、吃中药。

对自己这次病的治疗经过，郁达夫在《王二南先生传》里也有披露：

当时，我在经营创造社出版部，因政治关系而入了停滞的状态；对于前妻并子女的离异赡养等问题，又因现款无着，祖产未分，而处到了两难之境；尤其是危急的一个生死关头，是因为有几位朋友的政见之故，我也受了当局的嫌疑，弄得行动居处，都失掉了自由。

在这一种四面楚歌的处境之下，孑然一身，逃到杭州的时候，我的精神的委顿，当然可以不必说，就是身体，也旧疾复发，夜热睡汗等症状，色色俱全，痰里头更重见了点点的血丝。又因为在上海租界上乱避乱躲的结果，饥饱不匀，饮酒过度，胆里起了异状，胆汁溢满全身，遍体只是金黄的一层皮和棱棱的一身骨，饭也吃不进，走路也提不起脚跟来了。

到杭州后，王映霞的外祖父亲自到集庆寺请了精通医术的老和尚，为他把脉开药方，王映霞的母亲则为其抓药煎药，而王映霞更是关心备至，伺候殷勤，用甲鱼炖肥鸭来给他增加营养。在王映霞一家人的精心护理下，郁达夫很快恢复了健康。

稍有闲暇，一个重要的议题，便又重新提到了他们面前——订婚仪式。

郁达夫是已经结过婚的人了，对这一点无所谓，而王映霞则不然，她是大家闺秀，名门千金，对这个“仪式”特别地看重。

订婚仪式，少不了要请男女双方的亲朋好友欢聚一堂，热闹一番，以示庆贺和祝福。

王映霞的亲朋好友大多都在杭州，一请就到，而郁达夫则不同了，他的长兄曼陀先生在北京，对他和王映霞的恋爱本就持反对态度，根本不会来出席他们的订婚仪式；二兄养吾先生虽然和他的关系十分亲密，但碍于弟媳孙荃的脸面，也是不乐意在这尴尬的场合出现的；老母亲虽近在咫尺，但她老人家脾气倔强，也不赞同郁达夫离婚再娶，自然也不会来。

既然是订婚仪式，那就必须要有男女双方的家长出面，如果有一方缺席，大煞风景不说，也是很不吉利、不体面的。这一点可难住了郁达夫。

他们的订婚仪式定在 1927 年的 6 月 5 日。

郁达夫在这之前曾去信富阳，邀请二兄养吾作为男方的家长前来主持，可到了 6 月 3 日的晚上，养吾突然来信说，初六那天来不来杭州还不能确定，这一下可急坏了他们二人，两人禁不住相对而泣，不得已，郁达夫只好回富阳亲自去请，“无论如何，总要催他来”。

二兄长养吾答应作为男方唯一的代表出席订婚宴会后，郁达夫似乎松了一口气，但紧接着有谁来担纲“介绍人”的问题又出现了。

他们是自由恋爱，无人为之介绍，然而作为订婚仪式，则必须有“介绍人”出席，否则，也会被视为不体面，而且于男女双方的道德操守也是有损的。

让孙百刚夫人担任这个角色是比较合适的，但由于他们夫妇在郁王恋爱问题上曾持反对态度，郁达夫一度对他们恨之入骨，言语也很不敬，这个时候再请她出来，主要担心她不肯赏光出席。

无奈之下，这事只好让王映霞出面来解决了。

而恰好孙百刚的夫人杨掌华正好在杭州。

因王映霞的出面邀请，杨掌华尽管不乐意，但还是答应作为“介绍人”来出席宴会了。孙百刚在《郁达夫外传》中记载说:“那天到的人,主要都是王家的亲朋。达夫方面的人非常少,仅来了二哥养吾。这位二哥还是达夫花大力去硬邀来的,因为他是作为男方的主婚人身份出现的。这样男女两家各有主婚人,掌华姑且算作男女两家的共同介绍人,所以这样订婚酒虽则没有什么正式形式,也吃得热热闹闹……”

这次形式上的“订婚酒”,虽然没有铺张,但其意义和结果却都是显而易见的。郁达夫在当天的日记里不无得意地写道:

> 六点钟上聚丰园去,七点前后,客齐集了,只有蒋某不来,男女共到了四十余人。陪大家痛饮了一场,周天初——映霞的图画先生——和孙太太——我俩的介绍人——都喝得大醉,到十二点前才安排调妥。
>
> 和映霞的事情,今夜就定了,以后就是如何处置荃君的问题了。晚上因为人倦,一上床就睡着。

请亲朋好友喝了“订婚酒”,名义上“恋爱”已是合法化了,这之后他们的交往完全可以光明正大,不受干扰了。

第二次婚姻的启程

郁达夫与王映霞在杭州西子湖畔举行订婚仪式后,直到次年的阴历二月,始发喜柬邀请中外亲朋好友参加他们的婚礼。

郁达夫对婚礼有没有,在什么地方举办,以什么样的方式进行,规模多大,排场不排场是持无所谓态度的,而王映霞则不同。她虽然受的是现代教育,思想也比较开放,但未能完全脱俗,尤其是对传统的礼仪、为人的名分和名誉方面是看得很重的。

婚姻既然是女人一生中的一件大事,那么对其过程中的每一个细节都是马虎不得的，更不能忽略。

为了满足王映霞的虚荣心，郁达夫决定将他们的婚礼定在日本东京的“精养轩”，并对中外朋友广发喜柬。

喜柬的内容和格式是这样的。

> 诹吉夏正二月二十一日洁餐候
>
> 郁达夫
王映霞　谨订
>
> 席设日本东京上野精养轩

请柬发出去之后，正欲东渡时，却因不可预测的因素，使他们计划中的豪华婚礼成了泡影。

婚礼虽然没有如期热烈而隆重地举行，但同居已成铁定事实，在以后的岁月里彼此谁都没有再提起过。一个新的小家庭就这样静悄悄地诞生了。

对婚后新屋周围的环境，郁达夫在散文《灯蛾埋葬之夜》里也有过很形象、很艺术地描绘：

> 小屋的前后左右，除一条斜穿东西的大道之外，全是些斑驳的空地。一垄一垄的褐色土垄上，种着些秋茄豇豆之类，现在是一棵一棵的棉花也在半吐白蕊的时节了。而最好看的，要推向上包紧，颜色是白里带青，外面有一层毛茸似的白雾，菜茎柄上，也时时呈着紫色的一种外国人叫作Lettuce的大叶卷心菜；大约是因为地近上海的缘故罢，纯粹的中国田园，也被外国人的嗜好所侵入了。这一种菜，我来的时候，原是很多的，现在却逐渐逐渐的少了下去。在这些空地中间，如突然想起似的，卑卑立着，散点在那里的，是一间两间的农夫的小屋，形状奇古的几株老柳榆槐，和看了令人不快的许多不落葬的棺材。此外同沟渠似的小

河也有，以棺材旧板做成的桥梁也有；忽然一块小方地的中间，种着些颜色鲜艳的草花之类的卖花者的园地也有；简说一句，这里附近的地面，大约可以以江浙平地区中的田园百科大辞典来命名；而在这百科大辞典中，异乎寻常，以一张厚纸，来用淡墨铜版画印成的，要算在我们屋后矗立着的那块本来是由外国人经营的庞大的墓地。

爱情的力量是伟大的，而由此所产生出的催人奋发向上，努力进取的动力是不可思议的。

新婚时居住的环境，简陋诚然是简陋了些，贫穷也固然是贫穷了些，但由于二人的心心相印，情真意切，其生活却是很温馨的，彼此也都感到幸福美满。出入时，成双成对；离别时，相互牵挂，惦念不已。

幸福是一种感觉，尤其是在婚姻问题方面，完全是由夫妻双方的自我感受和体验来确定的。

郁达夫和王映霞就是这样。

婚姻之初，王映霞的感觉是幸福的。这从她学做茶饭，操持家务等琐碎小事中，就可窥见她当时对生活的热爱，和对美好未来的憧憬。

出入里巷，购物买菜，烹调缝纫，这在以前，她是不屑一顾的，现在却完全出于自觉自愿，而且还很乐意，引以为豪。

应该说，这时的王映霞是很爱郁达夫的。作为大文豪的妻子，她感到脸上很荣光，也感觉为王氏和金氏两个家族争得了面子。重要的是她认为，有郁达夫这样海内外闻名的大作家当靠山，不但自己后半生会有享不尽的荣华富贵和风光无限的前程，就是祖父、母亲的养老送终，以及两个幼小弟弟的读书上进和成家立业等问题，也都有了保证。有了郁达夫，她再也不会为一家人的生计问题发愁了，可谓一劳永逸。

王映霞毕竟是杭州城里数得着的名门之秀，文化高、涵养深，而且又经受过新文化和新生活运动的洗礼，识大体、顾大局，十分人性化，能应付各种复杂的局面，善于处理一般家庭妇女望尘莫及的棘手事情。这一点，郁达夫看得非常清楚明白，所以婚后他的社会活动、朋友之间的交往应酬，大多都有王映霞相随，人谓是“富春江上神仙侣”。

郁达夫外出携带夫人，并非是为展示王映霞的美貌风采，其用意则是让她更多地去接触社会，增长见识，以便今后更好地应付风云变幻的大千世界，承担更重的责任，同时在这里也尽情地展现他对王映霞执着的爱。

天资聪颖，又勤奋能干的王映霞也的确没有辜负郁达夫的厚望，婚后很快便承担起“贤内助”的责任，对内将小家庭调理得非常温馨安逸，对外则帮助夫君协调方方面面的事务，有条不紊，脉络清晰，深得各方面朋友的赞赏。

收版税、做护士，在家中招待热心向郁达夫求教和要求关怀的文学青年是王映霞婚后的主要工作。

先从收版税说起。

郁达夫没有工作，自然也就没有固定的经济来源，一切生活所需和开销全靠版税收入和稿费所得，因此日常生活中便难免会出现困顿局面。

未和王映霞恋爱之前，郁达夫的著作主要是靠泰东书局和创造社出版部出版发行，后来接受王映霞的建议，将原来的著作和散见在报章杂志上的零星文章编辑成册，冠名为《达夫全集》，全权委托给北新书局出版，每月按时抽取版税，年终结算。

北新书局1925年3月成立于北京，主要出版发行新文艺方面的书籍，在当时颇有影响，老板李小峰是鲁迅在北京大学任教时的学生，师生情谊甚笃。

1927年郁达夫脱离创造社，与鲁迅联袂新文坛后，也开始与北新书局发生友好关系。

鲁迅的主要著作都是交给北新书局出版的，郁达夫也来了个萧规曹随，将已出版的旧作和未出的新作一并全权委托给了他们。

与出版商打交道是一种很麻烦的事情，既琐碎又具体，书出来之后要送印花税，再后便是算版税，索账等等，这些都非散漫拖沓的郁达夫所能顾及的，这副重担也就自然落在王映霞的肩上。婚后的最初几年间，王映霞对郁达夫的爱是纯洁的，是全心全意的奉献。也可以说她是郁达夫生命的守护神。

1930 年初春时节，郁达夫因患结核性痔漏，不但苦不堪言，而且几乎危及到生命，是在王映霞的精心护理下才得以转危为安。患病和治疗经过，他在日记中也多有记载。

爱情是美好的，有了爱，个人间的一切恩怨都会化为乌有，存在于天地间的只是欣慰和动力。这一点在郁达夫和王映霞的身上表现得更是充分。

婚后的王映霞，对郁达夫的关怀是无微不至的，同时也包容接纳了他的喜怒哀乐，甚至一些不良的习惯。

达夫的“秋”

王映霞生在江南，长在江南，除江浙地区之外，从没涉足过其他的地方，像大漠的风沙，草原的牛羊，塞北的白雪，黄河的浊浪，长城的雄伟，故都的庄严等等，她只是耳闻而已，从没目染过，那里究竟是什么样子，人们是如何生活的，她是连一点感性认识都没有。

举家迁居杭州后，生活安定，经济宽裕，她首先动了外出观光旅游的心思。郁达夫也因有些闲暇，便投其所好，主动地要带她到祖国的北方诸省实地领略一下那里的美丽风光和淳厚质朴的人情，享受人在旅途中的快乐，弥补一下她这方面的人生缺憾。

夫妇二人的游历计划还未完全定稿时，却谣传杭州将有高温天气降临的消息，一时间人心惶惶，纷纷寻求清凉之地以避酷暑，适逢其时，郁达夫的好朋友汪静之、卢叔桓两人来信邀请他们到青岛去度夏观光，无意间正合他们的意思。

青岛面山环海，山色苍翠，海水湛蓝，是著名的旅游避暑胜地。

从 1934 年 7 月 13 日到港，到 8 月 12 日启程前往济南，在这里住了将近一个月的光景，游历崂山、东海岸、炮台等名胜古迹，无不留下深刻印象。

这次青岛之行还有一点令他们夫妇十分欣慰，那就是在这里遇到了许多相知多年的好朋友，承蒙热情款待，把酒话桑麻，真是快乐无比，一扫多年的阴晦之气。

一个月的青岛之行，使郁达夫对这颗滨海明珠，有了更进一步的认识，同时也充分领略了青岛那内涵和外延的美。

游山玩水间，会见了老朋友，又结识了一批新朋友，同时还为《人间世》《论语》等刊物写了稿子，还了文债，一举数得。

对这次青岛之行，不但郁达夫收获甚丰，就是王映霞也是十分满意的，在《自传》中谈到这段生活时，字里行间还充满着快乐和欣喜。

1934 年的夏天，未到初伏，已经是热不可耐，当时气象预告，说今年将有六十年来未曾有过的热流降临到杭州。消息一传开，我们就有些担心起来，商量凑出几个钱，去找一个清凉的地方避暑。正巧这时汪静之、卢叔桓来信相邀，到青岛的海边去住一个夏天，费用不多而交通便利。于是我们决定去青岛，孩子打算只带一个大的，两个小的留在杭州托我妈妈照顾，说走就走。

1934 年 7 月 6 日，我们离杭州经上海去青岛，轮船驶抵青岛港时，就可以望见在绿树浓荫里的一幢幢红瓦洋楼，把视线横扫过去，则是一条弧形的海岸线。青岛的温度，据说最热亦总保持在华氏八十度上下。虽然骄阳当空，但当你一望见青碧的海水与澄蓝的天空时，身心便自然而然地会清爽起来。我们在青岛海滨的三四十天的时间里，清晨或薄暮，我几乎是在沙滩上度过的。当游泳倦了的时候，我便仰卧在沙滩上，将两手枕着头，闭上双目，愁烦和俗情俗念被冲洗得一干二净。

是啊，第一次随夫君外出旅游，就到了青岛这个人间天堂，她怎么能不激动，不流连忘返呢！

在朋友的陪伴下，在这里度过了一个温馨惬意的夏天，算是二度蜜月。总之，这个盛夏，无论是郁达夫还是王映霞，在身心诸方面都感到很满足、很愉快。

在青岛游玩了一个月，王映霞尚未尽兴，于是，郁达夫便带着她继续旅行。

离开青岛，第一站到济南。

济南是山东省的省会，中外都享盛名的大明湖、千佛山、趵突泉就在这里，著名女词人李清照、《老残游记》的作者刘鹗等都在这里留下不少风流韵事。

颇有文化功底和历史知识的王映霞，对济南当然不是一无所知的，郁达夫一提议，她便爽快地应允。

郁达夫表面上给人的印象是粗犷豪放，不拘小节，实际上他的感情是很细腻的。为了让王映霞在济南能吃好玩好，在途中他就反复考虑让谁接待，让谁当向导的问题。最后选择了在济南任教的李俊民。

在李俊民的引导下，郁达夫、王映霞首先游历了趵突泉。

趵突泉位于济南城西南，泉自地下岩溶洞的裂缝中涌出，水分三股，势若鼎沸。泉池略呈方形，面积亩许，围绕石栏。昼夜喷涌的三股清泉，状如三堆白雪。

实地观赏趵突泉的景致，让郁达夫、王映霞很是高兴，他们不顾辛劳，接着又爬上千佛山。从苍翠欲滴、峰峦叠嶂的千佛山下来，又兴致勃勃地游览大明湖。

大明湖位于市中心偏北。珍珠泉、芙蓉泉、王府池等多处泉水汇入。一湖烟水，荷花映日，垂杨飘飘，景色绝佳。沿湖的亭台楼阁，水榭长廊，更添一番风韵。

济南之行，对郁达夫和王映霞来说是有着美好回忆的，在这里不但饱览了湖光山色，而且还尽情地享受了美味佳肴。午饭是在院西大街一家较大的餐馆里吃的，济南城里三大名吃全吃到了。

一是洛口供应的黄河鲤鱼，餐馆里把它们弄来养在小池子里，活蹦蹦的，餐馆要顾客自己挑选出来，当场摔死，然后再去烹饪，上桌以后，除略有沙土气息外，是极其鲜嫩可口的。二是大明湖特产的蒲菜。形似菖蒲而中心细嫩，又似茭白而没有茭白肥大的蒲菜，煮为清汤，是从清新素雅中得味的。三是青稻米，是小清河两侧种出的粳米。小清河是山泉汇成的河流，灌溉出来的稻米青而发黑，清香无比。产量不多，号为贡米，过去大部分进贡，老百姓是无法得到的。这三种特产都具备了，所以这次聚餐是值得纪念的。

游历了青岛，赏玩了济南，王映霞兴致不减反增。为不扫她的兴，郁达夫又陪她驱车直达北平。

此时已是残暑消尽，凉意悄然而至的初秋时节。

故都的秋，自有其独特韵味和美丽的惊人之处。

“陶然亭的芦花，钓鱼台的柳影，西山的虫唱，玉泉的夜月，潭柘寺的钟声”（郁达夫《故都的秋》）无不充满诗情画意。然而，他们不远千里而来，并不单单是来欣赏美景，饱尝故都秋之味的，重要的一点是来寻梦的。

郁达夫寻的是旧梦，王映霞圆的是新梦。

再度来到北平，郁达夫的心情是十分复杂微妙的。既有携娇妻风光回旧地以炫耀之意，又有寻求往日不再的美梦之怀，而对这一切，王映霞都是茫然不知的。

在王映霞的脑海里，明清两代帝王居住的皇宫充满神秘神奇，颐和园里的亭台楼阁，翠山秀水，光彩夺目，西山漫天遍野的枫叶红似烈火，惹人陶醉，皇城根下的平民百姓满腹天下事，高深莫测，这一切，都令她十分羡慕和向往，这一次随夫君前来观光，既有圆梦之情，同时也有向夫君的朋友展示自己美貌风采之意。

因都是踏梦而来，两人的心情自然都是十分愉快的，而且每天都过得很充实。首先他们拜会了陈通伯、凌叔华、沈从文、孙百刚、孙席珍等亲朋故旧，畅叙友情，回首往事，展望前景，兴奋异常。

在北平期间的第二大快事就是在诸多老朋友和社会名流的盛情款待下，品尝了正阳楼、丰泽园等著名饭馆的美味佳肴，大饱了口福。

漫步中南海、故宫、颐和园、西山、北戴河等风景名胜，细细体味这里一草一木、一砖一瓦所独具的神韵，为他们的北平之行增添了无限的乐趣。

对闻名遐迩的中南海，王映霞是心仪久之。

因朝代的更迭，社会的变迁，中南海早已没有昔日的辉煌，但作为历史留给后人的宝贵遗产，仍能让人流连忘返，充满遐想。

看了中南海，再到西山摘几片枫叶也是件很惬意的事。

西山重峦叠嶂，清泉潺潺，花木满山，景色清幽，金、元、清历代帝王都在此地营建离宫别苑，为各朝皇家游幸驻跸之所。纵览全山，名胜遍布，风光旖旎，秋来黄栌换装，漫山红遍，如火如荼，有“霜叶红于二月花”的胜景。

郁达夫喜欢秋天，尤其是北方的秋天。他认为：“秋天，无论在什么地方的秋天，总是好的；可是啊，北国的秋，却特别地来得清，来得静，来得悲凉。”（郁达夫《故都的秋》）

和夫人千里迢迢，从南方赶来北平的理由，也就是“想饱尝一尝这秋，这故都的‘秋’味”。

漫山遍野的枫叶，的确让他们饱尝了故都的秋之味，同时也激发了郁达夫的创作灵感。千古绝唱《故都的秋》就是看了西山枫叶之后的所感所思。

将京城的主要景色看完后，郁达夫和王映霞又在友人的陪同下，马不停蹄地到北戴河转了一圈。

北戴河南临渤海，背依联峰山，西起戴河口，东到鹰角石，长约十公里，南北宽约二公里，海岸线漫长曲折，滩面平缓，沙软潮平，海水清澈，是一处天然海水浴场。更因有海陆风影响，春无风沙，冬无严寒，夏无酷暑，温和湿润，凉爽宜人，适于避暑。景区内松柏葱郁，奇石异峰，或高耸云际，或孤峰入海，自然景色千姿百态，楼房别墅或临海岸，门外波涛汹涌，或掩映于树丝，擅林壑泉石之胜。

正当游兴正浓，欲继续漫步北戴河沙滩时，忽然从杭州传来了小儿耀春病重的消息，王映霞念儿心切，不得不提前中断这次未完的故都之旅。

虽然未十分尽兴，但王映霞对这次故都之行还是十分满意的。在《自传》中有着浓重的彩笔。

> 在北平的日子并不多，但这时的季节，正好是已凉未寒的时候，在北京人说来，这是最好的季节。北海故宫的历代古迹，虽然是值得令人瞻仰浏览，但我对阵阵秋后所随之而来的风沙，多少是有些顾虑的。
>
> 孙百刚先生这时已在北平工作，老朋友异地相逢，当然是分外高兴。他就挤出了时间，陪我们一起去游玩了北戴河。
>
> 当时的北戴河海滨，都是达官贵人们的洋房别墅。据说是禁止使用汽车的，则其地之清静，可想而知。若缓步在静寂的海滨，除了潮汐的冲击声外，偶尔听到的，便只有林间的鸟语。北戴河可用以代步的，只有驴子。我把它当作一种新鲜的玩意儿看待，每每骑上背之后不肯下来。

郁达夫自 1925 年南下武昌，再至广州后，已有近十年没有来过北平。这次携新夫人旧地重游，颇有一番感慨。著名的散文《故都的秋》就是这次游北平的真实感受。郁达夫半生流浪漂泊，备尝艰辛，和王映霞迁移杭州后，才算过上相对安稳的日子。

有了固定的住所，衣食无忧，夫妻间因摩擦而造成的少许裂痕，也随之得到平复，相亲相爱如新婚之初。用唐弢在《记郁达夫》中的一段话说就是，“这对夫妇正过着婚后最幸福的生活，你怜我爱，形影不离”。

贤内助

郁达夫性情疏懒，行踪飘忽不定，再加上长年遭受封建军阀势力和国民党反动派的迫害，为安全起见，无论是外出观光游览，或是拜会亲朋好友，大多是独自而行。

对不能经常陪夫君外出，王映霞深感遗憾，也很有些微词。用她自己的话说，自结婚以后，除与郁达夫同行或偶尔一块儿赴友人的宴会之外，一直是一个人深居在家，几乎与同学、亲友不往来，也久不通信。

一个年轻貌美，青春涌动的少妇长年孤独地困守家中，生出诸多怨言和不快是不言而喻的，更何况王映霞是个天生就不爱寂寞的人。在沪时，她是不得已而为之，到了杭州，这种局面算是彻底改变了过来，她和郁达夫两人出去成对，回来成双，形影相随，寸步不离。

1935 年 9 月 3 日，郁达夫在《秋霖日记》中写道：“晨八时起床，即送霞至车站，伊去沪，须一两日后返杭也。”

从杭州到上海，只有三四个小时的路程，而王映霞常来常往已多年，如此小别，还要到车站去护送，夫妻深情可见一斑。次日，他在日记中又写道：“午前硬将小说写下去，成千余字。因心中在盼望霞的回杭，所以不能坦然执笔。”这真是俗语“一日不见，如隔三秋”的最好注脚。

王映霞离杭去沪，来回仅两天的时间，又是接又是送，又是寝食难安，这充分说明，夫妻情感真已达到如胶似漆，须臾不能分离的境界。

夫唱妇随的佳话，不但在郁达夫的日记等文字里能看到，在友人的文字里也多有记载。黄萍荪在《风雨茅庐外纪》中有一段描述就很逼真生动。

郁达夫、王映霞夫妇刚移居杭州时，既是《东南日报》记者，又兼《中央日报》驻杭州特派记者的黄萍荪，奉命前去采访。

离开销金不夜城的大上海，举家迁移杭州的目的就是为躲避俗尘的喧嚣，求得世外桃源的宁静。对《中央日报》记者的跟踪和寻幽探秘，心中本是十分反感的，退避三舍而犹恐不及。

出乎意料的是，就在这“讨厌”之人将要离开时，王映霞却再三的执意挽留。

猛然一看，让人百思不得其解，而细细分析起来，却是大有奥秘。《中央日报》的记者以其惯有的伎俩，将要所提的问题一股脑儿地全抛给采访对象，使其措手不及，完全跟着他的思路回答问题。

黄萍荪紧步前辈们的后尘，首次采访郁达夫时，也用了同样的手段，即连珠炮似的提出问题，不给对方留出一点思考和反问的机会，一俟目的达到，马上便溜之大吉，急于回去向《中央日报》复命，好发头条新闻，以博得主子的欢心。所以，等郁达夫将他最后一个所提问题回答完毕时，抓起礼帽，急匆匆地要走人。

对黄萍荪的突然采访，郁达夫毫无思想准备，对其所提出的问题，只有招架之功，而没有还手之势，等回过神来，想表白一二时，对方已做出了要走的架势，怏怏不乐。

王映霞是何等精明之人，对黄萍荪的举止是洞若观火，关键时刻以“品茗”为由挽留，意在反客为主，摸清对方的来龙去脉。黄萍荪在《风雨茅庐外纪》中回忆当时的情景道：

> 主妇的话刚落音，主人接道：“黄先生，映霞说得对，好茶尽在二开，勿辜负云雾的摘之不易也！再说，我还有几句话要转请教，可能我们要互易其位，让我也来过过记者的瘾啊！”
>
> 我连称：“如不耻下问的话，凡有所知，无不奉告。”这时映霞真端来水瓶，命品二开。
>
> ……

郁先生真要和我易位了，未免令人忐忑不安，将不知如何回答才是。

“这次来杭拟去访问两人：一是马一浮先生，闻此人无书不读，通英、德、法、日数国文字，对梵语尤精研；书法古拙，文追汉唐，诗宗少陵。然而淡泊自甘，不屑时誉。听说陈立夫给他触过一鼻子灰。陈托人拿了《唯生论》请其指教，马先生眨着眼睛，佯作不知，问：‘哪个陈立夫？没听说过。’看了《唯生论》书名后，又直摇头说：‘举国汹汹，唯杀是尚，唯生，怪哉！’把书推过一边，左顾而言他了。说客讨了个没趣，怏怏而出，黄先生，可有其事！”

这个问题提的太刁钻了。陈立夫是《东南日报》董事会的常务董事之一，陈果夫是董事长，作为小记者的黄萍荪怎敢就有关“领导”们不光彩的事情说长道短，但其事已甚嚣尘上，杭人大多知之。这种笑话，虽不见报，往往不胫而走，比见报的效果还强，他只能唯唯诺诺，借“绍兴师爷”不着边际的口吻来个：“哦哦，事情也许出之有因，实据尚等查明……”哪知主人听后大为不满。

郁达夫急于要拜访的马一浮、弘一法师，都是著名的反清排满斗士，为推翻封建帝王专制，建立“五族共和”的中华民国立下汗马功劳。

以汉族精英为领导“核心”的中华民国诞生后，二位先生不贪图高官厚禄，全身心投入文化教育事业，桃李满天下，学术声誉冠绝中华，再后，目睹新兴统治者的黑暗腐败，和军阀势力的横行无道，毅然脱离滚滚红尘。前者归隐山林，落脚西子湖畔，谈禅说道，淡泊明志，后者则遁入空门，云游四海，弘扬佛法，净化心灵。

对马一浮、弘一法师的革命业绩、伟大的学术成就和光辉的人格，郁达夫非常敬佩，常仰视为人生楷模，拜访求教之意早已有之，也在来杭后的计划之列。但要通过无名的记者小辈去引荐通融，则是他虚晃的一枪，放的“烟幕弹”而已。其真实用意是想通过记者的口和笔向国民党中央政府和杭州地方当局透露个信息——已厌倦尔虞我诈，充满血与火的政治舞台，甘愿步马一浮、弘一法师们的后尘，置身大风圈外，躲进小楼成一统，管他春夏与秋冬，更可借机敲打提醒黄萍荪之辈，明确告诫他们做记者就要像不怕杀头坐牢的前辈邵飘萍那样，敢于揭露时弊，抨击黑暗，万万不可屈服于权贵和邪恶势力，为虎作伥。

郁达夫的这一招果然很奏效，马上由被动转变为主动，而且王映霞也不失时机地察言观色，揭出了黄萍荪少年时代的“恶作剧”，大有警示之意。

王映霞配合夫君智斗《中央日报》记者一幕，半个世纪之后，当事人黄萍荪还记忆犹新。

黄萍荪原是国民党中央政府和杭州地方当局安插在郁达夫身边的“眼线”，明的暗里都起着监视作用，没想到，上阵的第一个回合，经一番“智斗”，竟使其来了个一百八十度的大转弯，由“敌人”变成了他们夫妇的好朋友，同时，也通过他的笔，向外界传达郁达夫已脱离政治旋涡，只求平安，不问世事的信息。

杭州时期，郁达夫和王映霞携手并肩、寸步不离的倩影丽姿，在同时代友人的文章里也多有记载。

据唐弢《记郁达夫》回忆，初睹郁达夫、王映霞夫妇风采，是1934年1月6日黎烈文请鲁迅的宴会上。

达夫先生喝得多了一点，王映霞频频以目止之，没有收效，她便直接阻拦主人，说达夫近来身体不好，听从医生嘱咐，不能过饮。主人自然从命,达夫先生面露不愉之色。陈子展从旁打趣说:“到底是医生的命令，还是太太的命令呢？”达夫苦笑了。

王映霞讲了一个故事，她说婚后不久，有一段时间他们住在静安寺附近嘉禾里，寒冬十二月的一天，有个朋友约达夫去浴室洗澡，洗完同去吃饭，直到午夜不见回来，映霞通宵没有合眼。天刚黎明，听到紧急的叩门声，一个陌生人扶着满身冰雪的达夫进入屋内，原来他醉倒在嘉禾里街口上，拥着冰雪睡了半夜，一件皮袍子冻成了毡块。王映霞从此立下“禁令”：凡是约郁达夫出去吃饭或喝酒，必须负责将他伴送回家，如果没有人保证的话，就不许他出门。

这是真的。后来达夫先生多次由杭来沪，都由王映霞偕同……

对唐弢所言，从王映霞的回忆录里也可得到佐证。其言曰：“我们是在1933年春末，全家搬到杭州去住。虽然搬到杭州去住，但我们每个月总要到上海办点事情，也常去看望鲁迅，有时在鲁迅寓所见面，有时在内山书店碰头。”

经过上海时代轰轰烈烈的大爱之后，郁达夫和王映霞都更趋于理智，其情更真，其意更浓，主要表现是心灵的默契，生活节奏的和谐。

王映霞喜欢读前辈先贤们遗留的笔记及时文别集之类，郁达夫闻讯就刻意地去寻觅搜求，汇集成册后，冠以《娱霞杂载》之名，博其粲然一笑。

王映霞与三姑奶奶感情深，他就时常去三姑奶奶府上请安问候，生日时又撰文颂其美德。

郁达夫在王氏家族中给足了王映霞面子，同样，王映霞在郁氏的亲朋故交中也尽展风采。1935年9月21日，为郁达夫的母亲陆氏庆祝七十大寿就是一例。

陆氏中年丧夫，含辛茹苦地将三个未成年的儿子一手拉扯大，长子曼陀是大法官、画家、诗人，次子养吾乃乡村著名医生，三子达夫是海内外享有盛名的作家。

一门三英杰，各领风骚，这不但在富阳一隅，就是东南半壁也实属罕见。适逢陆氏老夫人七十大寿，兄弟三人都不约而同地想趁老人寿诞之际，来个全家大团圆，让辛苦一生的老人也尽情地享受享受儿孙满堂的快乐。

对为陆氏老夫人庆祝寿诞一事，王映霞表现得相当积极，好几天前她就提议借市长的车一用，顺便邀请几位好友一同回去为老夫人祝寿，以示儿孙辈的孝敬之意。对此，郁达夫是有所领会的。

茅庐之成，漂泊之始

郁达夫定居杭州后，既没有教书，又没有编杂志，是个地地道道的“自由人”。自由是自由了，但他却是一天也没有清闲过，不是今天这个团体请他游浙东，就是明天那个机关邀他考察浙西。

年轻时，脚力健劲，心高气盛，对旅游他还是蛮感兴趣的，随着年龄的增长，兴趣是越来越淡，特别是对带有任务性质的旅游更是索然无味，甚至厌倦。

倦怠旅游的心思产生后，每次独自喝酒，或每次独坐的时候，心里所想和计划着的，总是一间洁净的小小的住宅，以及和这住宅周围相适应的点缀与铺陈。心目中的理想住宅，他在《住所的话》中亦有所流露。

购地建造一处符合理想，产权完全属于自己的住宅，也是王映霞多年梦寐以求的心愿，只是碍于囊中羞涩，没有向郁达夫提出来就是了。

看到《住所的话》，她猛然一喜，夫妻二人的想法真是不谋而合，于是，没有和夫君商量，就积极展开购地建房的筹备工作。

在王映霞的积极运作下，他们夫妇理想中的住宅——“风雨茅庐”于 1935 年年底动工，熬过一个冰雪的冬季，到 1936 年春季终于矗立起来了，历时半年，合计花费一万五六千块大洋。

匾额“风雨茅庐”几个大字，是著名书法家马君武先生所题。

构筑“风雨茅庐”，王映霞是出了大力的，所以，在西面墙脚的角上安放的一块界石上，郁达夫特意书写了“王旭界”三个字铭记其功。

王旭乃王映霞的本名。

友人孙百刚在《郁达夫外传》，记下了他对“风雨茅庐”的观感和印象。

> 达夫他们的风雨茅庐在一九三六年年初建成……到门口一看：气势相当豪华。两扇大铁门敞开着，一条水泥铺道一直通进去。如果坐汽车去，可以直到正屋前下车……南向的三间正屋。当中一间客厅，上首悬着一块马君武写的“风雨茅庐”横额……

这里描述的只是“风雨茅庐”外部表面现象，其内部设施则是另一番景象。

看了这一切，孙百刚夫妇由衷地向王映霞赞叹道：“你着实经营一番，煞费苦心呢。”

王映霞毫不谦虚地道：“怎么不是呢。达夫一概不管，全是我一个人费心思办成的。这里的一砖一瓦，一花一木，莫不有我的心血在内。”

也正像王映霞对孙百刚所言的那样，“风雨茅庐”能够建成，并有现在的规模和气派，其点点滴滴都凝结着她的心血和汗水。

如果按郁达夫当初的设想，“风雨茅庐”将是另一番模样。1936年1月写的《记风雨茅庐》一文，就曾清晰地勾勒了“风雨茅庐”从设想，到建造，再至竣工的全过程。

> 起初我只打算以茅草来代瓦，以涂泥来作壁，起它五间不大不小的平房，聊以过过自己有一所住宅的瘾的；但偶尔在亲戚家一谈，却谈出来了事情。他说：“你要造房屋，也得拣一个日，看一看方向；古代的《周易》，现代的天文地理，却实在是有至理存在那里的呢！”言下他还接连举出了好几个很有征验的实例出来给我听，而在座的其他三四位朋友，并且还同时做了填具脚踏手印的见证人。更奇怪的，是他们所说的这一位具有通天入地眼的奇迹创造者，也是同我们一样，读过哀皮西提，演过代数几何，受过现代高等教育的学校毕业生。经这位亲戚的一介绍，经我的一相信，当初的计划，就变了卦，茅庐变作了瓦屋，五开间的一排营房似的平居，拆作了三开间两开间的两座小蜗庐。中间又起

了一座墙，墙上更挖了一个洞，住房的两旁，也添了许多间的无名的小房间。这么的一来，房屋原多了不少，可同时债台也已经筑得比我的风火围墙还高了几尺。这一座高台基石的奠基者郭相经先生，并且还在劝我说:“东南角的龙手太空，要好，还得造一间南向的门楼，楼上面再做上一层水泥的平台才行”。他的这一句话，又恰巧打中了我的下意识里的一个痛处；在这只空角上，我实在也在打算盖起一座塔样的楼来，楼名是十五六年前就想好的，叫作“夕阳楼”。现在这一座塔楼，虽则还没有盖起，可是只打算避避风雨的茅庐一所，却也涂上了朱漆，嵌上了水泥，有点像是外国乡镇里的五六等贫民住宅的样子了……

从字里行间可以看出,他对落地而成的“风雨茅庐”是不太满意的。一是如此的规模，如此的气派，完全违背当初建茅庐一所只为避避风雨的本意；二是巨额的债务，给他造成很大精神压力，每每想起此事，心中便有无限的忧愁。他是靠卖文为生的，环境宽松，心情舒畅，笔力健劲时，作品的数量就多一些，维持全家的生计自然不成问题，偶有节余，也只能备“灾年”之需。

正值壮年的郁达夫，居杭期间，的确写了不少东西，收入颇丰，再加上王映霞的勤俭持家，囊中积攒了几多银两，盖几间遮风避雨的茅屋，尚能有余，但要建造豪华的，功能齐全，设施现代的住宅，则大大超出经济能力的范围，负债也就难免了。

是啊，自打建造“风雨茅庐”，他的心情再也没有平静过，为还债而奔波，直到投身南洋蛮荒之地。

说起来，郁达夫真是福浅命薄，万事皆不如意。

积多年之心血，梦寐以求的“风雨茅庐”刚刚建成，油漆未干，就不得不远赴他乡，谋食异地。

文人与军阀

郁达夫决定应福建省政府主席陈公侠之召，任职闽南，时在 1936 年之初。

据王映霞回忆，大约是 1935 年冬天，他们夫妇在一次应酬中遇到老熟人葛效恩。

葛效恩与陈公侠既是浙江同乡，又是日本士官学校的同学，毕业后又一同在孙传芳部供过职，陈任师长，他任参谋长，两人私交很好，无话不谈。

大伙儿在一块儿闲聊时，葛说，陈公侠主政福建，革故鼎新，图谋东南半壁有个大的发展，现在正四处招揽人才，充实政府机关。像郁达夫这样博古达今，声名显赫的大文豪，正是求之不得，若是能前往，必会得到陈公的器重。

葛的一席话，说得王映霞与郁达夫有点心动。

若论起来，郁达夫与陈公侠也真是有些渊源的。

陈公侠与曼陀先生同为浙江省公派日本的留学生，素有交往。郁达夫初到日本时长年穿的一件阴晴两用的夹衣就是陈公侠送的。因这层渊源，葛效恩一扯起陈公侠，不由得想起了往事。同时也引起对鲁迅的思念。他的挚友鲁迅先生也是陈公侠的留日同学，关系密切，也曾多次在面前提到他。

对葛效恩的提议，郁达夫着实有一番认真考虑。就是没有葛效恩的提议，他这时也动了离杭的念头。

举家离沪迁杭的一个重要原因，就是想摆脱白色恐怖，争取一个较为自由、安全的空间，随心所欲地做点事，不再东躲西藏，让妻儿和亲朋担忧。然而他想错了，杭州与上海一样，白色恐怖的阴影同样笼罩在每个进步人士的周围。

在上海时，他算不上是顶尖级的危险人物，所以国民党反动当局并没有把他放到重要位置上去看待，防范和迫害也相对轻松些，而杭州则不同，鹤立鸡群，人们的视线一下子都集中到了他这里。

一到杭州，《中央日报》就电令派驻杭州的记者，要密切注意他的一举一动，随时跟踪报道。紧接着各色各样的特务机关也变着花样进行监视窥探，使其身心受到极大伤害，常常借酒消愁，寄情山水。曾是国民党浙江省党部的小喽啰，负责跟踪监视郁达夫的黄萍荪，对其所处环境的认识和了解更为全面。《风雨茅庐外纪》中有几段写的就很生动传神。如有一次他去郁达夫寓所采访，刚到大门口，便有一“卖花”的少妇和一“卖柑桔”的男子，以兜售“花”和“柑桔”为名，低声盘诘：“郁先生家有上海客人吗？”其意很明显，打探他们的来客是否带有“红”色印记。

为保平安，他一方面整天吃酒、看书、游湖、作诗、酬酢，另一方面又在时时警惕着来自各个方面的阴谋和暗算。

明的暗的，左的右的，实在令他招架不住，苦不堪言。连正常的生活和写作也被这无形的“魔影”给搅乱了。这期间的日记就多有烦言。尽管如此，左翼作家仍对他不满意，斥责他腐化堕落。说他蜕变成一个附庸风雅的官僚们的食客。有人让他免费游览浙江的名山大川，有人帮他买地皮，造房子，似乎在那风风雨雨的时代，确实想让自己隐匿起来了。

恶劣的政治环境，是他亟欲离开杭州的第一个原因。

不满足王映霞的张扬个性和虚荣心，也是他离杭赴闽不可忽略的因素。

到杭后，他是处处小心谨慎，唯恐暴露“个性”，招来牢狱之灾。而王映霞正好相反。

在上海时，王映霞相夫教子，殷勤周到，几乎是足不出户，除和他偶尔赴宴外，顶多和亲朋好友聊聊天而已。回到杭州后，环境熟悉，心情也舒畅，在这里如猛虎下山岗，蛟龙回大海，很快就脱颖成了大明星，周旋于达官贵人之间，毫无娇柔矜持之态。真可谓是游刃有余，令郁达夫相形见绌，大失光彩。对此，朋友圈子里是颇有微词的。

曾是他们婚姻介绍人的孙百刚，访问了新落成的“风雨茅庐”后，就颇为感慨地说道，王映霞变了，而且变化之大，连多年的老朋友也开始陌生了。

王映霞踏入社会之初，就和孙百刚夫妇成了莫逆之交，无论是在上海，抑或是异地相逢，都是亲密无间，但数年后再聚首杭州时，却少了这份热络和真诚。王映霞是个很有心计的女人，权力欲极强，而且处处为自己考虑，想方设法控制郁达夫。使他不敢越雷池半步，稍有造次，便用经济制裁的手段向其施压。

郁达夫的主要财富就是著作版权，这是他安身立命的支柱。为了达到完全控制他的目的，王映霞首先从版权上下手，通过法律手段，使其乖乖地将所有著作权都拱手相赠。

没有了著作权，也真的成了无产阶级的一分子。

身无分文，焉能不听命于夫人？

更令他难以启齿的是，倾其所有，举债构筑的“风雨茅庐”的产权也同样归王映霞所有。没有了著作权，房屋又归妻子所有，再加上一身债务。他心中的痛苦和无奈可想而知了。综上可知，1936 年郁达夫离杭赴闽，谋求新的生路势在必行。

按照中国普通老百姓的肤浅理解和实际观感，“做官可以发财，可以摆官架子，可以打官话，可以使小官，敲剥百姓，可以放火杀人，可以……等等……”（郁达夫《高楼小说》）诸如此类的为官的好处，郁达夫虽然明知，但这些都是他所不齿的。

再言之，他到福州来的目的，并非是真的非要做个什么样的官不可，以他的性情和生活习惯，也不适合去干那些按部就班、顺时应卯、有板有眼的官，所以，对不能如前所愿就任教育厅长一职，也就无所谓了，仍坦然处之。

到达福州后，先是被任命为省政府参议员，继之又担任省政府公报室主任，这些都是可大可小，可虚可实，可有可无的职位，然而，他很乐于这样的安排，心甘情愿地去做“蛮府参军”。

离开蛰居数年的“婿乡”和刚竣工不久的“风雨茅庐”，到濒临大海的福州出任“蛮府参军”，长期紧绷的神经得到放松。

首先，摆脱了国民党及其爪牙们的跟踪盯梢，和一班无聊政客的纠缠干扰，面对社会，面对人生，面对未来，可以重启心扉，讴歌呐喊，全凭良知，无需虚伪和造作；其次，再也不会受夫人王映霞诸多清规戒律的约束，返璞归真，顺应潮流，合乎自然。

解除如影随形的白色恐怖的信号，又没有了那么多人为的禁忌和约束，到福州伊始，就雄心勃勃地计划他新的人生旅程。

新的人生旅程的第一章就是品味东南的山水风光和人文景观。关于这一点，他在《继编〈论语〉的话》里说得很是清楚：“这一回起了绝大的游兴，跑到了福建，想南下泉漳，去看一看倭寇的故垒及前明末世的遗踪，北上武夷，好品评品评三三六六的山水与水貌……”

依傍大海，受温带气候影响，福建与内陆各地的风光相比，有着截然不同的情调，真的是太美丽了。先以它的崇山峻岭而论，“北峙仙霞，西耸武夷，蜿蜒东南直下，便分成无数的山区。地气温暖，微雨时行，以致山间草木，一年中无枯萎的时候。最奇怪的，是梅花开日，桃李也同时怒放；相思树、荔枝树、榕树、松树之属，到处青葱欲滴，即在寒冬，亦像是首夏的样子”。（郁达夫《闽游滴沥之二》）

与高大威猛的山脉相比，它的“水”，也是有着说不完的话题，尤其是那条“到处收纳清溪小水，曲折而达福州，更从南台折而向东向南，以于入海”的剑江，更是独具特色和风韵：“水色的清，水流的急，以及湾处江面的宽，总之江上的景色，一切都可以做一种江水的秀逸的代表；扬子江没有她的绿，富春江不及她的曲，珠江比不上她的静……”（郁达夫《闽游滴沥之二》）

为历代文人墨客每每赞不绝口的福建山水，很快便占据了郁达夫的视野，羁留住他的脚步。《闽游日记》和《浓春日记》中的很多篇幅都记载了他到福州后的处处屐痕。

在这诸多篇章里，他将福建的山水，文物名胜，饮食文化，居住环境，风土人情等都一览无余地呈现给读者，令人浮想联翩，激情冲动，大有不到福州一看，终生遗憾的感觉。

《闽游滴沥之一》写的是海港码头“南台”的繁华景象。

“南台”是出入福州的主要港口，也是福州的商业中枢，乐户连云，烟花遍地。落脚福州的第一个晚上就是下榻在这里，其令人叹为观止的自然景色给他留下难以泯灭的印象。写作此文的用意是想告诉人们，福建是美丽的，只要一踏入它的大门，就能感觉到温馨、浪漫的气息无时无处不在你的周围。

《闽游滴沥之二》写的是福州东门外一二十里远的鼓山。

鼓山的构造和成分，自然也和别的海边高山一样，不外乎是些岩石、泥沙、树木、泉水之类，但它的形貌、布局、结构却奇怪得很，仿佛是人工雕凿似的——是那样的合理、匀称、棱角分明并且层次清晰。

古往今来的得道高僧，慧眼识珠，都不辞辛劳，千里迢迢地来到这块风水宝地上建寺修庙，弘扬佛法，普度众生。素有闽中第一名刹之誉的“涌泉寺”，就坐落在其山腰之上。

《闽游滴沥之三》并无新的创意，描述的侧重点与前者一样——山水风景和神话故事，只不过前者的主角是神，后者的核心是人。

《闽游滴沥之四》，其重心则放在了风土人情的层面上。

偕友人游鼓岭时，正值清明时节，于是，他们有幸欣赏并参与乡民清明祭祀的活动，像拍摄电影似的将这一幕幕动人的场景给记录下来。

山村的寂静，乡民的纯朴，祭祀的虔诚，美酒的飘香，处处给人以清新扑鼻和陶醉的感觉，遗世而独立，羽化而登仙。

来到福州，不能不凭吊伟大的民族英雄戚继光。

戚继光是明代杰出的军事家，为抗击倭寇，保卫东南沿海的安宁，他率领子弟兵浴血沙场，屡立战功，创造了许多奇迹，其严明的军纪，高超的武艺，卓越的指挥才能，和攻无不克，战无不胜的英雄业绩，都给子孙后代留下千古佳话。

郁达夫到福州不久即专程去戚公祠拜祭。《闽游滴沥之五》就曾特意指出，福州城东南的于山，“最值得登临怀念的，是山西面的一座戚公祠”。

从神话传说的出现，到古代英雄豪杰的登场，从高山顶上苍松翠柏的巍然耸立，到沟壑缝隙间涓涓细流的声响……有百花盛开的娇艳，有小草嫩芽的清香，有翱翔天空的雄鹰，也有雀儿知了的浅吟低唱……似乎，在人们认知的山水图画中，和人文风景的册页中所能描绘的，在《闽游滴沥》中都能看得到。如果放在别处，有了这些，已经是很全面很完美，但在福州，仅有这些还是很不够的，一道更靓丽的风景还没有出现，那就是青春少女的飒爽英姿。

有游记大家之称的郁达夫，自然是不会轻易忽略这一道风景的。在《闽游滴沥之六》中，他不惜笔墨，不吝辞藻，尽情地赞颂福州少女的美。有了青春少女倩影丽姿的出现，为福建所描绘的这幅山水画才算完整。

历史上还没有人能如此精确、详尽、周到、全面的来描绘福建的山水，郁达夫的《闽游滴沥》无疑具有开先河之功。

郁达夫到福州任“蛮府参军”，是这里的山川和人民的莫大荣幸，六篇《闽游滴沥》的宣传功效，真不知能顶得上多少部高头讲章式的说教。

读了《闽游滴沥》诸篇章，福州的山川景物，人文地理，风土人情和英姿勃发的青春少女，都能活灵活现，呼之欲出，招之即来。

可以这样说，郁达夫出任“蛮府参军”以来，为福建人民立下的首功，就是六篇《闽游滴沥》的横空出世。

《闽游滴沥》是一幅充满诗情的泼墨山水画，同时也是一首蕴含着丰富人文底蕴的抒情诗。

除《闽游滴沥》等游记的写作之外，在政论、杂感等方面的创作，他也是很勤奋的。发表在《论语》杂志上的《高楼小说》即是如此。

所谓的“高楼”，即是指他在福州的寓所。

“小说”也并非任意虚构、故事情节跌宕起伏、辞藻华丽优美的文艺作品，实乃政论、杂感之作。

写作《高楼小说》时，他又好像回到了当年鏖战黄浦滩头的峥嵘岁月，一样的披坚执锐，一样的勇往直前，一样的所向无敌。

如《高楼小说》之二的《说日本少年军人的发魇》，从日本三千少年军官兵佐帝都暴动说起，深刻分析了它的现实危害，以及对周边国家，尤其是对一水之隔的中国所产生的严重灾难。未雨绸缪，给国人敲响祸水西移的警钟。

《高楼小说》之十一的《移家别纪》，则猛烈地抨击了对外丧权辱国，对内敲骨吸髓的腐败政府和各级执行机关。

郁达夫在闽停留期间，思考最多，研究用力最勤的一个问题就是中日关系。

在日本留学长达十年之久，他深谙大和民族的禀性，对“九一八”事变后中日关系的走向清晰明了，所以，他多次提醒政府当局和沉醉在歌舞升平里的同胞，日本亡我之心早已有之，要巩固国防，做好迎头痛击日本侵略者的各项准备工作。在《战争与和平》一文中，他更是一针见血地揭露了日本军国主义一步一步吞噬我大好河山的野心。

裂痕

正当郁达夫在福州准备大有作为时，家庭却出现了不“和谐”的因素，确切地说，是他和王映霞的婚姻出现了“裂痕”。

福州之行，是他和王映霞婚姻危机的正式开端，起因是王映霞执意送郁达夫到上海乘船前往福州。

在这之前，他每次负气离家出走，都是对王映霞管束太严的不满和无声的抗议，而出走的后果则是一次次地检讨，一次次地写悔过书。

可这次在赴闽的头一天晚上，他第一次表示了与王映霞不相同的意见，维护了独立的人格和尊严。在杭州定居的两年多时间里，污浊的政治氛围，黑暗的社会现实，使他几于窒息，艰于视听；而夫人王映霞的诸多清规戒律，又使他难于开怀畅饮，不能随心所欲笑傲江湖。

白色恐怖的乌云当头笼罩，挥之不去；苦闷、烦恼、无聊的阴风又紧紧相逼，寸步不离。这就是郁达夫在杭州期间真实生活的写照。

离杭赴闽，是他好不容易才寻求到的一个挣脱羁绊、重回自由天地、纵情高歌的大好机会，怎能一出征就又让夫人任意摆布呢？所以，表示不同意见，据理力争，是再正常不过的事了。从夫人王映霞这方面来讲，她深知郁达夫那放浪、散漫的文人做派，唯恐他到上海后，经不住朋友们的诱惑，而改弦更张，耽误自己的前程不说，辜负陈公侠主席的一片好心则是大事。为安全和保险起见，她执意要押送夫君到上海，等其上船后再回来，也应该说是在情理之中。总体来讲，这个时期，他们的婚姻基础还算是牢固的，家庭生活相对还是平稳的。

和王映霞的这次吵闹，是他生平第一次，而且吵闹的理由纯属鸡毛蒜皮，尤其是自己更有意气用事之嫌，所以，这次吵闹在他记忆中留有深刻的印象，事后想起来还很觉惭愧。

夫妻间在生活上出现了矛盾，很快就会自行消失，而一旦在感情上出现了“裂痕”，那将是永远无法弥合的。

这次吵闹虽则是由生活小事引起的，实际上则是感情危机所致。这之后，他对王映霞的感情始终处于矛盾中。

数日不见，十分想念，而王映霞一旦来信要赴闽和他相聚时，郁达夫却又诚惶诚恐，烦恼至极，不遗余力地加以阻挠，甚至以辞职相威胁。

这种复杂、矛盾的心理一直困扰着在闽时的郁达夫。当然，这也说明，王映霞还没有别的精神寄托，一门心思都还在郁达夫的身上。她关心他的生活，他的工作，他的健康，唯恐因他的“散漫”误了陈主席的大事。

王映霞的出发点和用意是好的，她来闽相聚，既可照顾郁达夫的生活，又能慰藉他的相思之苦，这本是好事，而郁达夫却感到甚为惶恐，更为严重的是，如果她执意要来，则打算以辞职回杭来阻止。

郁达夫对王映霞的恐惧心理由此可见一斑。

王映霞的一封欲来闽团聚的信，在郁达夫心中激起波澜，同时也将他们感情危机的信息透露出来。

王映霞是十分了解郁达夫的，他做事往往是率意而为，不大计较后果。像赴闽团聚一事，如果他不同意硬是去了，他真的会辞职回杭。想到这里，王映霞自我安慰道，不会有事的，时间还短，一切都在新鲜之中。于是，她致电暂不去闽。

王映霞要来闽，让郁达夫烦恼苦闷之至，而一封不再来闽的回电，则使他又“快活之至”。其情其景，真使人感慨良多。不愿王映霞来闽相聚的原因，郁达夫在1936年3月7日的日记曾有所透露。即“女子太能干，有时也会成祸水”。话外之意，是怕王映霞来闽后，再像在杭州时那样张扬，不但使自己难堪，而且还会影响工作和声誉。同时，他是怕王映霞来闽后，自己会失去自由——不能随意喝酒，纵情山水，驰骋士林。

经过几番磨难，几番周折，王映霞还是于1937年初春携子来闽与郁达夫团聚。有关在闽期间的夫妻生活，王映霞在《自传》中是这样写的：

> 我在1937年3月，奉他的命去福州，心中的闷气还未曾消除。将杭州的家务略一安排，随身只带了郁云。因为他从小脾气古怪，容易闹事。到福州之后，我随时注意郁达夫之所以不让我早来福州的原因，但我还是漠然。既是多年来的夫妇，我为了自慰，也就不再想入非非了。他陪我去玩过几处名胜，吃过多次名菜，访过许多朋友，玩过好几次日本堂子，叫日本名妓来替我敬酒。可惜我还没住上半年，在这个临时的家庭刚刚安排就绪时，芦沟桥(芦沟桥，编者注)的炮声响了。于是商量决定，我带了殿春先回杭州，

同船的有陈仪先生的女儿陈文瑛。

王映霞回忆录中的这段话说得很有点“蹊跷”，也很耐人寻味。

一是说明，她这次携子前往福州和夫君团聚，完全是被动的，也是极不情愿的，没有郁达夫的“命”令，她是不会去的。与一年前的主动要求前往相比，反映出郁王两人夫妻关系的微妙。

一年前，“风雨茅庐”初成，多年的梦想成了现实，一时感到很满足。如果没有夫君的文坛大名和在社会上的显赫地位，她是不可能在很短的时间内，以几乎成本的价格来拥有这座“豪宅”的，对此，她是心知肚明的。

郁达夫的存在和健康，是直接关系着他们这个小家庭及其王氏家族的兴衰荣辱的，所以，她视郁达夫为生命中的唯一。分别刚近一个月，便火烧火燎地要赶往福州去照料他的生活起居，是在情理之中的。

再者，郁达夫赴闽之前，是以教育厅长的人选应召的。在她眼里，主管一省的教育大计，其厅长的位置是炙手可热的，权势倾天。对未来，她是充满着无限憧憬的。而一年之后，这一切全都变了样。

“风雨茅庐”不再拥有初落成时的新鲜和光彩，与达官富商们的别墅相比，它只不过是一处普通的住宅而已，没有什么值得炫耀的地方。

而郁达夫也并没有当上福建省的教育厅长，什么参议，什么政府公报室主任，在为官者眼里，都不过是些虚职和闲差事而已，钱不能挣大的，权没有三分。王映霞失望了。

没有了企盼和希望，夫妻间的热情自然要减去许多，这时不愿再去蛮荒之地的福州伺候夫君，也就可以理解了。

另外，“心中的闷气还未曾消除”一句中的“闷气”真不知是从何而来。如果说，一年之前，郁达夫执意不让她去福州，使她很生气的话，那么，经过三百六十五天的相互思念，也应该早已烟消云散。更何况，这期间，郁达夫不止一次回杭州团聚，夫妻间有什么隔阂，温柔乡中的万种风情也该将其化解得无影无踪。还有一点，王映霞在回忆录中说的离闽回杭的时间也是很可疑的。

她是 1937 年 5 月间携殿春回杭州的，而卢沟桥的炮声是当年的 7 月 7 日打响的，怎么能说是因“卢沟桥的炮声”拆散了刚刚“就绪”的小家呢？显然，不是误记，就是有意遮掩了什么。

这些可疑之处，埋在郁王婚姻中，不知何时会爆发。

飘摇中的山河

王映霞携带儿子郁云从福州回到杭州，落脚未稳，便赶上上海“淞沪抗战”的战事。

上海是杭州东南的主要屏障，两地相距仅有 4 小时的火车行程。

日寇侵占上海后，杭州也岌岌可危，有钱有势的人家都纷纷寻求避难之所。王映霞尽管很能干，但面对如此复杂纷繁的局面，也是一筹莫展。好在这之前，郁达夫曾给她们母子设计了逃难方案，“倘若上海吃紧”，就由她带着孩子去富阳老家暂避一时。

富阳是郁达夫出生和少年时读书成长的地方，距省会杭州仅有 90 华里的行程，出入方便，是战时逃难和生活的最佳选择。即便没有中国军队的节节抵抗，日寇的铁蹄一时还践踏不到这里。

郁达夫的二哥是富阳县城里有名的大夫，方圆几十里，无人不知，人缘也很好，加上郁氏家族众多的亲朋好友，将家暂时安置在这里，他相信，王映霞母子是不会受太大委屈的。

按照他事先设计的方案，上海“淞沪抗战”的炮声刚停，王映霞果真携家带口地来到了富阳。

王映霞在富阳住了两月有余，听说杭州战事吃紧，将波及这里，于是就又随同二哥养吾一家到环山住了一阵子，最后听从浙江省财政厅长程远帆的劝告，与省政府的家属和政府机关一同搬往丽水。

对王映霞所谓的是浙江省财政厅长程远帆，用汽车将她们一家从富阳接到丽水避难之说，郁风在《三叔达夫——一个真正的“文人”》一文里，却表示了不同的看法，她认为，接王映霞一家从富阳到丽水避难的不是财政厅长程远帆，而是教育厅长许绍棣。

与王映霞之说相比，郁风之说的可信度应该是更大的。

一、程远帆与郁达夫并没有什么特别的交情，在他的日记和其他文字里，也很少有“程远帆”三个字出现；在兵荒马乱的岁月里，负一省财政之责的厅长，也无暇去顾及一个并非友情深厚的朋友的妻儿，更何况还要将她们从遥远的小山村接到省政府机关临时所在地呢。即使有这个闲暇，他也不可能有这个心思，人言可畏，为官者没有不知道这个道理的。

二、王映霞一家在富阳逃难期间，一直受到二哥养吾的照应，她们去丽水前夕，两家又同在一处居住，当时来接她们的是谁的车子，又是谁派人来的，养吾应该是知道的。郁风和二叔养吾的感情一直很好，解放后又曾多次回故乡写生，而每次回去都是和二叔住在一起，她的说法应该是来自二叔无疑，故可信程度是高的。

三、王映霞将“许绍棣”说成是“程远帆”，可能意在遮掩她和许绍棣那非同寻常的“友情”。

王映霞这次跟随省政府机关迁至金华，再至丽水，是他们家庭破裂的导火索。

在杭州时，王映霞就和省政府机关的一些达官贵人很熟悉，而且对一些“权要”也很羡慕。

远离丈夫，精神空虚孤独，在患难中与旧相识异地重逢，相互照顾，嘘寒问暖，情感自然会发生变化。她与许绍棣的关系就是一例。

许绍棣是浙江临海县人，自幼父母双亡，靠伯母抚养成人。中学毕业后，以优异的成绩考入复旦大学。为减轻家庭负担，业余时间到一姓方的大户人家担任家庭教师，方家的长辈很看重他的人品和学问，遂将女儿方志培嫁给他为妻。

许绍棣大学毕业后，先是在中学教书，尔后参加国民党，走向仕途，官至国民党浙江省党部执行委员兼教育厅长。郁达夫定居杭州后，多有来往，关系也不错。

因都是文化界人士，王映霞与方志培交往颇为频繁，自然和许绍棣也是经常碰面的。

1936 年，方志培去世后，许绍棣带着三个女儿跋涉千山万水，很惹人同情。王映霞就是同情和爱怜者之一。

在去金华之前，王映霞与许绍棣就有书信来往，到丽水后两家住在一个楼，小孩子们又常在一块儿玩耍，他们接触的机会也就不期然的多了起来。情感也随之发生变化，麻烦和事端接踵而至。外界的流言蜚语更加有声有色。

据王映霞《自传》回忆，在丽水期间，她的心情和生活都是很轻松愉快的，没有一点亡国之痛和大战来临的紧张气氛，甚至可以将三个未成年的孩子，完全扔给年迈的老母亲，约朋友遍游浙东山水。

一介布衣寒士的妻子，在烽火连天的岁月里，丈夫又不在身边，之所以能如此潇洒，如此风光，如果没有居高位的官僚朋友热情“关照”，那是绝对不可能的。而这个“朋友”就是许绍棣。

1938 年 3 月 9 日，郁达夫应郭沫若之邀，前往武汉任军委会政治部第三厅设计委员，临行前，特地去丽水接王映霞一同赴任。

在从金华去南昌的火车上，王映霞与一同前来的李家应闲聊时，李告诉她说，她是南京中央大学西画系毕业的，这次是打算到汉口找工作做的，而后她又继续说道，她还有一个姓孙的好朋友未婚。孙的爸爸，在浙江教育厅做事，孙要陪爸爸，这次就没有和她同行。李家应又问王映霞，说：“伯母，你有没有适当的人替多慈介绍一个？”

对李家应的话，王映霞一时没有反应过来，停了一会儿才明白她的意思，于是便说道：“我们认识的人并不少，未曾结婚的倒还未想到。有一个许绍棣，两年前他妻子亡故，但遗有三个女儿。”

许绍棣在浙江是鼎鼎大名的，李家应一听马上回答道：“他有三个女儿不妨事，到了汉口，伯母，你能不能给我写信去征求一下对方同意不同意？我家里还有多慈的照片，有必要时可以附了去。”就这样，王映霞与许绍棣在汉口与丽水之间开始了“两地书”的传递。

王映霞与许绍棣的风言风语早已传到郁达夫的耳朵里，但他并没有介意，这次看到他们书信不断，疑窦顿生，遂演绎出了一场令人啼笑皆非的闹剧。

郁达夫对王映霞给许绍棣“做媒”一事本身就十分反感，更何况她欲介绍的“新人”又是莫逆之交徐悲鸿的红颜知己孙多慈呢？

郁达夫与徐悲鸿相识于 1927 年，在上海友人田汉家里第一次看了他的几张画后，“就感到了他的笔触的沉着，色调的谐和，与夫轮廓的匀称，是我们的同时代有许多画家所不及的”。(郁达夫《与悲鸿的再遇》)

徐悲鸿在艺术上是成功的，贵为一代画坛宗师，而在婚姻方面却是不幸的。妻子蒋碧薇早已投入中统首脑张道藩的怀抱，世人皆知，自己心仪已久的女弟子孙多慈又因种种原因不能结为“秦晋之好”。

对徐悲鸿不幸的婚姻，郁达夫是深表同情的，对其和孙多慈的恋情也寄予了厚望。不料，自己的妻子竟插手朋友间的情感纠葛，横刀夺其所爱，赠予可恶之人。

就在郁达夫披星戴月，奔走呼号于抗日救亡的前线战场时，夫人王映霞却正忙于为许绍棣“牵线搭桥”当红娘。面对他们之间一封封缠绵悱恻的情书和一袭象征“爱情”的红纱巾，郁达夫惊呆了。

那一封书信，絮絮家常，叨叨政事，切切形势。文风之细腻，语言之轻飘，仿佛是一对“热恋”中的情人。

郁达夫愤怒了，精神几近崩溃。

极端“愤怒”和精神几近“崩溃”，实属一个有妇之夫的正常行为，不如此才真是精神失常。

试想，在丽水时，夫妻就因为“许绍棣”而闹得天崩地裂，几乎要分手。作为王映霞，为夫君的脸面考虑，为家庭着想，她应该主动远离许绍棣，避嫌还来不及呢，还为他介绍什么对象。她所介绍的孙多慈，还是郁达夫的好朋友徐悲鸿的生死之恋，这不是在刺伤夫君么？

可以说，在这件事上，她根本没有把郁达夫放在眼里，更没有考虑他的感受。

一个是许绍棣，一个是郁达夫，在王映霞心中的天平上，孰重孰轻，大家一看便知。

此时此刻，如果王映霞能说几句温柔的话语，也许会化解去郁达夫的愤懑之情，然而，她没有，她始终不愿低下她那高昂的头。

两人针尖对麦芒，谁也不愿意先示弱，亲朋好友都不愿看到的一幕终于出现了。

根据王映霞的回忆，从台儿庄战场回来，郁达夫紧锁的眉头就没有舒展过。根据经验推猜，这是他要离家出走的前兆。若是在从前，她不会主动挑起事端，而是让他发作后再进行安抚劝导。不过在这个时候，非寻常可比，飞机日日在乱炸，一家老小要吃要用，他一走了之，这个家就无法支撑下去。鉴于此，她采用了主动出击的办法，想以此遏制他的离家出走，于是她先开口道："你又打算走么？要走，可以的，你须把三个儿子也带了走。否则，就让我走！"

王映霞说这话是带有试探性的，并没有要"走"的准备，而不料，郁达夫听了她的话，语气很坚定地表示道："你走就你走。"这句话把王映霞打晕了。郁达夫原也是一句赌气的话，没想到，王映霞真的走了。

面对此情此景，他不但气恼有加，而且更加确信外界的传言，认定王映霞真的和许绍棣在谈恋爱。于是乎，便失去理智地做出许多荒唐之事。首先，去叫了三厅的许多同事来寓所观看王映霞和许绍棣的"情书"；其次，分别向蒋介石和陈立夫写了长信，状告许绍棣插足别人家庭；其三，则是到《大公报》登了则寻人启事。

《启事》登出后，郁达夫即接到曹律师的报告，当得知王映霞并没有去浙江找许绍棣，而是赌气在朋友家，怒气也就消了一半，后在郭沫若等朋友的劝说下，又登了一则道歉启事，登门把王映霞请了回来，此事才算告一段落。

此次"风波"过后，二人各自都有所反省，也都认识到自己的错误，为重新生活，在朋友们的敦促和监督下，写了一张“协议书”，以示尽弃前嫌，开始新的夫妻之旅。郁达夫心系多灾多难的民族和生死存亡的国家。经过短暂的休养生息，感情平复了，夫妻和睦了，他毅然再度离开妻儿，重返抗日的前线。

1938 年 9 月底，福建省政府主席陈仪陈公侠知道郁达夫已辞去军委会政治部的工作，赋闲在湘西汉寿小镇，便飞函招他重聚榕城，共商抗日图亡大计。

自“卢沟桥事变”以来，国事、家事、天下事，没有一件是让郁达夫舒心的。疆土大片沦丧，民不聊生，饿殍遍地，战火纷飞；家中老母亲遭日寇围困，饥饿而死；妻子也与友人纠缠不清。这一桩桩一件件，都令他悲伤难抑，羞辱难当。特别是后者，更是让他无颜面对江东父老。

离开汉寿时，在表面上是很平静的，从容不迫，而心中奔突的烈火却一刻没有停息。这其中既有对侵略者的仇恨，也有对妻子的恋恋不舍和怜悯。就在郁达夫和王映霞努力修复夫妻间已出现的“裂痕”初见成效时，一件意外的事情发生了。

郁达夫在赴闽的途中，有人告诉他，王映霞已不在汉寿，携带金银细软到丽水和许绍棣“约会”去了。

本已平静的心田顿起波澜。他当时的心态和举止，因没有资料可参考，很难描述，但王映霞的言语和行动确有文字可凭。1938 年，在郁达夫和王映霞的婚姻历程上正可谓是多事之秋，一波未平，一波又起。先前王映霞去丽水找许绍棣“约会”的谣言不攻自破后，又有传闻说，王映霞之所以委身许绍棣，是因为许绍棣曾送给她一张几十万元的港币存折。

这则传闻从郁达夫口中流露给王映霞时，也激起了她的万丈怒火，夫妻间免不了又是一番口枪舌战。

对这场因“传闻”而引起的风波，郁达夫和王映霞冷静审视后，各自又有所收敛，悄无声息地忍了下去。然而此时已是山雨欲来。

数十年后，王映霞在《自传》中是这样表白自己，谴责郁达夫的：

> 谁知郁达夫一离开家，虽然沿途写了许多封信寄回来，但同时他却打了许多电报到丽水去，向浙江省政府里我们所认识的人中，询问我是否已到丽水了，去和许绍棣同居了等等。而我呢，当时一点也不知道这些事情，心中却还在想着，等待他到达福建后的消息。

“神仙眷侣”终成碎梦

大概是郁达夫早就有了离国出洋的准备，所以到福州不久即电召王映霞携郁飞前往。

郁达夫是1938年9月22日离开湖南汉寿的，辗转劳顿，于月底抵达福州。

到福州后，并未授予新的职务，仍以省政府参议和省政府公报室主任的身份奔走呼号于抗战的前哨阵地。

正当他抛弃家庭恩怨，全身心投入轰轰烈烈的抗战大业时，过去曾邀请他加盟、王映霞念念不忘的《星洲日报》再度邀请他前往主持大计。

鉴于国内的政治形势和家庭变故等方面因素的综合考虑，郁达夫爽快地答应了《星洲日报》的邀请，并电促王映霞携长子一同前往。

到南洋诸岛宣传中国的抗战，争取华侨同胞的支持，这在素有侨乡之称的福建是一件大事，省主席陈仪对他的决策表示大力支持，临行前，特意设宴饯行，并且希望他不要辞去省政府参议之职，薪水照发。

郁达夫走了，满带心灵的创伤，从此永远地离开了他挚爱的、多灾多难的祖国。

1939年年初，香港《大风》旬刊计划出版周年纪念专号，编辑陆丹林特约郁达夫赐文。

陆丹林是他的文坛老朋友，两人相知相交多年。郁达夫在离开汉寿赴闽途中还曾给他写过一封信，报告行踪。

因与陆丹林有这种友情，所以对《大风》的出版周年纪念专号，他责无旁贷地要赐文给予支持。于是乎，他便将自己从1936年到1938年间所写的诗作，选出诗19首，词一阕，详加注解，冠以《毁家诗纪》之名寄了出去。

对这些诗作发表后所产生的社会后果和对夫妻感情的影响，他似乎都已预料到了。

就社会反响而言，他就是想让人们知道国民政府中的某些道貌岸然的权贵是如何拆散他的家庭的，所以，在致陆丹林的信中明言，《毁家诗纪》"刊登之后，送我十本，另寄蒋介石、叶楚伧、于佑任（于右任，编者注）、邵力子、柳亚子等人手一册，至于稿费，可以不要。"

显而易见，发表《毁家诗纪》的主要目的，就是要将许绍棣的丑态昭示于天下。至于妻子王映霞的感受，他就全然不顾了，无非是"毁家"！

《毁家诗纪》中的诗，王映霞大多都曾看过，因为其中有些还是专门写给她的。对诗本身并没有什么异议，而是其中的"注"激起了她的极大愤慨。

诗中的"注"，点名道姓地将她和许绍棣的绯闻昭示天下，无论是在颜面上，或是在心灵上，都是令她难以承受的。

从愤怒到疯狂，她一步步地开始反击了，于是陆续发表在《大风》杂志上发表公开信。郁达夫决计发表《毁家诗纪》时，只是为发泄对党国要员许绍棣的愤恨，揭露其伪君子的丑恶嘴脸，并没有将王映霞逼到绝路上去的意思，虽然夫妻间的感情完了，但名分还是希望保持的；同样，王映霞在《大风》杂志上发表写给陆丹林的公开信的目的，也是为了挽回些名誉，并没有想到要彻底毁掉这个家。

然而，他们夫妇苦心经营起来的"茅庐"，终于为"大风"所破。

1940 年 3 月，共同生活了 12 年的鸳鸯，都很不情愿地在离婚协议书上签了字。三个孩子完全由郁达夫抚养。

被友人誉为“富春江上神仙侣”的郁达夫和王映霞，走过 12 年的婚姻爱情之路后，终因相互在报章杂志上痛揭疮疤，不得不分道扬镳，各奔东西。

造成郁达夫和王映霞这对才子佳人分手的原因是多方面的，除却深层次的政治和社会的因素之外，恐怕王映霞的“红杏出墙”则是最直接的导火索。

王映霞乃大家闺秀，知识女性，而非水性杨花之辈。她的“红杏出墙”，又显得非常复杂。

首先是她的家庭出身和社会背景。

王映霞，本姓金，祖上是江浙一带数得着的大盐商，只是到了祖父这一辈才开始衰败，从小耳闻目染，使她对金钱看得很重，也懂得什么叫荣华富贵；她的外祖父一脉，也曾是杭州城内亦官亦商的豪门，兴盛时同时经营着日进斗金的几家钱庄，也是到了外祖父时才开始中落的。

一句话，在她的骨子里沉淀着商人的元素，她之所以肯屈尊嫁给郁达夫，主要是看中了他那绝世才华和响彻大江南北的文坛英名。

在她看来，有才华有英名，就会拥有与之相匹配的社会地位，就能做官，就能攫取大量的财富，就能炫耀乡里，笑傲亲朋，蔑视群党。

徜徉西子湖畔的岁月里，郁达夫的才华和英名，的的确确为她争足了面子，出入和市长夫人、警察局局长夫人、商会会长夫人勾肩搭背，欢声笑语，如入无人之境，一度被杭州官场称之为一道靓丽的风景。

又言之，她想拥有一处属于自己的住宅，马上就有人给她筹划地皮，有了地皮，马上又有人帮她看风水搞设计。资金不够时，又有自称郁达夫弟子的人会主动送款上门，并扬言什么时间有钱什么时间还，不计利息。甚至连大门、鱼缸、花草、树木之类也都免费有人送。

至于社会活动方面，那更是让她出尽了风头。今天到了一个京剧名角，前去捧场有份；明日为某人接风或饯行，也有请帖；什么人的儿女满月，父母双寿，乃至小姨子小姑子结婚等等，都非要请她去喝酒不可。

这还不算风光吗？

在杭州想拥有的社会地位及其他能满足虚荣的光环，她似乎都得到了，正欲有新的追求时，恰逢有朋友推荐郁达夫去福建省当教育厅长，几经周折，也很快得到省主席陈仪的口头应诺。

欣闻此讯，她更是春风得意，踌躇满志，平时常戏言，若能得一厅长夫人头衔，此生足矣。正因如此，郁达夫到闽不足一个月时，她便急着要前去福州相聚，恐怕真正的意图并不是去照料夫君的饮食起居，而是想去品尝品尝做厅长夫人的滋味。

一年之后，郁达夫并没有如愿以偿地当上教育厅长，她的感情也开始发生了倾斜，而这一切，远在福州的郁达夫却茫然不知。

依据她的人生观、性格特点和周围所处的环境，这期间不迸射出一点绯闻的火花，那就是太不正常了。

如果郁达夫当初真的能荣任福建省教育厅长，那么，王映霞也就不会长期滞留杭州了。

离开杭州，与夫君朝夕相处，耳鬓厮磨，他人也就无机可乘，更不会有后面的悲剧发生。

“金钱”在王映霞心目中的地位实在是太重要了，所以，她在1938年10月25日致郁达夫的信中曾恶狠狠地发誓，假若有女儿，“则一定三世都不给她与不治生产的文人结婚！”

郁达夫的自卑心理作祟，也是造成他和王映霞婚姻悲剧一个不可忽视的因素。

大的方面讲，争不过强权政治；小的方面讲，斗不过邪恶势力。精神上长期受压抑，他的自卑的心理也就很自然地产生了。

用弱者的报复手段也好，以身饲虎也罢，但发泄的对象毕竟是自己曾经爱过，也一直真心喜爱的王映霞。

如果要报复党徒恶棍，换一种其他方式也许更好些，既达到了痛击“敌人”的目的，又没伤到自己心爱的人。遗憾的是，郁达夫却无可奈何地选择了一条不归路。

试想，郁达夫既然仍执着地爱着王映霞，那么，就应该原谅她所犯的错误，宽恕她一时的“红杏出墙”，帮助她树立正确的人生观和金钱意识，不再重蹈覆辙。而不应该用激烈的言辞，夸张的手法和虚拟的情节将“家丑”外扬，弄得彼此都无地自容。

如果在武汉时，他不是将许绍棣致王映霞的三封情书照相制版，分送诸亲友，令其脸面丢尽，也就不会有王映霞的离家出走；再进一步说，如果在王映霞赌气离家出走后，采取冷静处理，或以温和的方法相劝，不以登寻人启事的手段相逼，也不会将家庭风波在武汉三镇闹得沸沸扬扬，世人皆知；又言之，如果没有《毁家诗纪》在《大风》杂志上的公开发表，也许他们会在南洋白头到老，终其一生。

在郁达夫和王映霞的婚姻悲剧里，起着最具杀伤力的是国民党里的高官要员许绍棣。

许绍棣其人，鲁迅对他深恶痛绝，恨之入骨，早在《且介亭杂文二集·后记》中就将其阴险的真面目暴露给了世人。“杭州省党部的有力人物，久已是复旦大学毕业生许绍棣老爷之流，而当《语丝》登载攻击复旦大学的来函时，我正是编辑，开罪不少。为了自由大同盟而呈请中央通缉‘堕落文人鲁迅’，也是浙江省党部发起的”。

郁达夫举家迁杭时，鲁迅就曾规劝过他，结果不幸而言中，被这一位党部先生弄得家破人亡，到最后死无葬身之地。

在郁达夫看来，许绍棣“奸淫”了自己的妻子，夺走了好朋友徐悲鸿的所爱孙多慈，这两点相互交织，构成了郁达夫强烈的复仇心理。公开发表《毁家诗纪》，其意并非是要外扬“家丑”，而重点是为揭露许绍棣的丑恶嘴脸，让世人看清他的蛇蝎心肠，还社会一个公道，还朗朗乾坤一个清白，同时也是为自己和朋友出口恶气。

为揭露许绍棣欺世盗名的罪恶，郁达夫不惜以“毁家”做赌注，可见其仇之深，其恨之烈，是无以复加的。

此仇不报，难为大丈夫，此恨不解，死不瞑目，这就是郁达夫公开发表《毁家诗纪》时的心态。

如果没有《毁家诗纪》的公开发表，郁达夫和王映霞的这个“家”也就不会解体。所以，这个“仇”，这个“恨”，无疑，应该记在许绍棣身上。

陆丹林的出现，进一步加速了这场悲剧的发展，甚至可以说他是压倒这个家庭的最后一根稻草。

同是郁达夫朋友的易君左在处理类似事情时所采用的方法，就比陆丹林高明得多。在武汉时，当郁达夫把许绍棣致王映霞的情书照相制版印刷后送给他时，他不但“当场撕毁了”，而且还劝老朋友也“一齐烧掉”。很明显，发表《毁家诗纪》，郁达夫和王映霞的家很快就会解体，不发表则有可能维持。对这一点，陆丹林应该是清楚明白的。但他被商业利益和轰动的社会效益冲昏了头脑，全然不顾人类的道德底线和友情，一字未动地发表了《毁家诗纪》。更为可恶的是，不但在《大风》上发表了《毁家诗纪》，而且还接二连三地发表了王映霞一篇篇充满仇恨和人身攻击的文章，一场夫妻大战就这样在陆丹林的亲自策划和导演下，轰轰烈烈地上演了。

是啊，有了郁达夫自暴“家丑”的《毁家诗纪》，有了王映霞污蔑辱骂郁达夫的檄文，《大风》杂志一时洛阳纸贵，风靡海内外，得到了极大的经济利益。

就这样，在内忧外患的综合作用下，郁达夫和王映霞苦心经营了12年的“家”，终于解体了，他们的爱情悲剧也画上了句号，给世人留下诸多遗憾和哀叹。

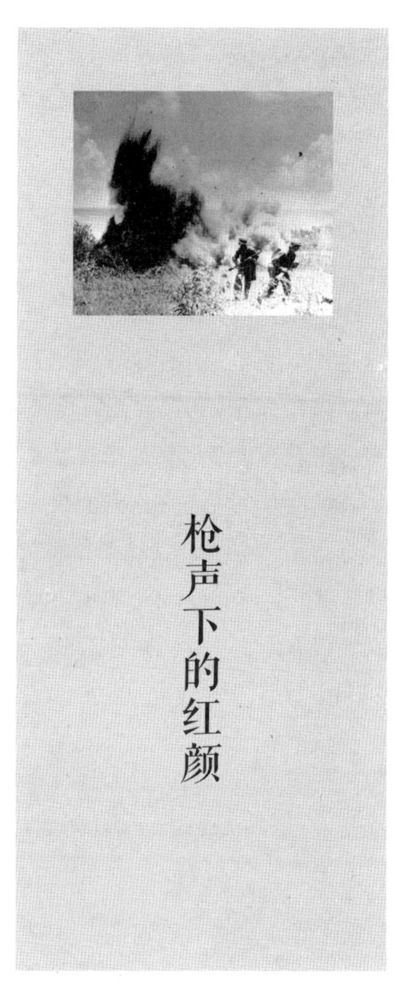

枪声下的红颜

正当郁达夫陷入苦难的泥潭不能自拔时，李筱英就像茫茫黑夜中划破天际的一颗彗星，降落在了他的眼前。瞬间，他惊醒了，沸腾了，很快迎来创作的又一个春天……

郁达夫一生都和女性有着不解之缘，或爱或恨，或亲或疏，或近或远，或聚或散，灵也好，肉也罢，始终都未能逾越这个“核心”半步。有女人在身边或得到异性的爱恋时，他热情洋溢，春风满面，笔走龙蛇，口吐莲花，许多名篇佳章就是在这种情形下一气呵成的，字字句句都闪烁着时代的光芒和智慧的火花。如果无女人相伴或没有获得异性的温存时，他马上便阴郁消沉，心灰意冷，叫苦不迭，借酒消愁，故作“颓废”状。1940 年 3 月他与王映霞“协议离婚”后，旧景重现，老调复弹，久久没有走出悲哀无奈的阴影。《自叹》一诗所表现的就是这种孤寂伤感和失意的情怀。

相看无复旧家庭，剩有残书拥画屏。
异国飘零妻又去，十年恨事数番经。

这真是“不知魂已断，空有梦相随”。徐君濂的《郁达夫先生在星洲杂忆》也证实了这一点，他说，郁达夫是“以超人的毅力忍受那些苦痛，默默地为南洋社会，为苦难中的祖国献出了心血凝聚的花朵”。

正当郁达夫陷入苦难的泥潭不能自拔时，李筱英就像茫茫黑夜中划破天际的一颗彗星，光鲜闪亮地降落在了他的眼前，瞬间，他惊醒了，热血沸腾了，很快迎来创作的又一个春天。

李筱英原籍福州，自幼生长在上海，暨南大学文科毕业，崇尚革命理论，倾向进步，热爱文学，精通日语和英语，并能说一口流利的普通话，曾有过短暂的婚姻史。抗日战争爆发后，独自闯荡南洋，供职于英军情报部门，同时兼任新加坡电台的国语播音员。芳龄二十五六。

早在上海读大学时，李筱英就很仰慕郭沫若、郁达夫等创造社才子，对他们的作品和文坛逸事也有相当程度的了解。到新加坡后，对国内来的作家、社会名流在原来崇敬和爱戴的基础上又增添几分亲近感。她和郁达夫大约相识于1940年初秋。

也许是怨女旷夫吧，抑或是前世奇缘！李筱英与郁达夫相识之初，彼此都有触电般的感觉，浑身颤抖，心惊肉跳，很快坠入“爱河”，再度唱响青春的旋律，一路高歌猛进，幸福而快乐。

在李筱英的眼里，郁达夫高大完美——既谦恭有礼，知识渊博，谈吐风趣幽默，又懂得怜香惜玉，是一个完全可信赖、可依托的“男子汉”大丈夫。同样，李筱英留给郁达夫的最初印象也是白璧无瑕——年轻漂亮，时尚新潮，朝气蓬勃，一双大眼睛就像一泓湖水清澈透亮，干净明快，动人心弦。

与郁达夫在南洋“同事两年五个月”的吴继岳，亲眼见证了郁达夫和李筱英的恋情，并有文字记述。1983年7月，他在《值得我们永远怀念的爱国诗人郁达夫先生》一文中回忆当时的情景道：

> 当王映霞离开郁先生，他正过着孤寂独居生活的时候，李筱英突然闯进他的生命中来。李筱英原籍福州，生长上海，受过大学教育，能说一口流利的英语和普通话，当时任职新加坡政府情报部为广播员。她年约二十五六岁，结过婚，因意见不合已和丈夫分居。她生得花容月貌，明艳照人。二人萍水相逢，很快便发生不寻常的感情。李筱英一因久慕郁先生的才华，且知道郁先生已和王映霞仳离，由于同病相怜，李筱英便主动向郁先生示爱。郁先生的兼职英情报部，就是李筱英介绍的。二人成为同事后，

关系更加亲密。李筱英常随郁先生来报社，郁先生向我们介绍说是“朋友”。

不久,李筱英公然以郁先生的“契女”身份,搬进郁先生家里。

郁达夫和王映霞的长子郁飞，时年已经 13 岁，他亲历了父亲和李筱英“恋爱”的全过程，而且还掺和进了自己的诸多情感，发出一些不和谐的音调，有意无意地阻挠他们的结合。他在《郁达夫的星洲三年》中是这样描述郁达夫和李筱英的“恋情”的：

李小瑛（李筱英,编者注）是福州人,上海暨南大学文科毕业，既漂亮也聪明，中英文程度都好，沪语国语全能说。不知为何那时也浪迹天涯，同我们相逢在星洲了。那时南来的青年女子同我们家相识来往的不止一个，然而只有她出现在父亲生活中时恰好具备了两人关系发展到不同寻常的条件。父亲当时不过中年，独身经年，对此作何打算自然不会对我说到。但我常听到别人在闲谈中对他谈到,如俞颂华先生同我们在大世界漫步时就曾劝他“续一续”，他不置可否，似乎认为这是可遇而不可求的罢。那位年轻的小姐呢，刚闹过桃色纠纷，处境尴尬，他就不避嫌疑，把他的书房借她住。从此关系日益密切。

她当时是新加坡英国当局情报部的华籍职员。这个机构英文名称是 Ministry of Information，华文译名会使人以为是侦察、特务部门,其实是向市民提供 information（消息）,即宣传部之意。后来她又担任新加坡电台的国语播音员。

郁飞是郁达夫的“嫡亲”，吴继岳是郁达夫的“好友”。他们二人对郁达夫和李筱英的记忆是真实的；对李筱英身世的介绍，人格的评价也是相对公正公允的，并没有掺杂太多个人因素。

郁达夫与李筱英的“恋情”,虽没有他和王映霞相恋时的惊涛骇浪，但也仍有不少金石火花，令人击节赞叹。如著名画家刘海粟到南洋举行画展时，郁达夫就曾经很热情地邀李筱英一同去拜会这位挚交好友，并且还请刘海粟为她作画以为纪念。刘海粟在《回忆郁达夫》中记录下了这一靓丽“情景”。

> 一九四一年春天，我从怡保返回新加坡，住在老友胡载坤大夫的期颐园，日夜作画，准备展出，达夫常常到我这里来谈心，他怕我累出毛病，多次拉我到夜总会去玩玩。同去的有叶公超、潘公弼，舞友刘咪咪、吴文清。还有达夫的女友李筱英，她是福州人，在上海念完大学，年轻貌美，能讲一口流畅的英语，在新加坡英国新闻处担任记者和播音员。达夫那时正好替新闻处编刊物，他们同来同去，亲密如同父女。
>
> “海粟是大画家，陪他跳舞，可以得到好画！”达夫笑得很愉快。
>
> “我看过你的《刘海粟教授》，知道他画得好，只怕不肯为我动笔！”筱英的上海话使我充满乡土的情绪。
>
> 她用钢笔开了两个条子，点的都是华尔兹舞曲:《多瑙河畔的姑娘》、《秋梦》，然后拉着我的手，到舞池中旋转起来。
>
> 读过达夫著作的人，常常把他看成一个浪漫主义作家，想不到他竟然不会跳舞，只是一面品酒，一面观察酒绿灯红中的人们，敏感地半皱着眉毛，也许是在想着故国往事吧。

20年代初在上海时，郁达夫和刘海粟就是莫逆之交，在新加坡相逢，更是欣喜有加。他请刘海粟给李筱英作画焉有不成的道理。次日傍晚，刘海粟真的给李筱英画了一张《芦雁》。

《芦雁》的确画得好，不但画面美，而且意境也很悠长深远，是刘海粟的上乘之作。郁达夫看后连连叫好，李筱英更是欢喜非常，很恳切地请郁达夫为此画题诗。刘海粟对这一点印象特别深刻。

我们来到花园中，坐在草坪上，天空群星闪烁，万里无云。筱英靠在树上，哼着一支英文歌曲。

静默了几分钟，天上，一只孤雁唳了一声。

“这雁倒像我。”达夫动感情了：“沫若，寿昌都在重庆忙抗战，仿吾去陕北，只有我成了孤雁南飞。这些兄弟们何日相见呢？”

“不对，你不孤，还有海粟叔叔和我们一群年轻人呢！”筱英直率地反驳他，他也不生气。

达夫默然起立，走到屋里，一会儿诗已写在画上：

万里南风客感深，露香菰米费搜寻。
炎荒怕读刘郎画，一片蒹葭故国心。

我大声念了两遍，十分激动。大自然是温暖的春日，离群的芦雁却在思念战友和故乡。按照当时的社会风尚，年过半百即为老人，我们感到了生命的秋意，虽不似悲秋宋玉，也希望能飞得稍高稍远，为我们的民族作出些贡献。在这一点上，老友的心是相通的。

——刘海粟《回忆郁达夫》

从刘海粟绘声绘色地描述中可以清晰地看出，这时的郁达夫和李筱英的感情已升华到了相知相爱，亲密无间，十分融洽的境界。

李筱英是个有知识、有文化的新女性，热情大方，敢爱敢恨，敢作敢为，对认准的事情会义无反顾，勇往直前。她和郁达夫相识不久便委身其怀抱。

郁达夫与王映霞离婚后，长子郁飞一直守在身边，父子二人相依为命，生活中很少有鲜艳光彩之色，有的只是孤独寂寞和凄凉无奈。李筱英的到来，既给这个多阴少晴的家庭带来了欢声笑语和春天的温馨，同时也渲染了不少的是是非非。

郁达夫与李筱英热恋时，郁飞已是十二三岁的半大小伙子了，早已有自己的情感天地和思维方式，特别是父母离异及母亲归国之后，他似乎一下子长大了，也成熟了许多，考虑问题的角度和方法也随之发生变化，想到今后的生活历程更增加了几多忧郁和不安，在这异国他乡，举目无亲，唯一的依靠和寄托全系在父亲一人身上。失去母爱，他不想再失去一丝一毫的父爱，更不想与别人一同去分享这唯一的爱。对李筱英的闯入，他从内心深处是反感和抵触的，而且在行动上也多有表示。说实在的，他是不愿接受这个未来的“新妈妈”的。

李筱英心地善良，又十分理解孤独少年的情感，再加上他对郁达夫真挚的爱，所以她对郁飞关怀备至，体贴入微，想方设法与之交流沟通，以期赢得他对自己的接受，然而因诸多复杂的原因，让她的良苦用心始终未能如愿以偿。

郁飞在《郁达夫的星洲三年》一文中曾忠实地记录下了他与李筱英之间的恩怨是非及人到中年的忏悔之意。

> 每天早晨父亲和她分赴工作场所，我上学去。午后一般我回家最早，做完功课就找自己的游伴。父亲带我玩的次数少了。我发觉他们老在外面会合了去玩，然后一起回来。为怕我闹，看了电影还不敢直接谈论剧情。有一次他们在饭桌上说什么因为讯息没有及时送到，致使有情人不能成为眷属，言下不胜惋惜。几天后我也看了费雯丽和罗勃泰勒主演的《魂断蓝桥》，才省悟他们谈的是什么。原来他们看过半夜场了。也许是怕说穿了更没趣吧，我就装傻到底了。
>
> 我渐渐感到父亲的心思没有专注在我一人身上了。十三岁的男孩怎能体会嘤嘤求偶的男女的心境。我本能地不愿眼前唯一的亲人对我的爱有所分散，更不愿另一个人成为旁人笑谈中的我的新妈妈，尽管这个女性我挑不出多少不是之处，而且她对我也一再表示好感和关切：带我去看电影，给我讲解一些不明了的情节，

散场后一定进过高级冷饮室才回家。我想要架小望远镜看星象，她发薪后领我去欧洲商业区打算给我买。谁知只有大型的，价格相当于她的月薪，当然只能作罢。这些心意我并非全不领情，但终因上述两个原因而不愿自己同她亲近，竭力使自己嫌恶她。对父亲我只能沉默以示抗议，对她可就多方发泄不满了。半年中我惹起的许多事端日后想起来全都感到后悔。

但父亲和李小瑛还是日益亲近，我无能为力。在他是政治失意和家庭破裂之余又遇上一个多少可以唤起他少壮年代奋发精神的青年女性，在她虽然年岁悬殊，但仍不免是仰慕他的名声和才情吧。两人之间不能说没有真情实意，也并非全无进一步的打算。他借用古罗马史家Livius的英文Livy（李维）作为对她的爱称，有一次还当我面用德语对她说：Ich Liebe Dich（我爱你），以为我不懂，其实我虽未读德语，不知怎么这话的意思却是猜着了的。这位当代的女性李维的话对他也诚然很起作用，她笑话文人往往清谈误国，他就以多提笔的行动表示接受。战争爆发后他身兼数职，她就提醒他不要成为华威先生。

郁飞的回忆至少可以说明这样几个问题。一是郁达夫和李筱英之间的爱是真挚的，也都有相濡以沫、白头偕老的思想准备；二是说明李筱英具有温柔敦厚、善良淳朴的高尚品德；三是展现了李筱英知书达理、明辨是非的文化素养和精神境界，她提醒郁达夫不要做“华威先生”就是例证。

“华威先生”是张天翼短篇小说《华威先生》中的主人公。他事事处处都把自己打扮成一个“抗日救亡工作者”，一天到晚热衷于走马灯似的赶到各抗日组织去开会，但都是官气十足地发一通“要认清一个领导中心”之类的言论，就匆匆离开，从未认真深入地解决一点抗战的实际问题。

郁达夫当时的身份和处境，与“华威先生”很相似，李筱英的提醒不但及时，而且意义重大。

正像郁飞所言，由于得到李筱英的爱情，郁达夫很快便从失去王映霞的阴影里解放了出来，并重新激发起“少壮年代”的奋发精神，全身心服务于伟大的抗战事业。这期间除主笔《星洲日报》的文艺副刊外，还兼任了《华侨周报》的主编。关于后者的起因和经过，郁飞在《郁达夫的星洲三年》中有记载。

……这时全球局势的演变使得中英两国立场自然接近，英国当局对华知识分子不那么疑惧了。情报部要办一张四开的《华侨周报》，李小瑛向当局推荐父亲去任主编。殖民地官员未必清楚他是何许人，可也采纳了她的意见。于是一九四一年中父亲兼任了《华侨周报》主编。

周报刊出后，李小瑛成了编辑工作的助理。

除编辑工作之外，在写作上郁达夫也是很勤奋的，大量的杂感、政论一篇一篇地见诸报章杂志。

郁达夫是一个伟大的爱国主义战士，在国家民族危亡之秋，他力图用手中的笔来痛击侵略者，唤起民众的觉醒和抗日的热情。这期间的作品从内容上可以分成这样几个部分。

一、揭露日军残害中国老百姓的野蛮行径

对日军蚕食中国，奸淫烧杀老百姓的兽行，郁达夫给予无情地揭露和鞭挞，以激起侨民们对国家民族安危的责任感，使他们清醒地认识到，自己的前途是和祖国的命运息息相关的，在《告侨胞书》中他写道：“这四年多，日本法西斯给我们祖国带来的血债谁忘得了。多少姐妹在日本法西斯的狂笑下遭到奸淫，最终被杀害。多少老人兄弟成了日本法西斯刀枪下惨不忍睹的牺牲品。我们安静的农村，繁华的都市，在日本法西斯的统治下，变成了当今的魔窟。”因此，无论是男儿，或是女子，人人都要挺身而起，不惜牺牲，抗战到底。在文章的末尾，他再次大声疾呼：

> 亲爱的侨胞诸君，战斗的号角已经鸣响，胜利的曙光就在眼前。我们要毅然地抛弃安于麻木一时的避难这种畏缩心理，昂首挺胸，英勇地冒着敌人的炮火突进！

二、呼吁民众自力更生，加强团结，共谋抗战大业

郁达夫目睹国家积弱不振，内战频繁，国际间的尔虞我诈，为顾一己私利一味地向侵略者妥协的黑幕后，一再呼吁国民们要丢掉幻想，自力更生，加强团结，抗敌御侮，直至最后胜利。1941年3月14日，由他执笔起草，并领衔发表的《星华文艺工作者致侨胞书》的副标题即是“反对投降妥协，坚持团结抗战”。

> 我们这次的抗战，是为国家民族的生存而战，为四万万五千万人民的自由幸福而战，并不是为少数人而战，也不是为一党一派而战，更不是为那批无耻贪污，顽固败类的升官发财而战！因此，我们敢于要求贤明的政府明察秋毫，判辨忠奸，坚持各党各派的团结，严惩贪污，摒除一切投降妥协分子于抗建阵营之外，切实实行革命的三民主义，实施宪政，保障言论，结社，集会出版的自由。我们更盼望海内外全体同胞坚定“抗战必胜，建国必成”的信念，永远谨记，蒋委员长所昭告我们的“团结则存，分裂则亡”，“反共就是投降”的训示，坚持国共合作，反对妥协投降，加紧努力为国家民族的真正解放而奋斗到底！

三、提倡抗战速胜论，以鼓舞南洋华侨的斗争意志

郁达夫用很多政论文字，审度中日双方的军事、经济和文化的情况，断定抗日胜利的那一天一定会很快到来，意在鼓舞民众的士气。1940年10月5日，他在《推荐八百壮士影片》一文中大声呼喊道：

现在我们的抗战已将近最后胜利的阶段了；侵略国家在无可奈何的窘状下，虽已结成了三国联盟的阵线，来摧残世界上凡拥护和平正义的国家，但日落虞渊，它们的覆没之期，已在目前。在这抗战最后的一个阶段，我们为激励我们的志气，坚定我们的信念，尤其不得不以八百壮士的孤军奋斗，来作我们的模范。我所以敢推荐这一个影片，希望我黄帝的子孙，都能一看此片，而来尽他们或她们对国家民族所应尽的责任。

四、呼吁侨民们疏财济难，支援国内的抗战大业

在国土沦丧、民族生死存亡之际，郁达夫深切地感到国家的财力匮乏，急需外援以充血，因此他对当时为中国伤兵难民请命南来义演义展筹款的文艺团体和个人都撰文广为宣传，以期通过舆论来动员民众，为抗日筹赈活动献上一份爱心。《刘海粟大师星华义赈画展目录序》等就是代表。他赞扬："艺术大师刘海粟氏，此次南来，游荷属一年，为国家筹得赈款达数百万元，是实实在在，已经很有效地，尽了他报国的责任了。"

新加坡沦陷前夕，为加强抗日力量，动员民众起来保家卫国，文化界同人在胡愈之等人的领导下成立了"星洲华侨文化界战时工作团"。郁达夫被推举为团长。张楚琨的《忆流亡中的郁达夫》记录下了郁达夫这期间的生活和战斗的片段。

在这战火纷飞的日子里，我和郁达夫天天见面，一起开会，一起对群众演讲，一起慰问星华抗日义勇军。这位发表过《毁家诗纪》的诗人团长，不是挂名，而是真干，热情洋溢地负起领导责任来。

当时战时工作团搞得热火朝天，主要是搞两项工作：一项是成立青年战时干部训练班，在炮火中训练青年干部，准备担任民众武装的政训工作。另一项是组织口头宣传队、流动戏剧队、歌

咏队，到街头去，到工厂去，到码头去，到防空壕去，到群众密集的地方去，进行抗日宣传。

我记得，晚上熬夜编三个副刊的郁达夫，白天眼里挂着红丝，用沙哑的声音，对青训班作朝会讲话（他兼青训班大队长）。敌人轰炸加剧了，第二期青训班一百多人不得不分为四个中队，散布在金炎律南侨师范学校、后港、梧槽大伯公和爱同学校四个地方，他在轰炸中从一个地方到另一个地方，从不畏缩。他那瘦弱的躯体爆发着火一般的生命力，我仿佛看到一个在为希腊自由而战的拜伦。

王任叔在《记郁达夫》的文章中，也充分肯定了郁达夫的抗战热情和求真务实的工作作风。

……不论怎么，在每天一定的时间里，你如果有事去找文工团团长，那一定可以找到他。那就是达夫。在直笃爱伊亚路宽大的爱同小学校里，有时静寂得如深山古刹似的。达夫孤单地一个守在那里。他有老僧似的忍耐力，他并不因此而感到孤寂。他自然不是一个具有领导能力的领袖，但他总爱尽他能尽的一份责任。即此负责精神，已使热情的青年们对他有一种崭新的看法。

不顾年迈体弱，为抗战四处奔波，摇旗呐喊，这就是新加坡时期的郁达夫的缩影。

郁达夫之所以像年轻人那样精神抖擞，意气风发，在一定程度上是来自李筱英的爱情动力。关于这一点，王任叔《记郁达夫》中的一段话便是有力的佐证。

如果让我们细细探索，在星洲抗战的最初，达夫跟他爱人几次公众集会上的情形，那便不难看出，那女士的慷慨激昂的抗战论调，不必谨守政府法令必须首先发动人民参加抗战的论调，似乎便是达夫坚持那一时候抗战斗争的动力。在达夫只有爱情和友情，是他生命的支持力。达夫有一颗努力向善和上进的灵魂，但必须有爱情与友情统以抚煦和鼓励。这爱情与友情之在达夫身上，可以用二句话说尽："你成也是萧何，败也是萧何！"呵！

郁达夫与李筱英从1940年秋之初相识，到1942年春之初分别，共同生活、工作一年有余。

在这一年多的时间里，虽然儿子郁飞在其间惹了不少的小麻烦，但总的来说他们的恋爱生活是幸福的，如果没有那场可恶的太平洋战争，也许他们会白头到老的。据王任叔在《记郁达夫》中回忆：

达夫有一个想头，星洲如果陷下了，他也不想离开，随便在山芭上躲下，种几畦菜，开一个小咖啡店，都可过活。他觉得世界是宽大的，找个安身的地方并不难，他曾经这样对我申述过意见。我也许有些过敏；猜他这种乱世隐居桃源的梦想，是和一个女人相关联的。他早把自己的儿子遣送回国了："儿子，我的儿子不赞成我和X小组结婚呢。"达夫曾经对我们说起过这句话。现在，敌人如果打入星洲了，两口儿都得从职务中解除下来：同居一起，过他们自由的生活了。

1942年初，随着新加坡周边各主要港口和大城市的相继沦陷，李筱英任职的英国情报部门先行撤离。郁达夫既不是他们的正式编职人员，又未能列入家属序列，所以眼睁睁地看着心爱之人远去而一筹莫展。

李筱英远离后，郁达夫和胡愈之等人也先后离开新加坡，到苏门答腊过起隐居生活。"据说，这次达夫撤退的决心，却是接受了他爱人的劝告：'你是不能留下在这里的。以你的出身和地位，敌人很可能利用呢！'达夫感谢她的启示，似乎更增加了对他爱人的灵魂的优美感。

而这竟也成为一个流浪人走上苏门答腊岛，忍受着一切艰辛的决定因素了。”（王任叔《记郁达夫》）

在逃难期间，郁达夫始终挂念着李筱英，在收音机中听到她的声音竟十分激动。《乱离杂诗》有七首就是为思念李筱英而作。

又见名城作战场，势危累卵溃南疆。
空梁王谢迷飞燕，海市楼台咒夕阳。
纵欲穷荒求玉杵，可能苦渴得琼浆？
石壕村与长生殿，一例钗分惹恨长。

望断天南尺素书，巴城消息近何如？
乱离鱼雁双藏影，道阻河梁再卜居。
镇日临流怀祖逖，中宵舞剑学专诸。
终期舸载夷光去，鬓影烟波共一庐。

夜雨江村草木欣，端居无事又思君。
似闻岛上烽烟急，只恐城门玉石焚。
誓记钗环当日语，香余绣被隔香薰。
蓬山咫尺南溟路，哀乐都因一水分。

谣诼纷纭语迭新，南荒未劫事疑真。
从知邗上终儿戏，坐使咸阳失要津。
月正圆时伤破镜，雨淋铃夜忆归秦。
兼旬别似三秋隔，频掷金钱卜远人。

久客愁看燕子飞，呢喃软语泄春机。
明知世乱天难问，终觉离多会渐稀。
简札浮沉殷羡使，泪痕斑驳谢庄衣。

解忧纵有兰陵酒，浅醉何由梦洛妃？

却喜长空播玉音，灵犀一点此传心。
凤凰浪迹成凡鸟，精卫临渊是怨禽。
满地明月思故国，穷途裘敝感黄金。
茫茫大难愁来日，剩把微情付苦吟。

犹记高楼诀别词，叮咛别后少相思。
酒能损肺休多饮，事决临机莫过迟。
漫学东方耽戏谑，好呼南八是男儿。
此情可待成追忆，愁绝萧郎鬓渐丝。

诗中有回忆，有思念，有眷恋，更有殷殷的期待，正可谓是意切切，情绵绵。然而一场惊天动地的恶风腥雨，终将诗人的美好愿望化成了泡影。

对这几首诗，郁飞有着自己独到的认识和理解。他在《郁达夫的星洲三年》里是这样表述的：“这七首诗显然有模仿李商隐《无题》各诗之处，然而用典雅的词语抒发离乱中的真挚感情却又颇多前贤所未及道者。虽然众多典实约有一半是我查阅辞书才明白的，诗中表露的情景却是我最能体会的。”

对郁达夫与李筱英的这“一段未了情”，王任叔在《记郁达夫》中是这样评价和概述的：

他对于同住的女人，却以更大的关心，留意她的謦咳笑貌和烦躁的。忠顺与卑屈，已到奴隶的程度。而那女人呢，据我看，大有法国贵族妇人的气质。这种气质，我们可以从巴尔扎克小说中见到的，自恃青春，傲慢而骄横。在不可一世的气概之下，包着颗实利主义的灵魂。尽可把一个男子作为一个工具而使用，但必须和她站在平肩的时候，既需要名士的才气又须有达官的权势与巨贾的富有。我在达夫所批评的那离弃的夫人的缺点中，也仿佛见之于这女子。我们不难理解，达夫是一个精神的贵族主义者，行动的浪漫派。他对一切朋友，很易推心置腹，不爱自高位置，登坛拜将，而对女人，似乎就爱这种贵族气质。

但这女人也许有比前妻更少庸俗气的优点：年青，或者是为了我们是比较眉目清楚的属于那类人物，她誉扬左派思想，爱谈革命理论。她自说又爱好戏剧，认识不少上海左派文人，而在暨大念过书的。这优点，影响了达夫的生活，那怕是实在的。人固然常从经验中去理解事务的概念，然而概念式的理论，出之于一个心爱人的口，却很容易打入在热爱者的灵魂的深处的。

有关李筱英逃离星洲后的去向和结局，吴继岳的《值得我们永远怀念的爱国诗人郁达夫》有约略介绍。

李筱英以后随英军撤到印度，在印度与一位“自由泰”的泰青年（也是广播员）结婚。战后她跟丈夫到曼谷住过半年，旋又去伦敦。她的丈夫在伦敦遇车祸丧生，她又成了寡妇。一九四九年，我从曼谷率领一个羽球队到星洲去比赛，那时李筱英在新加坡《丽的呼声》电台任华文部主任，我得到张匡人兄（已去世）介绍与她重逢，她特别为我的球员安排在《丽的呼声》广播，加强宣传，还请我吃了一顿饭。席间谈起郁先生，我们都不胜唏嘘，她更莹然欲涕。

自那次以后，我就不知道李筱英的下落了。近日偶然在报上看见一段有关郁先生的文章，里面提到李筱英，说她后来再嫁，并生有儿女，有一段相当久的时间住在香港，因她的儿女在澳洲，最近她又去了澳洲。回忆三十多年前在星洲见她，她还具有徐娘风韵，现在她已是年近古稀的老太太了。“自古美人与名将，不许人间见白头”，当年的王映霞与李筱英，“固一代美人也，如今安在哉”！人生如梦，回忆前情，我更有不胜沧桑之感。

郁达夫与李筱英这对天涯沦落的有情人，终未能成为眷属，是人世间的大不幸，也可谓是那个时代最惨烈的悲剧之一。而这一切都是太平洋战争所致，这只是众多时代悲剧的一个。

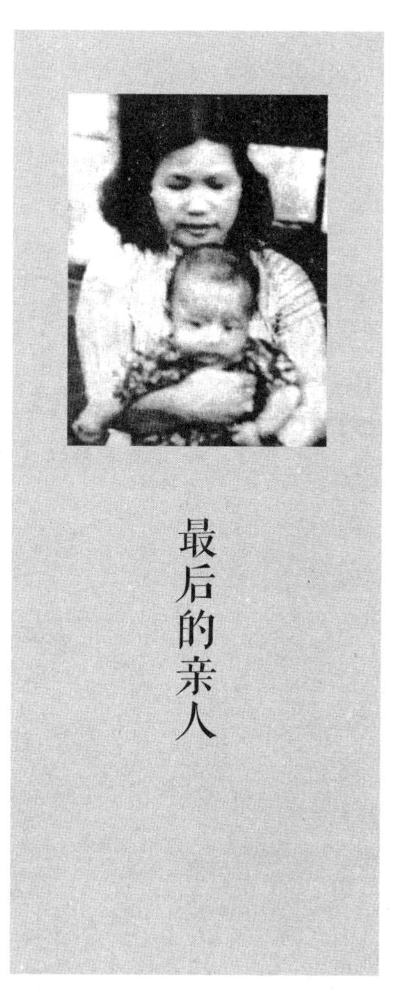

最后的亲人

何丽有与前两位夫人无任何可比之处。论学识，没读过一天的书；论家庭，无依无靠，孤苦伶仃；论容艳，则是「何丽之有」……

1932年10月6日，郁达夫在《沧州日记》里有这样一段话：

> 在南高峰的深山里，一个人徘徊于樵径石垒间时，忽而一阵香气吹来，有点使人兴奋，似乎要触发性欲的样子，桂花香气，亦何尝不暗而艳，顺口得诗一句，叫做“九月秋迟桂始花”，秋迟或作山深，但没有上一句。“五更衾薄寒难耐”，或可对对……

这段话所包含的意思和寄寓的情感，用在诗人与何丽有的婚姻和爱情的概括上是相当合适的。

郁达夫的第三次婚姻显然与前两次大不相同。第一次与孙荃的结合是传统的，主要是父母之命，媒妁之言促成的，虽然也生儿育女了，但却没有多少爱的基础可言，离异是必然的结果；第二次与王映霞的婚姻是新式的，是“爱”的结晶，“情”的硕果，因为种种原因，不能携手相期赴黄泉，留下千古遗憾；第三次与何丽有的婚姻，则是为险恶的社会环境和孤独的生活所迫，既不是情感的需要，也不是生理的渴望，完全是为应付外界的舆论和世俗的眼光所做出的无奈决定。

另外，郁达夫三任夫人的家庭出身、文化素养、个人气质、体态形貌也是各具千秋，差异很大的。

第一任夫人孙荃，乃富阳县数得着的大户人家的千金，知书达理，亦诗亦文，是乡间少见的才女。

第二任夫人王映霞，为杭州宿儒王二南的外孙女，享誉东南半壁的杭州女师的毕业生，满肚子新思想、新文化、新观念，尤为可贵的是她天生丽质，就像出水的芙蓉、雨后的牡丹，雍容华贵、仪态万千。

第三任夫人何丽有，与前两位夫人无任何可比之处。论学识，没读过一天的书，斗大的字不认二升；论家庭，无依无靠，孤苦伶仃，辗转流浪；论容艳，则是“何丽之有”。（郁达夫语）

何丽有，原名何如转，1921 年出生在广东台山县江联区东碧村一个农民家庭里，排行第三，上有哥哥姐姐，下有弟弟妹妹，10 岁时，因家中贫困潦倒，无力扶养，外祖父不得不忍痛把她送给一位陈姓人家，从而改名陈莲有，随后被陈家带到印尼去，成年后在一个制作饼干的工厂工作。由于从小家境贫寒，没有机会上学，不能断文识字不说，连普通话也没接触过，只会讲广东台山方言和印尼语，和郁达夫结婚时年仅 20 岁。

从何丽有的家庭出身和个人素养等条件来看，郁达夫和她的婚姻，如果没有特定的历史条件那是一点可能也没有的。这个特定的历史条件就是险恶的社会生存环境。

1942 年，郁达夫与胡愈之等人逃难到苏门答腊后便开始隐姓埋名，为了生计，又办起了实业。他取名赵廉，对外以酒厂老板的身份出现。

不幸的是，郁达夫在流亡途中暴露了会说日语的秘密，被驻在巴爷公务的日本宪兵队强行拉去当了七八个月的翻译。

为不被敌人察觉自己的真实身份，保护一同逃难的文化界朋友，郁达夫必须要有一个家，大名鼎鼎的华侨富商身边没有女主人相伴，时间一长自然会引起敌人的怀疑，危及朋友们的安全。因此，郁达夫找夫人已不单单是他自己的事，而且是流亡的文化界同人共有的愿望和要求。郁云在《郁达夫传》中的一番话就道出了这其中的奥秘。

既是富商，家中没有一个主妇，也曾引起日本宪兵的怀疑。他们常问郁达夫：“你的夫人呢？”每次郁达夫只好敷衍着回答：

"太太死了，儿女都在国内。"对于这个问题，郁达夫颇费踌躇。他想，为了消除日本人的疑惑，不能长此独身生活下去，但要继续隐蔽，又不能随便让一个陌生女人来伴随自己。

恶劣的生存环境，是迫使郁达夫"续弦"的客观因素，而死一样寂静的精神世界，则是使他重新走上婚姻之路的主观动力。金丁的《郁达夫的最后》就是这种观点的最早提出者。

论年纪，达夫当时是将近五十岁的人了。自他到新加坡，他的生活，依我看，就并不怎么如意。热情而天真的华侨青年，曾想望着把他那豪放不羁的性格放在一个二二得四的方格子里，结果自然弄得彼此不欢，不过有不少爱好文艺的青年，在他编《星洲日报》时受他提携是真的，他替中国文协募捐，也特别出力。然而达夫是孤独的！他憎恨国民党，可是酒席宴前又少不得同一些国民党的人物做不必要的周旋；家庭的纠纷，也给他添了不少烦闷，而达夫是自尊的。于是，在这样的情形下，有时他同任光两个人到珍珠巴刹去喝酒，有时一个人去国泰看戏，环境对他的折磨，似乎非局外人所能理解。

现在，想是跨过了这一切已往的折磨和较近的恐怕了，他真希望找到暂时的平静，希望有一个家。

在物欲横流，只认金钱不认人的南洋社会，对一般的富商来说，年近半百时想找个年轻貌美的异性伴侣，并非是什么难事，但对郁达夫这样有着特殊身份和地位的人来说，却非一件轻而易举的事，张紫薇在《郁达夫流亡外记》里描述了当时的情景：

达夫先生在苏西，人人都爱慕他，人人都喜欢亲近他，但人人心里都似乎觉得有点"敬"而生"畏"。有些人是敬畏他会说日本话，有些人是敬畏他在宪兵部里做事，有些人是敬畏他——仿佛知道他是一位大文学家——不是平凡人。所以他想结婚，在姑娘们有的是自惭形秽的心里把自己压得不敢妄想，有的是怕他结了婚后不久溜到别处不回来，自己作活寡妇。所以结婚的事，别人在巴东，可以说非常容易，只有他却费了九牛二虎之力。

而作为郁达夫自身，在“续弦”问题上也是有诸多顾忌的。一是所找对象，首先不能有文化、有知识，更不能精明能干，这样很容易识破自己的伪装，不利于长期隐蔽，同时还会牵连到潜伏在苏门答腊的国内文化界名流，这是其一。其二，所找女人不能太漂亮，红颜祸水，自古亦然，前妻王映霞“红杏出墙”的悲剧，他刻骨铭心，没齿难忘。

诸种因素使然，郁达夫“续弦”的事一拖再拖，但这并不是说，这中间没有一星半点的火花出现。据张紫薇的《郁达夫流亡外记》记载。有一天晚上，他们同去一间华侨开的马来饭店吃饭，无意之间，饭店主人自告奋勇要为达夫先生作媒，当时就约定“等一下看人”。

暗淡的灯光下，幽静的小饭馆，格外显得冷寞。但是有约在先不便离去。等了一阵，来了一个肥肥的姑娘，由后门进来。她一进来就靠在门边的椅子上，穿的是荷兰装，头发是烫过的，不会说国语。但看来是不会“蠢笨”的样子。不过，和她谈话，不大爱答应，问了几句之后，她索性站起来向后门走了出去。做媒的老太婆见姑娘走了，颇有点歉疚之心，但又无法叫姑娘回来，相信叫她回来也不会有好面孔给人看的，就约定“明天回话”。达夫先生答应了出来探听我的意思，因为达夫每次谈起无人看家，况且在日本人眼中一个富商大人的洋房里没有一个主妇，是难免不起疑心的；故不管怎样，总应该有个女人点缀他八鸭公务（巴爷公务,编者注）的洋房里才像样子。所以便向他说:“这女孩倒不错，身体也结实”。他听了我赞成便郑重地说：“那么，我明天回八鸭公务，这里消息如何，你写信告诉我。”

可是，达夫先生去后，一天，两天，一过过了几天，都没有消息，我又有点不好意思去探问，只得耐心地等待那作媒的老太婆的回话……

就这样，第一次“相亲”无果，不久，一位“饭店西施”再次进入郁达夫的视野。郁达夫在南洋新结识的朋友张紫薇参与了这次“相亲”活动。他在《郁达夫流亡外记》里的记忆是：

有一位李小姐，年已三十余，曾受荷兰教育，曾充荷兰学校幼稚园教师，家声也清白。人品在我个人看来，不大适合，可是达夫先生一见就中意，并邀请沈女士（介绍人）及我同逸华等在荣生酒楼会餐，席间兴致勃勃，到晚上八点才散去。这是一件巴东决不容易作到的事。巴东小姐结婚，先来一个“交换戒指”，然后才拿一件男人衣去女家，经过这番手续后，便可同行，同坐车，同看戏……至结婚日期，最后才决定。这天居然并未曾换戒指，交衣服，即同在酒楼会餐，真是巴东的创举。事后也未有人非议，大约是怕“赵廉”先生的威名，所以不敢瞎说吧。

这件婚事，不知怎的，终究又是没有成功。

两次“相亲”，两次都没有收获，很使郁达夫伤感和失望，也挫伤了他“续弦”的积极性。就在大伙儿对郁达夫的“续弦”一片茫然时，没文化，无背景，相貌又不美的何丽有姑娘却无意间闯了进来，并登堂入室，成了贵夫人。

郁达夫与何丽有的相识也是别人介绍的，经过既简单，又带有戏剧性。张紫薇在《郁达夫流亡外记》里记录了这次“相亲”过程：

一天忽然他来找我，他说：“今天我要订婚，你去一下。”“是谁？”“老吴介绍的。”“哪个老吴？”“武吉丁宜的海天主人。”“啊！”那人原是我认识的。当我来巴东时，和逸华便住在他的旅馆里。“好的，我一定去。”

那天被邀去的是我和八鸭公务的曾君，我们在荣生旅馆一等再等，老吴总是不来，我想该不会又落空吧？等了很久很久，我提议说“恐怕老吴在那边等，我们去吧。”于是我们去。殊不知刚出旅馆门，阿吴就来了。正好四人便一起走。

新娘是姓陈的，据说是某校总经理哥哥的女儿，但后来又说是姓何，并且芳名丽有。这事达夫先生也莫名其妙，好在他的结婚，原是有掩护作用的，这些枝节问题也就不必去找什么答案了。到了女家后，就坐下来，预备好了的茶会，随时就举行，当金戒指摸出来递给阿吴的时候，一个楚楚佳人健健硕硕的身子，便出现在眼前了，我心里想，“这倒是不错。”茶会散会，订婚之礼也就算是完成。从此，大家所希望的，当然只有“结婚”了。

1943年9月15日，郁达夫与何丽有正式结为夫妻。婚前郁达夫自拟了一张结婚证书。

赵　廉　男　原籍福建，年四十岁。

何丽有　女　原籍广东，年二十岁。

右二人于昭和十八年九月十五日在巴东结婚。因在战时，一切从简。此证。

证婚人：吴顺通。

介绍人：戚汝昌、吴元湖。

昭和十八年九月十五日。

郁达夫把结婚证书拟好后，交给在场的一位在巴东教育界服务的朋友张紫薇，请他找人誊写两份，在结婚宴会开始前由张紫薇当众宣布，并将结婚证书交给新郎新娘各一份。结婚时的场景，张紫薇在《郁达夫流亡外记》里有描述。

这回达夫先生请宴，可说是巴东侨界之精英，各党派领袖，社会名流，大家都到了。并未举行什么婚礼，事前达夫叫我在将聚餐时，宣布一下，然后将证书二份，分交他俩就得了。自然我照达夫先生的意思作了，可说非常美满。新郎房上，一道红彩，上书“结婚”二字，窗外排满花篮，插满鲜花。看来“赵廉先生”实在是准备要结婚的，谁说他没有诚意？谁说他好玩好耍？但时间已到了，他却还在打麻将。经陈君的数次催促，才起身换衣裳，谁又能说他这时真有什么“做新郎”的情趣呢？当结婚的那天早晨一早就来找我，相见之下，不说别的，就手里拿出一张纸来，说：“我昨天弄了很久，拿来给你看。”原来是四首律诗，写得非常工楷，一笔不苟。

郁达夫写于新婚之夜的四首诗，沿袭的是李商隐无题诗的传统，以“无题”为题，看似无名实有名。

洞房红烛礼张仙，碧玉风情胜小怜。
惜别文通犹有恨，哀时庾信岂忘年。
催妆何必题中馈，编集还应列外篇。
一自苏卿羁海上，鸾胶原易续心弦。

这首诗描述的是洞房花烛夜的喜庆氛围，以及新郎触景生情所引发的无限感慨。年近半百，江郎才尽之期；赤道之旁，蛮荒贫瘠之地，重新续弦，与小家碧玉结为连理，共度春宵，喜也悲也，实难说得清楚。而神授彩笔的江淹，伤时忧世的庾信，持节不屈的苏武等古代英雄豪杰浮现脑海，则使他若有所思，情不自禁，且有“长歌正气重来读，我比前贤路已宽”之意。

玉镜台边笑老奴，何年去归长西湖？
都因世乱飘鸾凤，岂为行迟泥鹧鸪。
故国三千来满子，瓜期二八聘罗敷。
从今好敛风云笔，试写滕王蛱蝶图。

如果说，“无题”的第一首写的是新婚夜静态之景的话，那么，第二首则讲的是新婚夜的动态之象。玉镜台前梳妆的新娘，笑谑新郎为老朽，不料，一句嬉言却触发了新郎绵绵不尽的“乡愁”。

美丽的西子湖畔是诗人魂牵梦绕的故乡，漂泊南洋五年来，无时无刻不在思念她。然而，战争的硝烟，国内腐败的政治，却让他有家归不得，唯有长长的叹息声。今日娶二八妙龄的“罗敷”为妻，为长远和家庭计，也只能收起呼风唤雨的如椽之笔，去试着描摹滕王蛱蝶图了。

赘秦原不为身谋，揽辔犹思定十州。
谁信风流张敞笔，曾鸣悲愤谢翱楼。
弯弓有待山南虎，拔剑宁惭带上钩。
何日西施随范蠡，五湖烟水洗恩仇。

这首诗抒发的是家国情怀。

诗人虽曾一度为日本宪兵所奴役，苟且偷安，但这只不过是暂时的“栖身”之计，并非是为一己的利益。他忍辱负重，图谋的是复仇大业，“揽辔犹思定十州”是也。

表面上，诗人“风流”痴狂，如沉醉在温柔乡的“张敞笔”一样，不思进取，黏黏糊糊地整日为妻子描眉理妆，而他的内心却是风云激荡，万马奔腾。

老去看花意尚勤，巴东景物似湖渍。

酒从雨月庄中贳，香爱观音殿里薰。
水调歌头初按拍，摩诃池上却逢君。
年年记取清秋节，双桨临风接紫云。

日寇的铁蹄践踏了祖国的河山，鬼子的屠刀血刃了手无寸铁的兄弟姐妹，国破家亡，惨不忍睹。但对人类的未来，故乡的明天，婚后的新生活，诗人还是充满信心的。

总之，从这几首小诗中，都不难窥见郁达夫的那种欲罢不能，欲说还休的“乡愁”和“乡思”。一句“拔剑宁惭带上钩”，还原了他抗日斗士的本来面目。

郁达夫虽然不甚在意与何丽有的这场婚姻，也确实没有看出彼此间有什么样的感情，然而他们婚后的生活却是很惬意舒适的。

何丽有没有什么文化，也不知丈夫是个什么样的人物，但她心地善良，为人忠厚勤恳，又擅长家务，所以，婚后很快便将郁达夫的生活调理得井井有条。

没有了后顾之忧，郁达夫时时都在紧绷的神经之弦，终于有了可松懈的机会，阴郁的脸上也渐渐绽露出了笑容。他们婚后的“幸福”生活，张紫薇在《郁达夫流亡外记》中多有记载。

达夫先生和他的新夫人何丽有女士婚后的生活，相当有趣。自然，对外，尤其是那些所谓日本宪兵之类的面前，是一本正经的。丽有女士在家，“娘姨”二三个，供她使用。她实足是“赵府”的“主妇”了。“赵大人”呢，在一般人的眼里，他是安了家的人了，一天散散慢慢的，有时打打麻将，是时候了，回家吃饭。有时要到武吉丁宜或巴东，新夫人如同去，便将应用东西，预备得完完全全，供“赵大人”出门之需。本来“巴东姑娘”的服侍丈夫，是有名气的，只要你每天有钱给她们用，包管你如意。不过，我有点看不惯的，便是做丈夫的吃饭，妻子在旁立着侍候的习气。似此，我觉得单调，同时还有一点‘轻”、“重”，之分，同时还有点“侮蔑”女性……感觉。“赵大人”的“家庭”，自然不是这样的了；他们“夫唱妇随”，就说是扮戏吧，都实在是扮得很好的一出戏。所以高明的日本宪兵，也看不出一点破绽来，常到他家里来吃喝，对这位“赵太太”都非常有礼貌。“赵太太”应环境使然，也非常合身份的应付得妥妥帖帖。

达夫先生的这段生活，可说是相当舒服的。内心的苦闷是另一个问题。他对朋友是非常诙谐地，赤裸地，无所不谈。有一天，他来巴东。他说：“啊啊！那真有趣极了。”我说：“怎么？”他大笑起来，然后他说：“我问我那个女人：‘你看我究竟是作什么的？’她望一望我的书堆，她说：‘我看你呀，我看你是一个都冈八杂。’（马来语，读书匠之意。）哈哈哈哈。”我们大家都笑了。他是这样一个诙谐的人，是这样坦白的一个人。又有一次他说：“这东西还会吃醋呢，哈哈。”我说：“怎么？”他说：“真糟糕，Star（一位知书达理，能说会道的漂亮女人的美容所招牌，也即是她的代名词）来我家，她不准她进门。”“Star怎么办呢？”“她同她说：‘不在家。你要找他作什么。’砰一声把门关上，Star没进门就去了。”“哈哈哈哈，有趣；那你怎么知道的呢？”“后来Star对我说我才知道。”“你回家骂她么？”“我同她说：‘人家来看我们，我们要客气地招待人家。这样人家会见笑的。’她说：‘她是你什么人？笑由她去笑，我是不给她进门的。’我只有笑了。”说后大家又狂笑了一阵。

记得是他婚后，刚刚三个月的一天下午，偕他新婚夫人到巴东，我们同到史君家里，在一张圆桌的周围坐了。史君我们是说国语，两位夫人都不会说国语，她们见我们有说有笑，颇生疑窦，尤其在达夫先生突然说了一句“我想起一句古诗‘迩来三月食无盐’”之后，大家哄笑更加怀疑。史君夫人要史君说明大家哄笑的原因，“赵太太”也要“赵大人”说明大家哄笑的原因。史君在他夫人耳边解释了后，史夫人笑了一笑，冷静下来，但有点不平之气色，这使“赵太太”的疑窦更加深了。她逼着“赵大人”非讲不可！结果我代说明了我们哄笑的原因是为了一句诗，并且用一张纸写了出来，“迩来三月食无盐”，给她们看。史君夫人说：“这怎么讲？”我便用“洋泾浜”的马来话为她们解释：“‘迩来’，是近来。‘食’是吃。‘盐’是‘加兰’，烧菜用的‘加兰’，大意是说：‘生活很苦，三个月来盐都没有得吃。——‘迩来三月食无盐’，这是我们笑的意思。”“赵太太”听了之后，倒没有什么表现在面上，只将我写的一张纸收起来，放在衣袋里，声称要去找懂中文的人看。这件事，后来也没有听见再讲，大约她找的解释的人也如我一样的解释罢？……

一年后，儿子出生，取名大亚。

郁达夫的一生有诸多不幸，福星对他总是微微一闪，未得光亮稍纵即逝。不是吗？在巴爷公务好不容易摆脱日本宪兵的羁绊，又喜得新夫人，一年后再添贵子，应该说可以松一口气，过上几天舒服日子，可谁知，始终担心的事情终于发生。

原来，郁达夫从新加坡流亡出来一直是隐姓埋名的，而在苏门答腊华侨中间也没人认得他。可是日本宪兵部却一刻也没放松对他的搜寻。就在郁达夫新婚不久，一位名叫洪根培的熟人来到巴爷公务日本宪兵队。

洪根培原籍福州人，对新加坡的文化界十分熟悉，与郁达夫也常有来往。在巴爷公务期间他曾委托郁达夫做媒人，被郁达夫拒绝，从此怀恨在心，便向日本宪兵告发郁达夫的真实身份。

对郁达夫等著名作家一直心存嫉恨的日本宪兵，终于向郁达夫下了毒手。就在郁达夫被害数小时后，他和何丽有的第二个孩子郁美兰出生了。

对郁达夫的苏门答腊岁月，友人也各自有各自的看法和评说。

胡愈之的《郁达夫的流亡和失踪》云：

……一九四三年九月，达夫去巴东，因友人介绍，和巴东一位年轻的娘惹结了婚。这位娘惹是没有受过教育的，只能说马来话，不懂中国话，容貌绝对不能算美。当众人面前，达夫称他的新夫人总是叫“婆陀”，“婆陀”就是马来话“傻瓜”的意思。达夫为甚么要娶一个“傻瓜”做老婆？这是他的苦心。因为如果是娶一位有智识的姑娘，怕会被泄漏他的秘密，使日本人发觉他是郁达夫。而他那位新人，直到如今也还不明白他的丈夫赵廉是怎样的人呢。

与郁达夫一同“流亡”的文化界名流金丁，在他的《郁达夫在南洋的经历》一文里也持的是这种观点：

一九四三年九月，达夫和一位姓何的巴东少女结了婚。为了选择对象，他曾感到苦恼，踌躇再三。他是“富商”，不能再以独身来支撑门面了，而且日常生活，也确实需人照管。他曾说起什么人在追求他，而他又喜欢另外的什么人。然而从巴东回来，对他找到的这位新夫人，如果只从才貌方面衡量，不能不使朋友们感到意外。

但达夫当时的心情是复杂的。在虎狼环伺的生活中，他要竭力掩护自己，隐蔽自己。但他毕竟又是豪放的诗人，有时又极想表现自己。从他新婚当晚的诗句里，便可窥知一二……

这以后，达夫过了半年的比较遂意的生活。

吴柳斯的《忆流亡在苏岛的郁达夫》也表达了和胡愈之、金丁等人相同的意见：

他离开日本宪兵部之后，朋友们劝他成立一个家庭，认为这样一方面可在生活上有人照顾；另一方面也可借以掩护自己，免得日本宪兵怀疑他的来历(因为当时日本人还未发现他是郁达夫)。当时也有很多人为他做媒，但他只选中一位被人认为与他身份很不相称，既没有文化，又非相貌胜人，而是婢女出身的华侨姑娘做自己的伴侣。朋友们问他为什么要选这位姑娘做太太，他说："我完全是为了同情她的身世，而与她结成伴侣的。"由此可看出他的为人和心地了。

郁达夫与何丽有婚后的生活，虽然说不上有多么幸福快乐，但至少是舒适安逸的。1944年7月，男孩大亚出生，又一年，女儿美兰呱呱坠地。

可悲的是，就在女儿美兰问世前的几个小时里，她的父亲——郁达夫却神秘地"失踪"了，再也没有回来。

与郁达夫一同隐姓埋名、流亡南洋的胡愈之在《郁达夫的流亡和失踪》里，是这样描述其"失踪"经过的：

八月二十九日晚间，郁先生和三四位客人，都是一些熟朋友，正在家中谈闲天。主要是讨论农场结束的事，那农场是巴爷公务许多侨领共同投资经营的。达夫是其中董事之一。八点钟以后，有一个人在叩门，达夫走到门口，和那人讲了几句话，达夫回到客厅里，向大家说，有点事情，要出去一趟就回来，他和那人出了门，从此达夫就不再回来了。

包思井先生当时在达夫家中，参加闲谈，他至今还记着那个来人的面貌，是一个二三十岁的青年，象一个台湾人，也象一个印尼人，和达夫谈的是马来话。达夫出门时，还着睡衣和拖鞋，可见并不准备走到远处去。可是等了好久不回来，家中的客人以为达夫另有事在外面耽搁了，并不想到他会失踪。大家等得不耐烦，就各自走散了。

第二天清晨，达夫的夫人要分娩，邻近的朋友赶来帮助料理，达夫仍不回家。到巴爷公务各处朋友家中都问过也没有下落，大家才着急起来了。后来，据附近一家咖啡店的伙计说，当晚达夫从家中出来,和一个不相识的青年进了咖啡店,两人用马来话交谈，那人似乎托达夫帮忙一件事,达夫表示不答应。不久两人就出去了。在离开咖啡店不远是一条小路，十分荒凉，只有一家印尼农民的茅屋。那印尼农民曾看见当天晚上大约九点前后，有一辆小汽车驶到那路上,里面有两个日本人。汽车停了许久,又有两个人过来，上了汽车，就驶走了。那条小路晚间见不到光，所以不能分辨车上乘客的面貌。

……巴爷公务是一个小市镇，没有人能够把达夫藏匿起来，而且在那里也只有日本人才有小汽车。当时日本虽投降了，而武吉丁宜与巴爷公务依然在日军和日宪兵的严密管治之下。要是说达夫不是被日本宪兵绑架失踪，是没有人能相信的。

在全世界人民庆祝反法西斯战争取得彻底胜利的锣鼓声里，郁达夫被日本军国主义分子残忍地杀害了。

著名文化学者，出版家胡愈之在《郁达夫的流亡和失踪》里，对郁达夫的评价是客观、公允、公正的。

从达夫一生在文艺上的造诣以及他在沦陷时期的言论行动来看，我不能不承认他有他的伟大。他的伟大就是因为他是一个天才的诗人，一个人文主义者，也是一个真正的爱国主义者。

诗人的气质使他倾向于用情感支配行动，对朋友，对同胞，甚至对敌人，他都是用情感来支配一切的。由于这种情感的支配，使他痛恨法西斯敌人，使他向落后的同胞，作团结御侮的说教。

……

作为一个诗人与理想主义者的郁达夫，是“五四”巨匠之一。

他永远忠实于“五四”，没有背叛过“五四”。正如赵胡子是郁达夫的伪装一样，他的表面的生活态度，谈醇酒妇人做香艳诗等等，也不过是诗人的伪装，用以应付他的敌人、他的迫害者罢了。所以只有那些没有性灵的，从未和他真正接近的人，才会从达夫的生活的表面去作评价。如果是接近他的和读过他作品的，会明白达夫对生活是何等严肃，他对人类是何等热爱！

达夫无疑的是时代的悲剧的主角。他热爱他的从前的妻，而他的妻背叛他。他爱朋友而朋友出卖他、诬蔑他。他爱同胞，而许多人不理解他。他象耶稣一样地爱敌人，原谅敌人，他终于遭了敌人的毒手。

达夫死了，他的一生是一篇富丽悲壮的诗史，他不能用他自己的笔来写这篇伟大诗史，是中国文艺界一笔大大的损失！

从少年时代家乡的初恋，到少年时代留学东洋，再到回国为文化事业而奔走。经历三次婚姻，相遇数位红颜，留下无数名篇佳作。这样的一生不可谓不精彩。当生命走过春之盎然与秋之繁华后，终于走向尽头，想来无憾。

主要参考书目

《郁达夫全集》，浙江大学出版社2007年1月版。

《郁达夫选集》，人民文学出版社2004年版。

王自立、陈子善:《郁达夫研究资料》，天津人民出版社1982年版。

陈子善、王自立:《回忆郁达夫》，湖南文艺出版社1986年版。

蒋增福:《郁达夫及其家族女性》，浙江文艺出版社1993年版。

于听:《郁达夫风雨说》，浙江文艺出版社1991年版。

郭文友:《千秋遗恨》，四川人民出版社1996年版。

郁云:《郁达夫传》，福建人民出版社1984年版。

《成仿吾文集》，山东大学出版社1985年版。

郭沫若:《学生时代》，人民文学出版社1979年版。

铃木正夫:《苏门答腊的郁达夫》，上海远东出版社1996年版。

《郁达夫传记两种》，浙江文艺出版社1984年版。

郁嘉玲:《我的爷爷郁达夫》，昆仑出版社2001年版。

王映霞:《王映霞自传》，黄山出版社2008年版。

后记

1947年10月，王任叔在一篇名曰《记郁达夫》的文章里，有这样几句话很发人深思。

> 在达夫只有爱情和友情，是他生命的支持力。达夫有一颗努力向善和上进的灵魂，但必须有爱情与友情统以抚煦和鼓励。这爱情与友情之在达夫身上，可以用二句话说尽："你成也是萧何，败也是萧何！"呵！

纵观郁达夫绚丽多彩的一生，的确如王任叔所言，爱情和友情始终是他生活和创作的着力点，灵魂的重要依托。

"书塾与学堂"时代，与赵莲仙、倩儿等新潮少女热恋，使他感情激越奔腾，笔走龙蛇，汪洋恣肆，写下数百篇天真烂漫、辞藻华美的诗词歌赋，描摹了20世纪初叶少男少女追求自由、追求爱情、追求幸福的历史轨迹。《自述诗十八首》中的"左家娇女字莲仙，费我闲情赋百篇"等名句，至今仍脍炙人口，经久不衰。

在东洋岛国留学时与"隆儿"、"梅儿"等青春女郎的爱情纠葛，演绎出一幕幕浓郁热烈的人间悲剧，同时也成就了他那震撼过一代读者心灵的光辉名篇《沉沦》。

与结发妻子孙荃有所爱而不能爱，不愿爱而又不能不爱的婚姻生活，悲哀难抑，大有炼狱之痛的感觉，诉诸文字便是《茫茫夜》《莺萝行》等扛鼎之作的横空出世，在“五四”新文坛上“好像吹来了一股春风，立刻吹醒了当时的无数青年的心”。

《秋柳》《街灯》《寒宵》等小说，是他和“海棠”、“银弟”等社会最底层的弱女子缠绵悱恻故事的艺术写真、情感记录、现代青年“灵肉交哄”的客观表现。

梅开二度后，是王映霞的温柔多情和长袖善舞的打理，既慰藉了他那孤独寂寞的精神世界，又将他推向人生的巅峰。像风光旖旎、引人入胜的山水游记《屐痕处处》，清新美丽的小品文《闲书》，抒情诗般的《东梓关》《迟桂花》《碧浪湖的秋夜》等小说，就是他和王映霞婚后的累累硕果。

投身炎荒的流浪途中，与李筱英的邂逅相遇，再度唤起他青壮年时代的斗争意志和创作热情，《离乱杂诗十一首》等，空谷足音，绕梁三日尚不绝于耳。

总之，郁达夫一生都和女性有着不解之缘，有女人在身边或得到异性的爱恋时，他热情洋溢，春风满面，口吐莲花，笔墨酣畅，许多名篇佳章就是在这种情景下一气呵成的，字字句句都闪烁着时代的光芒和智慧的火花。如果无女人相伴或没有获得异性的温存时，他马上便阴郁消沉，心灰意冷，叫苦不迭，借酒消愁，故作“颓废”状。

正因如此，郁达夫的情感世界，一直都是学术界长期探寻的秘密，而且兴趣越来越浓。不揣冒昧，笔者也尝试着写下十数篇有关这方面的文章。试图还原一个有血有肉、有情有义的郁达夫，进而展示出那个时代的社会面貌、意识形态、风土人情和各色人等的心灵境界，仿佛是一幅舒缓从容的历史画卷——人物鲜活，景色清晰，给人以可观可看，可触可摸之感。

站在历史和时代的高度，以能够收集到的国内外史料为依托，用细腻的散文笔触，多角度、全方位的彰显郁达夫女性世界的点点滴滴，是笔者的努力方向和不懈的追求。

许凤才

2013 年 4 月 26 日